학술 연구 첫걸음

Thomas S. Mullaney & Christopher Rea 저
이형진 · 최종원 공역

Where Research Begins

의미있는
연구 과제 선택하기

CHOOSING A
RESEARCH PROJECT
THAT MATTERS TO YOU
(AND THE WORLD)

Human Science
휴먼싸이언스

학술 연구 첫걸음 – 의미있는 연구 과제 선택하기

초판 인쇄 : 2022년 11월 15일
초판 발행 : 2022년 11월 21일

저　자 : Thomas S. Mullaney & Christopher Rea
역　자 : 이형진, 최종원
발행인 : 박 주 옥
발행처 : 휴먼싸이언스
주　소 : 서울시 도봉구 시루봉로 291 B1 (도봉동 613-14 숙진빌딩)
전　화 : (02) 955-0244
팩　스 : (02) 955-0245
e-mail : humansci@naver.com
표지디자인 : 성지은

등록번호 : 제2008-20호
등 록 일 : 2008. 10. 13

ISBN : 979-11-89057-34-3 93300
정가 20,000원

학술 연구 첫걸음

의미있는 연구 과제 선택하기

Thomas S. Mullaney & Christopher Rea 저

이형진, 최종원 공역

Human Science
휴먼싸이언스

목차

제 2 장 연구 문제 파악하기

제 3 장 효과적인 연구프로젝트 설계하기

제2부 자신의 한계 뛰어넘기

제 4 장 동일한 문제를 연구하는 동료 연구자 공동체 찾기

제 5 장 연구 분야 탐색하기

제 6 장 연구결과물 집필 시작하기

나가는 말: 연구 여정의 다음 단계

감사의 글

이 책이 탄생하기까지 18년이라는 시간이 걸렸습니다.

그 오랜 시간 동안 우리 저자 두 사람은 이루 말할 수 없을 만큼 주변으로부터 큰 도움을 받았고, 그 감사의 마음을 모두 전하려면 어쩌면 이 책보다 두 배나 두꺼운 책을 따로 써야 할 수도 있을 것 같습니다.

그래도 감사의 마음을 꼭 전하고 싶은 사람들이 있는데, 특히 우리의 소중한 가족인 키아라(Chiara)와 줄리(Julie), 그리고 우리 주변에 있거나 멀리 떨어져 있어도 든든한 동료들, 또한 이 책의 출판을 위해 정성을 아끼지 않은 시카고대학교 출판부의 자랑스러운 동료들, 특히 편집장인 카렌 달링(Karen Darling)과 이 책을 함께 쓴 것과 다름없는 동료와 친구들에게 감사를 드립니다.

또한, 우리는 이 책을 지금 우리가 가르치고 있는 스탠퍼드대학교와 브리티시컬럼비아대학교 학생들과 우리 저자 두 사람이 오래전 학생으로 처음 만났을 뿐만 아니라 교수로서 첫 강의를 시작할 수 있었던 기회를 마련해준 컬럼비아대학교의 학생들에게도 바치고 싶습니다.

그리고, 우리의 바램은 여기서 끝나지 않습니다. 우리는 『학술연구 첫걸음: 의미있는 연구 과제 선택하기』(*Where Research Begins: Choosing a Research Project That Matters To You*)가 여러분과 우리가 연구에 대해 어떻게 생각하고, 어떻게 이야기하고, 어떻게 연구를 가르치고, 어떻게 연구를 구현할 수 있을지에 관한 여러분의 멋진 여정에 새로운 이정표가 되고 새로운 출발점이 될 수 있기를 진심으로 기원합니다.

그리고 보람된 이 여정에서 여러분이 우리와 함께 할 수 있기를 바랍니다. 사실 여러분이 이 책을 읽는 순간부터 이미 여러분과 우리는 함께 하고 있습니다. 그런 의미에서도 독자 여러분에게 감사드립니다.

토마스 멀레이니(스탠퍼드대)
크리스토퍼 레아(브리티시컬럼비아대)

역자 서문

학술논문 작성과 관련된 다양한 안내서나 입문서가 이미 많이 나와 있는 상황에서, 연구 방법과 논문 작성 관련한 또 한 권의 새로운 입문서의 번역이 과연 어떤 의미가 있을지에 대한 고민에서 시작한 *Where Research Begins: Choosing a Research Project That Matters To You*의 한국어 번역이, 왜 우리 연구자들에게 이 책이 소중하고 의미 있는 선택이 될 수 있는지에 대한 확신으로 마무리될 수 있어서 역자로서도 매우 기쁘게 생각합니다.

미국 인문학, 사회과학, 예술 분야 학술논문에서 가장 많이 사용하는 참고문헌 인용 양식인 '시카고 스타일'(Chicago Style) 가이드북을 1906년 최초로 출판했던 미국 최고의 명문대인 시카고대학교의 출판부에서 2022년 출판한 이 책은, 학술논문 작성의 다양한 방식과 기술적 과정을 소개하는 기존의 입문서들과는 달리, 학술논문 작성에 근본적으로 중요한 연구자의 분석적 사고와 학문과의 소통의 힘을 키워주는 것으로부터 시작하고 있습니다. 학술연구는 연구자 자신의 내면의 목소리를 계속해서 찾으며, 연구자와 관련된 다양한 학술 공동체와 소통하면서 걸어가는 기나긴 학문적 여정이기도 합니다. 그 긴 시간의 연구 여정 속에서 연구자가 행복하게 성장할 뿐만 아니라 각각의 연구결과물이 연구자와 학문 공동체에 소중한 의미를 가질 수 있기를 바라는 이 책 저자들의 진심에 공감하며 역자들도 번역을 통해 작은 응원과 정성의 마음을 더했습니다.

특히 이 번역서가 책의 뒤표지에 언급된 저자의 바램처럼, 연구의 출발점에서 한 걸음 나아갈 방향을 찾고 있는 많은 연구자와 신진학자, 학생들에게 작은 위안과 희망이 될 수 있도록 최대한 독자들과 소통하는 번역을 위해 노력했지만, 혹시라도 여전히 아쉬운 부분이 있다면 전적으로 역자의 부족함으로 받아들이면서 독자 여러분의 너그러운 양해를 구하고자 합니다. 힘든 연구의 여정에서 연구자에게 작은 힘과 위안이 될 수 있는 이 소중한 입문서의 출판을 결정하고, 이 책의 번역이 출판될 때까지 큰 인내와 기다림으로 도움을 아끼지 않은 출판사 휴먼싸이언스에게 다시 한번 감사의 마음을 전합니다.

2022년 11월

역자 이형진, 최종원

들어가는 말

2000년대 초반 이 책의 저자인 스탠퍼드대 중국 역사학 전공 토머스 멀레이니(Thomas Mullaney) 교수와 내가 당시 대학원 박사과정생이었을 때 마침 '연구방법론' 관련 수업을 가르칠 수 있는 기회가 찾아왔다. 해당 '연구방법론' 과목은 우리 두 사람이 소속된 학과의 학부 전공필수 과목이기도 했다. 그런데 강의계획서상에는 학과 교수가 가르치는 것으로 되어 있었지만 실제로는 모든 것을 우리 두 사람이 알아서 해야 하는 상황이었다. 게다가 이 과목을 어떻게 가르쳐야 할지에 대한 안내나 도움도 전혀 받지 못했기 때문에 우리는 진짜 바닥에서부터 시작해야만 했다. 이 수업에서 학생들이 완수해야 하는 유일한 과제는 연구계획서를 작성해서 학기 말까지 제출하는 것이었는데, 제출할 연구계획서의 구체적 요건은 해당 연구 과제가 탐구를 통해 해답까지 찾을 수 있는 구체적인 연구 문제들을 제기하는 것과, 이 연구가 활용할 참고자료, 그리고 연구의 결과물이 어떤 함의와 영향을 가질 수 있을지에 대한 논의까지도 포함하는 것이었다.

우리 두 사람은 한 팀이 되어, 상대적으로 짧은 한 학기라는 시간 내에 학생들이 연구 계획을 제대로 완성할 수 있도록 도움을 주는 강의 계획을 구상했다. 또한, 우리 두 사람이 학부 학생이었을 때의 경험뿐만 아니라 이제 대학원 과정을 마치고 교육자의 길을 준비하는 연구자로서의 경험도 이 수업의 강의계획서 준비에 최대한 반영해보려고 했다. 그래서 이 모든 것을 마치 보건소에서 제공하는 매우 체계적인 금연 프로그램처럼 12단계 과정으로 정리해서 로드맵에 최대한 담아보았는데, 연구 계획을 전체적으로 수립하는 과정에 필요해 보이는 것들은 모두 다루었다. 연구의 1차 핵심 자료를 다루는 방법부터, 틈틈이 분석 내용을 기록하는 방법, 짧은 소개 주석이 달린 참고문헌 만드는 방법, 가설 세우는 방법, 연구논문의 체계와 목차를 구상하는 방법, 연구의 기대 효과 등의 내용을 정리하는 것까지 포함했다.

이 같은 우리의 계획을 잘 따라오면 학생들의 기말페이퍼는 조금씩 틀을 잡아나갈 수 있었을 것이다. 최소한 우리는 그렇게 믿고 기대했다. 그러나 문제는 거기서부터 시작되었는데, 학기가 시작하자마자 우리의 계획은 어긋나기 시작했다. 개강하고 나서 우리 두 사람은 매주 만나서 수업 진행 상황에 대한 서로의 의견을 공유했는데, 학생들의 반응에서 매우 불편한 패턴이 반복적으로 나타나고 있음을 알게 되었다. 즉, 매우 쉽게 따라올 수 있다고 생각한 로드맵을 우리가 제시했음에도 불구하고, 학생들이 로드맵 같은 이 학문적 여정을 따라오기는 커녕 마치 지금 주차장에서 차를 빼는 것조차 힘들어할 정도로 큰 좌절감에 직면해 있었다. '제가 무엇을 연구해야 할지조차 모르는데 어떻게 참고문헌을 작성할 수 있을까요?', '주제에 관해 일반적인 수준의 관심만 있고 구체적인 주제 의식이 없는 상황인데 어떻게 연구에 필요한 문제 제기를 할 수 있을까요?', '제가 연구에서 어떤 문제 제기를 해야 할지조차 모르는 상황에서 제 연구가 어떤 영향력을 가져올 수 있을지를 어떻게 이야기할 수 있을까요?', '분석텍스트는 재미있게 읽었지만, 과연 이것만 가지고 어떻게 연구의 주제를 만들 수 있을까요?'

학기의 절반이 지나가고 있었지만, 학생들은 여전히 자신의 관심을 불러일으키는 연구 과제 아이디어조차 찾지 못하고 있었다. 이 수업에서 제시했던 연구 진행의 일정보다 이미 대부분 학생이 상당히 뒤처져 있었다. 과연 어떤 주제와 문제를 연구해야 할지조차 모르는 상황에서 학생들이 분석텍스트에 집중하거나 연구 가설을 수립하는 것이 가능할까? 자신들의 열정이 아직 무엇인지도 모르는 상황이라면, 과연 이 학생들이 자신의 열정을 구체적인 연구 과제로 발전시키는 것이 현실적으로 가능할까?

어떤 학생들은 이 수업의 과제를 그냥 빨리 끝내겠다는 차원으로 자신들의 관심이나 열정과는 무관한 주제를 선택하기도 했는데, 정말 아무거나 뭐라도 선택을 해야 하니까 선택한 것이 뻔히 보였다. 과제 제출 마감일이 다가오면서 학생들뿐만 아니라 교과목을 담당하는 우리도 긴장감과 스트레스에 시달렸다. 그 과정에서 비로써 우리가 이 수업을 준비하면서 놓쳤던 실수를 우리도 깨닫기 시작했다. 이 같은 학술 연구를 수행하는 데 있어서 가장 큰 난관은 사실 연구를 시작하기 전, 즉, 어떤 종류의 구체적인 문제를 제기해야 하는지, 어떤 문제를 해결하고 싶은지를 사실상 연구자도 잘 모르는 상황에 놓여있다는 점을 우리가 깨닫지 못했다는 사실이었다. 연구의 과정과 절차는 연구의 핵심 문제와 질문을 제대로 파악하고 깨달은 다음에야 시작하는 것이 아니다. 오히려 연구의 과정과 절차는 연구자가 무엇을 연구할지를 모르는 상황에서 시작할 수밖에 없다. 이것이 바로 연구의 근본적인 역설인데, 안타깝게도 그 어떤 연구 지침서나 안내서도 이 같은 역설 속에서 어떻게 앞으로 헤쳐 나아가야 하는지를 가르쳐주지는 않는다.

이 책은 우리 두 사람 저자의 수십 년간의 강의 경험뿐만 아니라, 상당한 역량과 동기부여를 갖춘 학생들마저도 자신이 시작했던 연구 여정에 문제가 발생하고 그 과정에서 우리가 효과적인 도움을 주는 데 실패했던 경험까지도 반영한 결과물이다. 이런 경험을 통해 우리가 발견한 가치는 다음과 같다. 첫째, 서점에 가보면 자신의 연구 질문이나 탐구하고자 하는 주제가 무엇인지를 이미 알고 있는 연구자들에게 '연구의 과정과 절차'를 설명하는 책들은 많이 출판되어 있음을 알 수 있지만, 연구자 자신이 진짜 궁금해하는 연구 질문이나 주제가 무엇인지부터 찾아갈 수 있도록 안내하는 책은 거의 없다는 사실이다. 서점에서 찾을 수 있는 책들은 대부분 연구를 계획하고 논문 초안을 작성하고 원고를 수정하고 참고문헌을 인용하는 작업에 관해서는 더 이상 설명이 필요 없을 만큼 구체적이고 효과적인 안내를 하고 있으며, 신진 학자들이 자신의 연구프로젝트를 수행하는 데 있어서 참고할 수 있는 적절한 연구 규모를 설정하는 방법까지도 구체적으로 소개하고 있다. 즉, 이 같은 기존의 참고 도서들은 연구의 방향성을 이미 알고 있는 연구자가 계속해서 연구를 진행해 나아가는 데는 도움이 될 수 있다. 그러나 기존의 참고 도서 중에서 연구자가 어디로 가야 할지조차 깨닫기 전에 과연 무엇부터 해야 할지를 가르쳐주는 책은 거의 없는 것 같다. 그 어떤 책도 어디서부터 시작해야 하는지의 문제는 다루고 있지 않았다.

그렇다면, 연구하는 방법을 다룬 책은 상당히 많지만, 무엇을 연구할 것인지에 대해 설명하는 책이 거의 없는 이유는 무엇일까? 이 질문에 대한 답도 그리 어렵지 않았다. 그 이유는 우리가 가지고 있는 특정한 '전제'에 있다. 일반적으로 우리는 사람들이 어떤 것에 '열정'을 가지고 있는지 자신은 알고 있다고 전제를 하기 때문에, 그냥 그 열정만 따라가면 된다고 생각하는 오류를 범한다. 우리의 잘못된 전제에 의하면, 열정이라는 것은 모든 사람이 이미 가지고 있으며, 모든 사람이 충분히 인식하고 있다는 것이다.

그래서 이 책에서는 조금 다른 접근을 시도하고자 한다. 우리는 모든 사람에게 열정이 있다고는 믿고 있지만, 그렇다고 해서 모든 사람이 자신의 열정을 제대로 알고 있다고는 생각하지 않는다. 말로 설명하기 어려운 종류의 열정을 가지고 있는 경우도 있고, 열정을 가지고 있다는 것을 전혀 깨닫지 못하는 경우도 많다. 이 경우에는 아마 우리가 우리 자신을 제대로 알지 못하기 때문일 수도 있고, 아니면 우리의 작은 관심이나 호기심 같은 것이 사실은 열정의 일부분이라는 것을 모르기 때문일 수도 있다. 게다가 우리의 진짜 열정이 어디에 있는지를 착각하는 경우도 종종 발생하는데, 실제로 이런 경우는 생각보다 훨씬 더 빈번하다. 왜냐하면, 우리의 일상은 사회적, 문화적, 실제적, 상상적 기대와 가족 부양 문제 등과 같은 다양한 외부적 기대와 책임에 항상 둘러싸여 있다 보니, 이런 외부적 기대의 일부를 마치 우리 자신의 내적 기대인 것처럼 받아들이는 경우가 많기 때문이다. 그러다 보면 자신을 알아가는 내적 자아 성찰이나 자기 신뢰의 과정을 거치기보다는, 우리는 보다 손쉬운 선택을 하게 될 가능성이 커진다. 즉, 다른 사람들이 가지고 있는 열정을 우리가 따라가면서 마치 우리의 열정인 것처럼 받아들이는 척하는 것이다.

다시 말해, 연구를 어디에서부터 시작해야 할지 몰라 난관에 부딪혔을 때, 우리는 종종 우리 내면 밖으로 시선을 돌리는 경향이 있다. 다른 사람들은 무엇을 하고 있고 어떻게 인정받는지에 더 큰 관심을 가지는 것이다. 즉, 우리의 연구 주제를 다른 사람들이 결정하도록 내버려 둔다는 것이다. 그러나 진정한 연구는 연구자 마음속에 있는 문제의식을 발견하고 그 문제에 어떻게 대처할지를 고민하는 데서부터 시작한다. 바로 이 부분이 우리가 개설했던 과목의 첫 수업에서 우리가 미처 깨닫지 못했던 점이었다. 우리의 의도는 전혀 그런 것이 아니었지만 결국 우리는 학생들을 기만해버린 결과가 되어 버렸다. 그때 학생들이 좀 더 자신의 마음속을 뒤돌아볼 수 있는 시간과 경험을 가졌더라면 아마 훨씬 더 의미 있고 보람된 연구 경험을 만들어낼 수도 있었을 것이다.

그로부터 거의 20년이 지난 오늘, 우리는 그때의 실수를 바로 잡기 위해 다시 뭉쳤다. 이 책은 우리가 20년 전에 제대로 가르쳤으면 좋았을 뻔했던 내용을 담고 있는 안내서이다. 이 책의 가장 중심에 있는 핵심적인 연구방법론의 원칙은 바로 '자기주도적' 연구의 가치이다.

1. 자기주도적 연구의 선언문

이 책에서 우리는 연구에 대한 '자기주도적' 접근법의 필요성을 천명하고자 한다. 특히 연구 시작 단계에 초점을 맞춘 이 안내서는, 연구자들이 자신에게 맞는 방향으로 연구를 효과적으로 진행함으로써 연구자들에게 진짜 중요한 문제들을 해결해 나갈 수 있도록 다양한 기술적 방법과 마인드컨트롤 방법의 소개를 통해 연구자들에게 힘을 실어주고자 한다.

그렇다면 과연 '자기주도적 연구'는 정확하게 무엇이며, 왜 필요한 것일까? 여기서는 '자기주도적 연구'의 정의를 확인해보고, '자기주도적 연구'에 해당하지 않는 상황들도 같이 비교해봄으로써 보다 정확한 이해를 살펴보자. '자기주도적 연구'의 정의는 아래 세 가지로 정리해 볼 수 있다.

1) 연구방법론의 연습: '자기주도적 연구'는 연구자 각자가 지금 서 있는 바로 그 고유한 상황에서 연구 여정을 시작해야 하는 중요성을 강조하는 연구방법론이다. 연구자는 연구 과정 내내 자신의 직감과 호기심, 심지어는 자신의 편견까지도 포함하는 자신 내면과 끊임없이 소통하면서 연구의 여정을 시작해야 한다. '자기주도적' 연구자가 된다는 것은 연구 과정 내내 연구의 무게중심을 항상 자신의 두 발 위에 올려놓아야 하며, 외부

의 심사자나 잘 알지도 못하는 가상의 평가자 마음에 드는 연구 주제나 논지를 고민하면서 찾으려고 해서는 안 된다는 것이다.

2) 연구의 윤리: '자기주도적 연구'는 연구자로서 자신의 역량과 한계를 의식적으로 인지하고 스스로 평가하는 노력을 기울이는 연구방법론이다. 이를 위해서는 연구자 자신이 중심에 위치해야만 한다. 즉, 누구보다도 자신을 제대로 알아야 하고, 자신의 직감이나 판단을 무시하지 말아야 하며, 비록 그런 직감이나 판단이 때로는 순진하고 단순해 보이거나 체계적이지 않더라도 끝까지 믿어주는 노력을 기울여야 하고, 연구 과정에서 이 같은 직감과 판단을 계속해서 수정 보완해 가야 한다.

3) 연구자의 마인드컨트롤: '자기주도적 연구'는 연구의 주제와 방향을 설정하는 과정에서 연구자의 생각과 추정, 염려, 문제제기의 가치를 강조하는 연구방법론이다. '자기주도적 연구'에서는 연구자가 자기 생각이나 염려, 동기부여를 제대로, 그리고 빨리 파악하면 할수록, 연구자 자신과 학문 세계에 정말 중요한 연구 주제를 더 효율적으로, 그리고 더 신속하게 찾을 수 있게 된다. 그리고, 무엇보다도 연구 주제에 관해 가장 진심으로 염려하고 고민해야 하는 사람은 바로 연구자 자신이어야 한다는 진리를 항상 가슴에 품고 있어야 한다.

앞에서 '자기주도적 연구'의 세 가지 특징을 살펴보았는데, '자기주도적 연구'에 해당하지 않는 사례도 한번 비교해보자. '자기주도적 연구'는 결코 자신의 자아를 마음껏 풀어주거나 자아도취에 빠지는 것을 의미하지 않는다. 그래서 '자기주도'를, '자기집착', '자화자찬', '자기소진', '자기방종', '자기몰두', '자기고양', '자기중심' 등과 동일시해서는 안 된다.

오히려 이와는 반대로 '자기주도적 연구'는 항상 자기 반성적이고, 자기 비판적인 특성을 가진다. 그래서 자신에게 솔직하고, 자신의 관심사와 동기부여, 역량 등을 진지하게 탐구하며, 다른 사람의 연구에 대한 유효성을 판단하는데 필요한 개방성과 자신감도 갖추어야 한다. 즉, 아마 연구자가 아직 깨닫지 못하면서 막연히 마음속에 품고만 있는 구체적이지 않은 아이디어처럼, 다른 사람들로부터 얻은 지식이나 정보도 맹목적으로 수용하지 않고 문제 제기할 수 있는 비판적 사고 역량을 갖추어야 한다는 것을 의미한다.

또한, '자기주도적 연구'는 자서전적 연구와도 다르다. 연구자의 발표문이나 논문, 보고서, 책이 반드시 연구자 개인의 삶의 이야기를 담고 있는 것이라고는 볼 수 없다. 마찬가지로 연구자가 제출하는 모든 결과물이나 연구자가 만드는 모든 그림이 반드시 자화상 같아야 하는 것도 아니다.

'자기주도적 연구'의 궁극적 목표는 사실 일반적인 연구의 진행 과정과 크게 다르지 않다. 우리 주변 세상의 다양한 모습에 관한 구체적 근거에 기반해서 실질적이고, 이론적으로도 해박하면서도 설득력을 갖춤으로써 다른 사람이 생각하는 방식에 어떤 식으로든 영향과 변화를 가져오도록 하는 데 있다. 그러나 다른 사람들에게 진정으로 중요한 문제를 찾아서 해결하기 위해서는 무엇보다도 이 문제가 연구자 자신에게 꼭 중요하고 의미가 있어야 한다는 점을 '자기주도적 연구'는 강조한다.

다시 말해, 우수한 학문 연구가 되기 위한 첫 번째 필수조건은, 스쳐 지나가는 관심이나 그냥 좋은 아이디어, 또는 다른 사람이 연구자에게 부여한 과제의 차원 그 이상의 무엇인가가 반드시 되어야만 한다. 이 책에서 우리는 그 누구보다 바로 여러분이 관심을 가질 만한 연구 문제를 찾아서 그 문제를 연구 주제로 발전시키는 과정을 꼼꼼하게 소개하고자 한다. 그래서 여러분의 열정과 노력을 통해 이런 연구 주제들이 다른 사람에게도 관심 있는 주제가 될 수 있도록 만드는 방법을 함께 나누고자 한다.

2. 최고의 연구는 연구자 중심의 연구

환상적인 연구 경험을 만들어내는 원동력은 역설적으로 연구가 얼마나 어려운지를 보여주는 증거가 되기도 한다. 이론적으로 말하자면 모든 것이 연구의 대상이 될 수 있다. 그렇다면 과연 어디서부터 연구를 시작할 수 있을까? 이에 대한 답은, 지금 여러분이 있는 바로 그곳으로부터 시작할 수 있다는 것이다.

이 안내서에는 두 가지 핵심적인 전제가 담겨 있다. 첫째, 학술 연구는 시작할 때 몇 가지만 제대로 준비할 수 있다면 우리의 삶을 바꿀 정도로 대단한 경험이라는 점이다. 둘째, 연구프로젝트를 시작하는 데 있어서 가장 중요한 요소는 결국 연구자 자신이 중심이 되는 것이다. 연구라는 것은 단순히 문제를 해결하는 과정일 뿐만 아니라, 연구자 여러분이나 다른 사람들이 존재하는지조차 모르고 있는 문제들을 찾아가는 과정이기도 하다, 즉, 연구는 발견하고 분석하고 창조하는 과정을 통해 연구자 자신만의 성장 순간을 만들어내고 학문적 영감의 선순환을 만들어낸다. 뿌리 깊숙이 박혀있던 문제들은 연구자의 자기 신뢰와 1차 핵심 자료 검토, 그리고 시간의 흐름을 통해 스스로 모습을 드러낸다. 다른 그 누구도 아닌 연구자 여러분만이 무엇을 연구해야 하는지를 알 수 있다. '무엇을 연구할 것인가?'라는 질문에 대답하기 위해서는 궁극적으로 거울에 비친 자신의 모습을 한동안 뚫어지게 바라볼 필요가 있다.

그런데 '무엇을 연구할 것인가?'라는 질문에 대답할 수 있는 사람이 연구자 자신뿐이라면 굳이 이 책을 읽어야 할 필요가 있을까? 이 또한 충분히 제기할 수 있는 질문이다. 이 책에서 우리는 마치 뛰어난 연구 주제를 만들어내는 비밀스러운 공식이라도 있는 것 같은 허세를 피우지는 않을 것이다. 사실 연구자 여러분에게 무엇을 연구하라고 우리가 말할 수 있는 처지는 아니다. 단지 우리가 제시할 수 있는 것은, 연구자 여러분이 찾고 있는 근본적인 연구 주제를 발견하는 데 도움이 되는 유도 질문을 할 수 있는 역량과, 그 질문을 만드는 생산적인 과정을 가속화하는 기법들과 전략들일 것이다. 그럼으로써 궁극적으로 이 과정을 통해 연구자 여러분이 실질적인 연구 주제를 만들어낼 수 있도록 돕고자 한다.

이 책의 목적은 연구자의 마음속에 연구 열정의 불을 지필 수 있는 이상적인 연구 환경조성에 도움을 주는 데 있다. 천재들을 가리키는 표현 중에 20세기 유명한 미국 재즈 드럼연주자 버디 리치(Buddy Rich)가 사용한 '스스로 타오르는 불'이라는 표현이 이 맥락에 적절해 보인다. 또한, 이 책은 연구를 진행하면서 복잡하고 불확실하며 모호한 상황에서 균형감과 명확성을 잘 유지하는 방법에 대해서도 유용한 안내가 될 수 있을 것이다. 그래서 이 책을 통해 여러분들은 '비생산적인' 불확실성과 '생산적인' 불확실성 사이의 차이를 구분하는 방법도 깨닫게 될 것이다. '비생산적인' 불확실성에 처해 있다는 것은 여러분이 잘못된 길로 들어섰다는 방증이자 반드시 빠져나와야 하는 상황이며, '생산적인' 불확실성의 환경은 여러분이 길을 잃어버린 것 같은 느낌에 빠져 있지만, 여러분 내면의 직감과 지혜의 목소리는 계속 앞으로 나아가도록 응원하는 상황이라고 할 수 있다.

지금 여러분이 첫 번째 연구 주제를 찾는 중이라면 이 책이 작은 도움이 될 수 있을 것이다. 혹시라도 이미 괜찮은 연구 아이디어가 넘쳐나고 연구 주제를 만드는 데 전혀 문제가 없어서 도움도 필요 없는 상황이라면, 이 책은 여러 아이디어 중에서 어떤 아이디어와 주제가 여러분이 시간과 노력을 쏟아부을 만한 가치가 있는지를 판단하는 데 도움을 줄 수 있다. 또는 이미 제대로 설정된 연구프로젝트를 진행 중인 상황이라면 이 책은 그 연구에 깊이를 더하고 연구의 방향과 목적을 더욱 정교하게 다듬어 가는 데 도움이 될 수 있다. 이 과정을 통해 여러분도 그동안 미처 깨닫지 못하고 있었던 새로운 가능성을 발견할 수도 있을 것이다. 그리고 이미 연구 역량이 뛰어난 연구자나 학자라면 아마 이 책에서 연구의 철학적 배경과 다양한 전략을 다시 한번 확인함으로써 학생들과 공유하거나, 여러분의 연구방법론을 더욱 정교하고 구체적으로 다듬는 기회로 삼을 수 있을 것이다. 이 책은 무엇보다도 연구자에게 실용적인 지침을 제공하는 것을 가장 중요한 목적으로 하기에 여러분에게 도움이 되는 구체적이고 검증된 방법론과 전략들만 제시하고자 한다.

- 연구 주제 선정하기
- 연구 주제를 구체적이고 설득력 있는 연구 질문으로 전환하기
- 연구 질문의 동기부여가 되는 핵심적인 문제 찾아내기
- 연구 주제 관련한 전제나 편견, 고정관념 등을 확인하기
- 연구 문제와 관련된 주요 현안들을 설명하고 상충하는 이해관계나 염려를 우선시하기
- 비슷한 주제를 연구하는 넓은 범주의 연구자 공동체를 찾아서 연구 활동 현황 알아보기
- 여러분 연구 분야 밖의 연구자 공동체 찾아보기
- 여러분 연구프로젝트에 유용한 자료 검색하기
- 검색한 자료들을 활용해서 연구 주제나 질문을 정교하게 다듬기 (특히 연구 초기 단계에서 유용함)
- 자칫 방향감각을 잃어버리기 쉬운 연구 초기 단계나 프로젝트가 구체화되기 전 초기 단계에 정신적 장애물이나 난관에 대처하거나 연구 동력을 지켜나가기
- 연구자로서 유연성과 민첩함, 동기부여 유지하기

이 같은 역량과 기술은 어디서나 부족하기 그지없다. 우리는 기말페이퍼나 학위논문, 학생, 수업, 교수 등과 같이 학문적인 맥락에서 이런 역량 관련 이야기를 하고 있지만, 실제로 이런 역량들은 다

양한 분야와 직종에서도 중요하게 고려되고 있다. 이 책에서 다루게 될 아이디어나 실천 방식들은 사실 비즈니스나 언론, 예술, 디자인, 공학, 조직 활성화, 기업가정신 등 다양한 분야에도 적용할 수 있다. 즉, 이 책에서 다루는 역량과 전략이 연구방법론에 도움이 된다는 말은, 여러분의 관심이나 전공 분야 또는 연구 수준이나 전문성에 상관없이 모든 연구자에게 도움이 될 수 있다는 것이기도 하다.

3. 이 책의 사용법

여러분의 연구 분야나 수준과는 상관없이 이 책을 가장 효과적으로 사용하는 방법은 다음과 같이 정리해 볼 수 있다.

1) 항상 기록하는 습관을 만들어라.

이 책에서 가장 강조하고 추천하는 전략인데, 연구자로서 여러분이 하는 일은 여러분의 관심사와 추측, 문제의식, 아이디어를 기록해 두는 작업으로, 이 과정을 우리는 연구자 자신의 생각에 힘을 실어주는 내적 '자명화(自明化)' 연습이라고 부른다. 이 작업은 여러분의 머릿속에서만 이루어져서는 안 된다. 여기서 여러분의 생각은 반드시 손끝에서 기록으로 만들어져야 한다. 그리고 기록은 여러분이 편한 방식으로 아무 곳이나 남겨도 좋다. 공책이나 디지털 기기, 하다못해 냅킨 뒷면, 화이트보드나 아무 쪽지에라도 기록을 남기도록 하자. 이 내적 '자명화'(self-evidence) 연습은 앞으로도 계속해서 반복적으로 필요하게 될 것이다. 이 단계에서 글을 쓸 때는 오히려 실수를 많이 범하는 게 도움이 될 수도 있다. 연구자가 왜 무조건 많이 써야 하는 지는 이 책의 첫 번째 연습 과제에서 자세히 설명하도록 한다.

2) 이 책에 나오는 연습 과제와 읽기, 글쓰기는 필요에 따라 계속해서 반복하자.

이 책에 실려있는 모든 내용은 한 번 이상 반복하도록 설계되어 있다는 점을 염두에 두자.

3) 이 책에 소개된 연습 과제를 여러분의 연구에 직접 적용해보자.

혹시 지금 진행 중인 연구프로젝트가 없더라도 걱정할 필요가 없다. 그런 연구자들을 위해 이 책에서 사례들을 제시하고 있는데, 궁극적으로는 연구자 여러분이 이 책에서 습득한 내용을 자신의 연구 과제에 직접 적용해볼 수 있을 때 효과가 극대화될 수 있을 것이다.

이 책 구석구석에서 여러분은 반복적으로 등장하는 아래 세 가지 항목의 상자를 만나게 되는데, 연구를 시작해서 진행하는 다양한 단계에서 여러분의 아이디어를 실제 연구로 발전시키는 방법들을 제시하고 있다.

- 〈연습 과제〉
- 〈자주 범하는 실수〉
- 〈자문 그룹의 한마디〉

연습 과제

이 연습 과제 상자에서는 여러분이 구체적인 목표를 달성하는 데 도움이 되는 실질적인 연습 과제와 훈련을 경험하게 되는데, 질문 만들기, 질문 다듬기, 여러 질문을 연결하는 패턴 찾아내기, 연구 의욕을 자극하는 문제 찾기 등이 그 예시이다. 우리는 각 연구자마다 효과적인 접근법이나 전략이 각각 다를 수 있다고 믿기 때문에 다양한 종류의 연습 과제와 훈련을 제시하고자 한다. 물론 이 다양한 연습과 훈련도 핵심적인 원칙에 기반하고 있는데, 그 핵심적인 원칙은 아래와 같다.

- 집중력을 가지고 개인적 판단을 자제하면서 자기 관찰하기
- 비논리적이고 임시적이고 어설픈 이야기라도 큰 소리로 말할 수 있는 용기를 자신에게 부여하기
- 머릿속에 떠오르는 생각을 종이나 컴퓨터 화면에 글로 쓰기

우리는 여러분이 이 책을 처음부터 끝까지 순서대로 읽어가기를 원하지만, 여러분이 원하면 중간 부분으로 언제든지 넘어가도 좋다. 원래 연구라는 것은 직선 과정이 아니라 반복적이고 되풀이되는 과정이다. 그런 맥락에서, 이 책도 한번 읽는 것으로 끝나는 책이 아니라 반복해서 읽도록 만들어진 안내서이다. 여러분이 이 책을 한 번 읽으면서 모든 것을 다 습득하는지와는 무관하게, 이 책에서 제안한 유용한 방법들의 혜택을 최대한 누리는 방법은 이 책에 있는 연습 과제를 모두 다 푸는 노력과, 위에서도 강조했다시피 다양한 아이디어들을 기록하는 습관이다.

이렇게 계속해서 기록하는 습관의 핵심은 결국 우리가 강조하는 내적 '자명화' 연습 또는 '자기 목소리' 찾기라고 할 수 있다. 이 같은 '자기 목소리' 찾기는 연구 초기 단계에 연구자가 직면하는 매우 중요한 질문들에 대한 해답을 구하는 데 실마리 역할을 할 것이다. 그 같은 질문의 예시로는, '왜 나는 이 주제에 관심이 있을까?', '뭔가 더 큰 문제와 연결되는 열쇠와

같은 이 주제의 핵심은 무엇일까?', '왜 나는 이 1차 핵심 자료에 마음이 끌렸을까?', '내가 다룰 수 있는 수많은 주제 중에서 왜 하필 이 주제에 계속해서 집착하는 것일까?', '나는 왜 이러는 것일까?' 등을 들 수 있다.

자기 목소리를 찾는 내적 '자명화' 연습은 많은 연구자가 간과하는 유의미한 연구 메모 기록방식이기도 하다. 어쩌면 많은 연구자는 이 같은 메모 기록방식을 '자아 찾기'를 위한 일기 쓰기 정도로 무시하는 경향이 있다. 일기처럼 주관적이고 단편적이고 일화적인 정보는 마치 누군가가 여러분의 연구프로젝트 준비에 관한 다큐멘터리를 찍는 경우라면 나름 유용하겠지만 그래도 그것은 진짜 연구는 아니라고 착각하는 경우가 있다. 그런 편견을 가지고 있는 연구자들이 내적 성찰을 통해 성장할 수 있을 것이라고는 우리는 동의하지도, 생각하지도 않는다.

우리는 연구자의 내적 성찰을 연구방법론의 일상적인 한 부분으로 만들 필요가 있다는 데 적극적으로 공감한다. '자기주도적' 연구 과정에서 만들어내는 내적 '자명화'의 흔적들은 노련한 연구자들이 1차 핵심 자료들을 읽고 분석할 때나, 인터뷰를 진행할 때, 인류학자들이 현장 작업을 하거나 참고문헌 정리를 할 때 일상적으로 만들게 되는 일종의 메모와 아주 비슷하다. 우리가 이 작업을 내적 '자명화' 연습이라고 부르는 이유는 연구 초기 단계에서 이런 메모 작업은 사실과 인용, 관찰, 그리고 연구자 주변의 세상에 대한 다양한 증거들을 단순히 기록하는 차원을 뛰어넘는 가치를 지니기 때문이다. 이런 메모는 연구자 자신에 대한 흔적들을 제시하는 역할을 한다. 그래서 이런 실마리를 가지고 연구자는 자신의 내면에 숨겨진 질문과 문제들을 발견할 수 있을 것이다. 그래서 연구 초기 단계에서 이런 질문과 문제들을 찾아냄으로써 불필요한 시간 낭비나 좌절도 줄일 수 있으며, 무엇보다 더 중요한 가치는, 연구자 자신에게 적합한 연구프로젝트에 무사히 안착할 수 있도록 도와준다는 점이다.

✣ 자주 범하는 실수 ✣

아래 세 가지 상황은 위에서 논의한 〈연습 과제〉의 실습에 해당한다. 아래 실수들의 대부분은 세 가지 카테고리로 분류할 수 있다.

1. 자신을 무조건 강하게 만들기
2. 자신의 내면의 목소리에 귀 기울이지 않기
3. 메모나 기록으로 남기지 않기

이 같은 연습 과정을 통해서 다른 연구자들이나 학생들에게 연구방법론을 안내하는 과정에서, 자신을 보호하고자 하는 자기방어적 충동에 빠지지 않고, 특정 종류의 문제 제기를 조장하면서 다른 종류의 문제 제기는 방해하는 상상의 권력 주체들의 목소리에 일방적으로 끌려가는 충동을 극복하는 것이 얼마나 어려운 일인지 우리는 경험할 수 있었다.

이 같은 부정적인 습관들은 내적 성찰에 뜻하지 않은 걸림돌을 초래한다. 그래서 자주 범하는 실수를 인지함으로써 우리는 그런 충동을 비켜 갈 수 있고, 그 대신 개인적 판단을 자제하면서 객관적 자기 관찰에 집중할 수 있는 역량을 갖출 수 있다. 이 과정에서 메모나 기록을 남기는 것이 핵심인데, 이 메모나 기록이 여러분의 연구 과제를 제대로 완성하는 데 도움을 주는 자기 관찰의 기반이 될 수 있기 때문이다. 여기서 논의하는 모든 것을 굳이 다 기억하려고 애쓸 필요는 없다. 통찰력이라는 것도 사실은 매우 순간적인 직관이다. 그런 이유로 이 책에서 우리는 계속해서 반복적으로 여러분을 일깨우고자 하는데, 그렇다고 맨 마지막 순간까지 마냥 기다려서는 안 된다. 여러분의 생각을 지금 당장 글로 남기는 습관을 시작하자.

자문 그룹의 한 마디

가끔씩 자문 그룹을 통해 여러분의 아이디어에 대한 피드백을 받는 것이 유용할 수 있다. 자문 그룹에는 선생님, 멘토, 친구, 동료, 조언자 등이 포함될 수 있는데, 이들과의 대화를 준비하는 몇 가지 구체적인 방법을 제시하고자 한다. 자문 그룹은 여러분의 아이디어에 대한 대안적 관점을 제시하고 여러분이 자신으로부터 한 걸음 벗어날 수 있도록 도움을 주는 사람들이다. 이들 자문 그룹은 여러분이 처음에는 떠올리지 못했던 생각들을 깨닫게 해 주거나, 여러분의 생각에 내재된 무의식적인 경향을 알아챌 수 있도록 해 준다. 즉, 자문 그룹은 여러분이 자신을 뒤돌아보면서 더 나은 결정을 할 수 있도록 도움을 주는 사람들로, 연구 과정에서 여러분이 신뢰하는 자문 그룹의 일원과 가능한 연구 초기부터 상의하는 습관을 만들도록 추천한다. 궁극적으로, '자기주도적' 연구는 여러분이 여러분 자신의 자문 그룹의 일원이 될 수 있도록 여러분에게 힘을 실어주는 역할을 한다.

자문 그룹의 모든 일원은 중요한 메시지를 전달해 줄 수 있다. 선생님이나 조언자, 다른 권위자가 제시하는 선의의 조언이나, 특히, 연구자가 어떤 영역에 집중하는 게 좋을지, 그리고 어떤 영역에 집중해야 하는지 등의 조언은, 연구 초기 단계에서 연구자에게 결정적인 영향을 끼칠 수 있다. 연구자가 자신의 어설픈 연구 아이디어에 대해 확신이 없거나 방향성을 잃어버리는 상황에서는 연구자의 상급 관리자나 선생님, 또는 고압적인 조언자의 의견 개진은 사실상 연구자에게 명령처럼 느껴질 가능성이 크다. 아니면 아래 상황처럼 연구자에게는 자기방어적 합리화의 명분이 되어 버릴 수도 있다. 즉, '아무리 봐도 나는 이보다 더 좋은 아이디어를 생각해 낼 수 없을 것 같은데 그냥 이 주제로 가도 되지 않을까?' 이처럼 친절한 아이디어 실마리 덕분에 마치 연구가 속도를 내는 것처럼 보일 수도 있다. 그렇지만 연구자가 복잡하고 골치 아픈 내적 성찰을 모두 생략해 버리고 자신이 신뢰하는 조언자가 이미 따로 만들어 놓은 기성품 같은 아이디어만 중요하게 생각하고 덥석 받아들인다면 어떻게 될까? 유감스럽게도 그 결과는 통제적이고 오히려 역효과만 초래할 가능성이 크다.

연구자들에 대한 멘토 역할을 해 온 우리는 그동안 연구자들과 함께 논의했던 첫 번째 아이디어를 연구자들이 바로 움켜잡는 경우도 많이 보았다. 그리고 몇 달 후 연구자가 완성한 연구결과물을 검토해보면 우리 멘토들 눈에는 별로 설득력이 없는데, 안타깝게도 그런 결과물이 연구자가 정말 쓰고 싶어 했던 연구논문인 경우가 있다. 결론적으로 말하면 이런 경우는 결코 이상적인 상황은 아니다. 연구의 핵심은 뒤로 물러서거나 안주하는 데 있는 것이 아니라 앞으로 나아가는 데 있다. 즉, 위험까지 감수하면서 뭔가 창의적인 것을 발견하거나 만들어내는 것에 연구의 의의가 있다. 연구 멘토의 역할은 똑같은 결론으로 가고 있는 다른 연구자들의 길을 그냥 뒤따라가는 그런 선택을 연구자들이 하지 않도록 조언하는 것이다. 만약 학생이 연구프로젝트 아이디어를 가지고 멘토인 여러분을 찾아와서 '이게 교수님이 원하시는 것일까요?'라고 물어본다면, 진정한 멘토의 반응은 항상, '이게 학생이 원하는 것인가요?'라는 대답이 되어야 한다.

우리의 경험상, 연구프로젝트의 주제가 여러분의 멘토가 여러분에게 던진 질문에 대해 여러분이 대답할만한 시간적 가치나 동기부여를 느끼지 못하는 것이라면, 만족스러운 연구 과제 결과를 기대하기는 어렵거나 연구 자체를 완수하기조차 쉽지 않을 수도 있을 것이다. 그래서 연구자는 자문 그룹의 멘토를 만나기 전에, 그리고 연구 자료 분석에 이미 깊숙이 들어가기 전에 자신의 중심을 찾기 위해 이 책의 제1부에 있는 방법론을 꼭 참고해서 따라가도록 하자.

4. 첫 번째 단계는 내적 과정, 두 번째 단계는 외적 과정

연구프로젝트를 시작하는 방법에는 크게 두 단계가 작동한다. 하나는 내적 과정이고, 또 하나는 외적 과정이다. 이 책의 제1부에서는 주로 여러분을 자기주도적 연구자로 만들어주는 내적 과정에 관해 구체적으로 소개하도록 한다. 연구자의 경험과 관심, 우선순위, 전제, 추정 등을 검토하면서 이런 요소들을 활용해서 연구 방향을 최대한 효과적으로 설정하는 방법을 검증하도록 한다. 이 과정은 기존의 브레인스토밍 방식을 뛰어넘어서 연구자의 가치관까지 꼼꼼히 살펴보게 된다. 즉, 연구자에게 중요하지 않은 것과, '연구자 생각에' 연구자에게 중요한 것과, 연구자에게 '진짜' 중요한 것 사이를 구분하는 판단에도 도움이 된다.

우리는 연구자가 연구 공동체의 지혜와 집단지성을 통해 자신의 연구 아이디어를 검증받아보려고 시도하기 전에 이 내적, 외적 과정을 먼저 진행해 보는 것이 훨씬 낫다고 확신한다. 비록 아이디어가 모두 똑같이 중요한 것은 아니지만 다양한 아이디어는 항상 넘쳐흐르기 때문에, 연구 초기 단계부터 연구자는 수많은 아이디어 중에서 과연 어떤 아이디어의 영향을 받고 싶은지를 신중하게 판단해야 하는 것은 당연한 과정일 것이다. 사실 영향력을 가진 사회 집단도 넘치는 상황에서 연구자가 지금 하고 있는 자신의 연구에 확신이 부족한 초기 단계에서는 이들 영향력을 가진 집단이 연구자의 연구 방향에 지나친 영향을 미칠 수 있는 여지도 그대로 남아있는 것이 연구 현실이기도 하다.

자기주도적 연구자가 되기 위한 과정을 밟아가다 보면, 연구자는 연구프로젝트 아이디어를 연구 문제 제기나 방법론, 이론, 연구 프로토콜, 연구 가설이나 전제, 연구 공동체의 축적된 경험들에 비추어 검증하고 다듬어 가는 과정을 거친다. 이 책의 제2부에서는 이 같은 외적 과정을 논의하고 있는데, 전통적으로 학문 영역이나 분야로 분류되고 이미 구축된 연구 공동체를 인정하고 받아들여야 하는 혼란스러운 과정을 잘 헤쳐나가는 방법도 알려주고 있다. 또한, 연구자 여러분과는 동일한 학문 영역에서 활동하지는 않지만 동일한 문제나 주제에 관심이 있는, '특정 연구 공동체'라고도 하는 동료 연구자들을 찾아내는 방법도 같이 공유하도록 한다. 학문 분야나 영역은 소속 학과나 학회, 학술지, 학위명 등으로 쉽게 분류하는 경향이 있는데, '연구 공동체'라는 개념은 상대적으로 아주 명확하지는 않지만, 제2부에서 제일 먼저 논의할 만큼 이 책의 핵심 개념이기도 하다.

연습 과제 지금 바로 글로 남기기

목표: 연구 아이디어를 찾아내는 과정에서 글쓰기를 하나의 습관으로 만들기.

연구자는 완전한 체계를 갖춘 프로젝트를 시작하기 훨씬 전에 연구 아이디어와 가설, 전제, 목표 등을 기록함으로써 시작할 수 있다.

이제는 글쓰기를 시작해야 하는 시간인데, 시작은 바로 여기서 지금부터 할 수 있다. 앞서 언급한 것처럼, 이 책은 워크북의 성격을 지닌다. 이 책의 역할은 마치 큰 경기를 앞두고 경기 결과를 예측하는 이야기만 하거나, 중요한 행동을 하기 전에 분위기만 잡는 역할을 하는 것도 아니며, 여러분들이 수동적으로 듣기만 해야 하는 상황도 아니다. 우리 저자들이 이 책의 일부를 쓴 건 맞지만, 사실 이 책의 가장 중요한 부분은 연구자 여러분이 앞으로 나아가면서 스스로 완성해야 한다. 그래서, 이 책을 일종의 안내서나 참고서, 또는 아이들이 색연필로 그림을 채워나가는 그림책 정도로 생각하면 좋을 것 같다. 그래서 이 책이 만들어놓은 여백을 여러분의 질문과 아이디어, 문제 제기로 채워 나갈 수 있기를 바란다. 중요한 부분은 밑줄 치고, 형광펜으로 강조하고, 중요한 페이지는 다시 쉽게 찾아볼 수 있도록 페이지 모서리를 접어놓는 것까지도 권장한다.

이 글이 실린 서론 부분까지 포함해서 이 책의 모든 섹션에는 글쓰기 활동과 연습 과제가 포함되어 있는데, 연구자 여러분이 연구의 목적이나 연구의 우선순위, 연구 계획 등을 깊이 검토하면서 실제로 글을 쓰기 시작하는 작업에서 참고하도록 하자. 우리가 이 책에서 계속 강조하듯이, 연구는 단계별로 나아가는 직선의 과정이 아니다. 그래서 어쩌면 지금 이 단계에서 여러분이 쓰고 있는 글도, 나중에 모두 쓰레기통으로 들어갈 정신없이 장황한 글을 만들어내는 집필 전 단계의 브레인스토밍 차원의 예비 글쓰기 작업이 아니라, 연구의 핵심적인 일부분이 될 수도 있다는 점을 믿어야 한다. 그래서 이 단계에서도 아이디어를 생성하고 기록하고 검토하고 새로운 정보나 자료에 근거해서 다듬고, 이 아이디어에 문제를 제기하면서 보다 명확하게 주제를 표출하는 더 나은 방법을 찾는 노력을 끊임없이 기울여야 한다.

그렇게 함으로써 이 책에서 여러분이 수행할 모든 글쓰기 연습은 궁극적으로 여러분의 연구 과정에 다음과 같은 도움을 줄 수 있을 것이다.

- 연구자의 아이디어가 발전해가는 궤적을 기록하기—즉, 연구자의 내

적 '자명화' 연습 과정

- 자신의 기억에만 의존하지 말고, 함께 연구를 진행하는 동료 연구자에게도 참고가 되도록 자기 생각을 마음속에 담아두지 말고 끊임없이 글로 표출하기
- 연구 초기 단계의 여러 이질적인 특징에 초점을 맞춘 다양한 글쓰기를 통해 연구자의 프로젝트를 점진적으로 구축해가기
- 글쓰기를 연구 방식의 일부분으로서 하나의 습관으로 만들기

자, 이제 여러분의 연구프로젝트를 통해 여러분이 달성하고자 하는 현재의 목표를 적어보자. 여러분은 어떤 주제나 토픽에 관심이 있을까? 여러분의 기준에서는 과연 어떤 것이 '성공'에 해당할까? 여러분에게 이상적인 연구결과물이라는 것은 무엇일까? 여기서 한 가지 꼭 기억할 사항은, 자신에게 큰 부담을 주지 않도록 유의하자. 지금 여러분은 다른 그 누구도 아닌 여러분 자신을 위해 글을 쓰고 있다는 것을 명심해야 한다.

자주 범하는 실수

1. 다른 사람을 위한 글을 쓰려고 하기:

   여기서 여러분은 그 누구에게도 잘 보여야 할 필요가 없으며, 뭔가 중요한 글을 써야 한다는 부담을 가질 필요도 없고, 아이디어 브레인스토밍 과정에서 여러분의 목표를 너무 합리화시킬 필요도 없다. 여러분이 연구하고자 하는 내용만 글로 한번 기록해 보자.

제1부

자기주도적 연구자 되기

이 책의 제1부에서 여러분은 연구 주제나 연구 문제의 핵심을 설정하고, 이를 연구자 마음속에 숨어 있는 염려나 걱정과 연결하는 과정을 거치게 될 것이다. 이런 주제나 문제들은 어쩌면 삶이나, 세상, 존재에 관한 궁금함이나 염려인데, 그렇다고 여러분의 연구가 영원불멸하거나 철학적이거나 자신의 이야기를 들려주는 자전적이어야 한다는 말은 아니다. 여러분은 여러분에 대한 글을 쓰는 것이 아니며, 그리고 외부 자료를 읽고 나서 글을 쓰는 게 아니라 여러분의 내면으로부터 나오는 글을 써야 한다. 바로 이것이 연구프로젝트의 착상 단계에서 가장 중요한 자기반성적 결정 과정이다.

이 단계의 목표는 연구자 자신이 연구를 시작하는 동기부여와 가치에 대해 제대로 파악하도록 하고, 자신의 우선순위에 대해 확신을 가지도록 하며, 자신의 자산과 역량, 한계에 대해 제대로 살펴보도록 하는 데 있다. 이 과정을 거치면서 연구자는 어느새 자신에 대한 확신과 평정심도 확보할 수 있을 것이다. 이 같은 자기 확신과 평정심은 연구자가 광범위한 연구 공동체에 넘쳐나는 다양한 주장들과 주제들을 최대한 활용하기 위해서도 꼭 필요한 역량이다. 이 과정은 이 책의 제2부에서 자세히 소개하도록 한다.

제1부의 기본적인 진행 과정은 다음과 같다. 1장에서는, 연구자가 직접 찾은 주제이든 다른 사람이 제시한 주제이든 상관없이, 여전히 추상적이고 뭔가 말만 거창해 보이는 주제를 구체적이고 견고하면서도 여전히 최종적이지는 않고 열려 있는 예비적인 연구 질문으로 만드는 방법과 과정을 안내하고자 한다. 2장에서는 1장에서 만든 질문들을 분석하는 법을 설명하고자 하는데, 이를 통해 여러

분들은 일부 질문들이나 어쩌면 대부분의 질문을 연결하는 일종의 패턴이나 고리 같은 것을 발견하게 될 것이다. 처음에는 아무 관련성이 없는 것처럼 보이는 질문들도 이 과정을 통해서 하나씩 연결되면서 일관성 있는 형태를 갖추게 될 것이다. 바로 이 단계가 연구자 여러분이 도달하게 되는 두 번째 중요한 지점으로, 연구자의 연구 문제를 찾아내는 것이 그 핵심이다. 3장에서는 연구자의 연구 문제를 핵심 연구 자료에 근거해서 실행 가능한 연구프로젝트로 전환하는 방법을 배우게 된다.

무엇보다도 제1부에서는 왜 이 같은 발상의 전환이 연구 초기 단계에서 그토록 중요한지를 증명해 보이고자 하는데, 다른 사람들을 의식하는 잘 다듬어진 언어에 의존하는 대신에 연구자 자신의 본능적인 호기심에 힘을 실어주면서, 연구자의 내면적이고 수수하고 때로는 어설프기도 한 언어를 신뢰하게 되는 사고의 전환이라고 할 수 있다. 이 책의 제1부를 읽으면서 연구자들은 연구 과정 중 늘 접하게 되는, 자기 꾀에 자기가 넘어가는 그런 위험을 깨닫고 피하는 방법도 확인하게 될 것이다.

제 1 장

연구 질문 만들기

여기서 연구자 여러분은 연구 과정에서 맞부딪히게 되는 첫 번째 도전을 극복하는 방법을 배우게 된다. 즉, 그냥 개인적으로 관심 있는 차원의 광범위하고 추상적인 '주제'를 어떻게 하면 구체적이고 매력적인 '연구 질문'으로 발전시킬 수 있을까? 일반적으로 연구 시작 단계에서 연구자들은 구체적인 연구 질문이 아직 없는 경우가 많으며, 그냥 관심 있는 주제 정도만 가지고 있는 경우가 대부분이다. 여러분도 이미 이런 관심 주제 정도는 서론에서 적어놓기 시작했을 것이다. 이 단계에서 가장 큰 도전은 관심 있는 연구 주제들을 찾아내는 것이 아니라 이런 일반적인 주제를 구체적인 연구 질문으로 발전시키는 과정이라고 할 수 있다. 어떻게 보면 별로 어렵고 복잡해 보이지 않지만, 생각보다는 쉽지 않은 이 과정은 연구자의 자신감과 불안감을 동시에 필요로 한다.

1. 연구 주제는 연구 질문이 아니다.

연구 주제가 있다는 것은 신나는 일이 아닐 수 없다. 특히 모든 연구 초기 단계에서 연구 주제는 매우 유용하게 작동한다. 연구 주제는 최소한 연구자가 궁금해하는 분야나 범주를 설정해 준다. 이 단계에서 연구자는 연구의 힘을 얻을 수 있고, 연구자의 정체성과 연구의 목적도 느낄 수 있게 된다. 예를 들어, 나는 '미국 할렘 르네상스에 관해 연구하고 있어.', '구 소비에트 연방에 관해 연구하고 있어.', 또는 각각, '여성학이나, 문학의 실험적인 시, 도시계획, 환경사(史) 등을 주제로 공부하고 있어.'라고 말함으로써 연구자로서의 방향성과 역할을 표명할 수 있을 것이다. 연구 주제를 가지고 있다는 것은 연구자로 하여금 뭔가 단단한 기반을 갖추고 자기인식과 방향성을 확보한 느낌이 들게 한다.

그러나 또 한편으로 연구 주제는 기만적이기도 한데, 연구 주제라는 것은 사실 범주가 너무 넓고 추상적인 한계도 있다. 그런 연구 주제에 기반해서 '○○기술대학' 같은 이름으로 대학이 설립되거나 '○○식품회사'나 '○○그래픽 연구소' 같은 회사나 연구소가 만들어지기도 하는데, 여기에 소속된 사람의 명함에도 '○○전공 교수'라는 식으로 연구 주제 명칭이 등장한다. 즉, 이처럼 연구 주제는 우리가 세상을 바라보고 인식하는 관점을 설정한다. 그런데 연구자들에게 있어서 연구 주제가 가지는 한 가지 명확한 한계는 바로, 연구 주제는 연구 질문이 아니라는 사실이다. 그렇다면 연구 주제와 연구 질문은 어떻게 다를까? 다음 [표 1]에서 그 차이점을 비교해보자.

[표 1] 연구 주제와 연구 질문 구분하기

연구 주제	연구 질문
대부분 명사형으로 되어 있으며, 형용사나 다른 수식어 하나 정도가 함께 나옴	대부분 의문문 문장 형태로 되어 있으며, 문장 끝에는 물음표가 붙어 있음
주제의 범주는 광범위할 수도 있고 구체적일 수도 있음	질문의 범주는 광범위할 수도 있고 구체적일 수도 있음
관심 있는 영역이나 분야를 지칭하는 역할	관심 있는 영역이나 분야를 지칭하면서, 그 관심을 어떤 식으로 채워나갈지 설명하는 역할
수많은 질문을 만들어내는데, 특히 수만 가지 다른 접근법을 가능하게 하는 질문을 유도함	보다 구체적이고 관련성 있는 질문을 만들어냄
정확한 답은 없음	정확한 답이 있으며, 때로는 답이 한 가지 이상인 경우도 있음

여러분은 이미 연구 주제가 실제 연구 과정에 걸림돌이 될 수 있다는 것을 이미 눈치챘을 것이다. 만약에 어떤 연구자가 자신이 어떤 연구 주제에 관심이 있는지를 여러분에게 설명한다면, 아마 여러분은 그 주제에 대한 수 많은 접근법과 문제 제기 가능한 질문 중에서 과연 어떤 것을 구체적으로 지향하는지, 또는 왜 그 질문이 해당 연구자에게는 중요했는지가 궁금하지 않을 수 없게 된다. 다시 말해, 연구 주제에 관해 이야기하다 보면 워낙 넓어서 아무것이나 다 이야기할 수 있고, 그러다 보면 사실상 별 의미 없는 이야기로 끝날 수도 있다.

앞서 언급했던 주제 중 하나인 '할렘 르네상스'라고 하면 '구체적으로는 무엇에 관한 것일까? '소비에트 연방의 경제사'에 대해서라면 과연 어떻게 접근할 것인가? 다른 연구자가 자신의 연구 주제가 무엇인지를 설명하면, 그들이 이런 연구를 시작하게 된 동기는 무엇이며, 그들의 연구의 방향성은 무엇일까?' 등은 여러분이 실제로 파악하기 쉽지 않다. '할렘 르네상스'에 대한 연구는 도시로 몰려드는 이주 현상에 관한 것일 수도 있고, 당시 문학이나 역사에 대한 것일 수도 있고, 심지어는 1920년대 미국 주택시장에 관한 연구일 수도 있다. '소비에트 연방의 경제사'를 주제로 하는 연구자라면 철강 제조 기술의 역사나 2차 세계대전 무렵의 노사관계, 또는 당시 모스크바의 싱크탱크 집단에 관심이 있을 수도 있다. 비슷한 맥락에서, '환경사'를 연구하는 사람이라면 외래 침입종이나 수력발전댐, 또는 호주 원주민들의 전통적인 경작 문화인 논밭 태우기 등에도 관심을 가질 수 있다. 다시 말해, 연구자가 구체적으로 어떤 세부 주제에 관심이 있을지는 연구 주제만 가지고는 알 수 없다. 이 모든 주제의 가능성은 똑같이 유효해 보이는데, 분명, 이 중 어떤 주제는 연구자에게 전혀 관심을 받지 못할 수도 있다. 예를 들어, '환경사'에 대한 연구자라면 자신의 동료 환경역사학자들보다는 오히려 '할렘 르네상스'를 연구하는 학자와 더 많은 공통점을 찾을 수도 있다. 연구 주제만으로는 연구 과정에 그리 효과적인 지침이 되지 못하기 때문에 연구 주제만으로는 위험할 수도 있다고 하는 것이다.

만약 주제는 정했는데 해당 주제를 연구프로젝트로 발전시키는 과정에서 계속 헤매고 있다면 가장 일반적으로 듣게 되는 조언 중

하나는, “주제를 최대한 구체적으로 좁혀라.”일 것이다. 우리는 이것을 전형적인 “주제 좁히기의 함정”이라고 일컫는다. 주제가 좁을수록 넓은 주제보다는 연구 수행의 차원에서는 훨씬 더 수월한 것이 사실이지만 이 솔직하고 단순한 논리적 전개가 실제로는 특히 경험이 부족한 신진 연구자들을 꽉 막힌 막다른 골목으로 몰아넣곤 한다. 그래서 연구자가 분석해야 할 자료의 방대한 규모를 보다 현실적인 범주로 조정해야만 ‘무엇을’이라는 질문만큼이나 ‘언제’, ‘어디서’라는 질문에 대해서도 답을 할 수 있을 것이다. 그러나 아무리 범주를 좁힌다고 하더라도 연구 주제 하나만 가지고는 ‘어떻게’와 ‘왜’라는 질문에 대한 대답을 찾기는 여전히 역부족이다. 주변 사람들에게 여러분의 좁혀진 연구 주제를 이야기해 보더라도 여러분이 정확하게 무엇을 연구하는지를 그들이 파악하기는 어려울 것이다. 아무리 좁혀보아도 주제 하나만으로는 앞으로 무엇을 해야 할지에 대한 힌트가 되기 어렵다. 즉, 주제의 세계에서 좁히는 것만으로는 여러분의 탈출구를 찾을 수 없을 것이다.

모든 연구자는 ‘무엇을 할지’와 ‘어떻게 할지’를 고민하고 방법을 찾아야 한다. 그리고 여러분이 시간과 에너지를 뭔가 가치 있는 것에 쏟아붓고자 한다면 사실 ‘무엇을 할지’, ‘어떻게 할지’의 질문보다 먼저 고민해야 하는 질문은 ‘왜 하는지’일 것이다.

간단한 예를 들어보자. 어느 학생이 자신이 수강하는 역사 과목의 기말페이퍼 주제를 상의하기 위해 이 책의 저자 중 한 사람인 멀레이니 교수를 찾아왔다고 가정해 보자. 학생의 설명에 따르면 학생은 중국 풍수지리 문화인 ‘풍수’에 관한 기말페이퍼를 쓰고 싶어 한다. 풍수에서 자연의 풍경과 환경은 기운이 가득하게 살아 있는 것으로 이해되고, 이 에너지가 살아 있는 모든 생명과 심지어는 죽은 자의 사후세계의 운명에 긍정적으로든 부정적으로든 영향을 끼치는 힘을 가지고 있는 것으로 알려져 있나. 이 자연 에너지의 논리와 기운의 흐름과 조화를 이루면서 건설된 집이나 도시는 자신의 운명을 긍정적으로 발전시켜 나갈 수 있으며, 이 흐름과 조화를 무시하거나 역행하게 되면 몰락에 직면하게 된다고 한다.

'풍수'는 분명 흥미롭고 대단히 매력적인 가능성이 큰 주제이지만, 멀레이니 교수는 학생이 가져온 기말페이퍼 주제에 대해 여전히 확신하지 못하고 있다. 이 주제에 대한 학생의 연구 질문은 과연 무엇이 될 수 있을까? 이 질문이 가지는 중요성은 무엇일까? '풍수'가 기말페이퍼의 주제가 될 수 있는 이유나 근거는 무엇일까?

학생은 교수 연구실을 방문하기 전에 이미 수업 시간에서 배운 중요한 키워드와 개념들을 활용해서 모범 답안에 가까운 대답을 준비해 놓았고, 교수와의 면담 전에 교수님 앞에서 발표하는 상황을 연습까지 해 두었다. 학생은 '풍수'라는 주제를 통해 '중국의 현대성'을 살펴보고, 중국에서 전통으로부터 현대로 전환하는 시기의 '지식생산'을 분석하는 기회를 확인할 수 있다고 설명한다. 학생의 발표는 흠잡을 것 없이 거의 모든 것이 제대로 준비되고 다듬어진 수준이었지만, 중요한 한 가지가 빠져 있었다. 멀레이니 교수는 이런 반응을 하게 된다.

"그렇군요, 그런데 학생이 '풍수'를 주제로 한 이유는 뭘까요?

> 만약 기말페이퍼의 출발점이 '중국의 현대성'을 살펴보는 것이라면 학생의 기말페이퍼는 굳이 '풍수'를 주제로 할 필요는 없지 않을까요? 아니면 '중국의 현대성'을 살펴보는 것이라면, '풍수' 대신 교육개혁을 주제로 할 수 있고, '화학의 발달사'를 살펴보거나 아니면 '번역의 역사'를 다루는 것도 가능할 텐데. '중국의 현대성'이라는 주제를 이해하기 위해서는 무수히 많은 접근법이 있다는 사실은 알고 있죠?"

학생은 최대한 그럴듯하게 똑똑해 보이는 당위성을 내세우면서 온갖 노력을 다해 다시 교수를 설득해보려고 한다. 학생은 자신의 당위성에 근거해서, "'풍수'에 관한 자료를 살펴보면 학술 자료의 '간극과 빈칸'을 발견할 수 있는데요."라고 문제 제기를 하는데, 여기서 '우리 지식의 도표에서 아직 채워지지 않은 중요한 영역이 남아있다.'라는 의미를 나타내는 '간극'이라는 상당히 학문적인 용어를 의도적으로 사용하고 있음을 알 수 있다. 또한, 학생은,"'풍수'가 역사 기록학에서 매우 강력한 '개입'의 재료가 되었다."고 주장하면서, 다시 한번 학술 분야에서 자주 사용되는 '개입'이라는 전문 용어도 사용한다. 다시 말해, 학생은 자신의 교수님과 관련된 전문 용어를 최대한 사용하면서, 자신이 수강하는 수업을 가르치는 학문적 멘토와 최대한 코드를 맞추려고 애쓰고 있다.

'학술 자료의 간극'이 있다고 주장하는 것은 해당 주제가 이루 말할 수 없이 중요할 뿐만 아니라 반드시 다루어야 할 필요가 있다는 것을 전제로 한다. 여기서 여전히 남아있는 질문은, '과연 누구에게 왜 중요한지'이다. 게다가, 인간의 모든 지식 체계를 살펴보면 '간극'

은 어디서나 항상 무한대로 존재하는 대상이다. 그렇다면 왜 굳이 이 특정 간극은 꼭 채워야 하는 대상이 되는 것일까?

옴짝달싹 못 하는 이 같은 교착상태의 원인을 단순히 학생의 경험 부족 탓으로만 돌릴 수는 없다. 여기서는 연구 경험이 풍부한 연구자도 예외가 아닌데, 대부분의 연구자는 본능적으로 자신의 초기 단계 연구 아이디어를 '중요성'이나 '의미' 같은 용어를 사용해서 정당화하려고 하는데, 이럴 때 이런 용어를 사용하는 것은 마치 연구자의 과제를 평가할 외부 심사위원들을 의식한 것처럼 보일 수 있다. 그러나, 아무리 필요하다고 해도 처음부터 우리에게 외부 심사위원이 필요한 것은 아니다. 오히려 연구프로젝트의 가장 초기 단계에서 모든 연구자에게 필요한 것은 심도 있는 '개인적인' 질문에 대한 대답이다. 즉, "무수히 많은 흥미로운 주제 중에서 왜 나는 이 주제에 끌렸을까?" 굳이 추측을 해보자면 "이 주제와 나는 무슨 상관관계가 있을까?", "과연 나에게 이 주제의 매력은 무엇일까?" 등의 질문을 고민할 필요가 있다.

멀레이니 교수와 학생과의 대화에 한동안 침묵이 지난 후에 학생의 태도도 바뀌기 시작한다. 학생 목소리의 톤과 크기가 부드러워지고, 자세도 긴장감이 풀어지고 편안해진다. 그러자 학생과의 대화에서 지금까지는 마치 교수님에게 잘 보이려고 애쓰던 학생의 연기 같은 느낌이 줄어들기 시작하면서, 학생과의 대화는 점점 진솔해지고 때로는 지나치게 솔직해지기 시작한다. 학생은 더 이상 똑똑한 척하지 않을 뿐만 아니라 오히려 현명해지기 시작하면서 보다 근본적인 고민을 마음에서 꺼내기 시작한다. 학생은 이렇게 털어놓는다.

"사실 저희 엄마가 변호사인데, 엄마는 공부도 많이 하셨고 제가 아는 가장 이성적이고 합리적인 분이세요. 결코, 미신 따위를 믿는 분도 아니고요. 그런데 그런 엄마가 '풍수'를 믿으시거든요. 진짜 완전히 믿으시거든요. 그게 어떻게 가능한지 저는 이해가 안 가요."

갑자기 연구실은 새로운 질문들의 연속으로 가득 찼다. '이성적인' 사람이 믿으면 안 되는 또 다른 것은 무엇이 있을까? 그럼 명상은? 요가는? 무릎반사 실험은? 숫자 점술은? 정신의학은? 그리고 경제학 같은 것은? 그리고 '이성적 대 비이성적'의 이분법적 경계는 누가 정하는 것일까? 그럼 이 경계는 전 세계 모든 곳에서 동일하게 적용될까? '이성성'에 대한 관점이 구체화 된 것은 역사적으로 언제부터일까? 그리고 어떤 방식으로 구체화 되었을까? 과연 왜 그렇게 된 것일까? 다른 시대나 다른 문화권의 참고자료를 살펴볼 때는 무엇을 유심히 봐야 할까? '이성적'이라고 하는 것은 도대체 무엇일까? 왜 '이성적'이라는 단어를 사용하는 것일까? '이성성'은 결국 논리에 기반하기 때문일까? 그렇다면 나는 '풍수'가 비논리적이라고 생각하기 때문일까? 아니면 '풍수'와 '이성성'은 서로 양립할 수 없다고 생각하는 또 다른 이유가 있을까?' 마치 도시의 밝고 화려한 불빛으로부터 달아나다가, 갑자기 반짝이는 별들로 가득 차 있는 하늘을 마주하는 느낌이다. 학생의 메모장도 계속되는 질문들로 가득 차 버린다.

이날 교수님과의 토론의 몇 가지 중요한 핵심을 통해 우리는 아래와 같은 돌파구를 마련할 수 있다. 연구 주제 단계에서 연구 질문

단계로 올라가려고 애쓰는 연구자들을 위해 위의 핵심적인 내용을 다음과 같이 정리해 보자.

1) 완벽해지려고 애쓰지 마라.

처음에 염려했던 것처럼 학생이 한 이야기는 제대로 다듬어지지 않았지만, 사실 그것은 좋은 징조이다. 이 초기 단계에서 제기하는 질문들은 결코 최종 질문이 아니다. 우리 삶의 경험에 비추어보면 사실 솔직해지는 것은 바람직하지 않은 경우가 많다. 늘 우리는 성숙하고 전문성을 갖춘 사람으로 비추어지길 원하기 때문인데, 그러다 보니 괜히 우리 스스로 세련되지 못하거나 순진하게 보이는 질문을 던지는 것에 망설이게 된다. 그러나 이 단계에서 우리가 던지는 질문은 어설퍼도 되고, 심지어는 일관성을 가질 필요도 없다. 지금 우리가 던지는 질문이 갖추어야 할 것은 우리가 알고 있는 범위 내에서 가장 솔직해지는 것이다. 여러분 자신을 믿어야 한다.

2) 대화를 최대한 긍정적으로 만들면서 선입견을 배제하자.

연구자나 자문 그룹 그 누구도 합리성에 대한 연구자의 전제나 가설을 깎아내리는 이야기는 하지 않을 것이다. 브레인스토밍 단계에서는 상대방의 질문에 대해 '당신은 전제 자체가 틀렸어. 왜냐하면, 비유럽권 문화 관련해서는 본질적으로 비합리적인 것은 없거든.'과 같은 편견이나 폄하로 상대방 입을 막아버리는 것은 어렵지 않다. 또는 '합리성에 대한 나의 개념은 분명 사회적 구축의 특성을 가지고 있어.' 처럼 학문적으로 고상한 표현으로 자신의 관점을 내세우며 상대방을 공격할 수도 있다. 하지만 그런 말을 하고 싶은 유혹을 이겨내야 한다. 아무리 상대방 주장이 어설프고 순진하고, 일관성이 없고, 파편적이고 심지어는 편견적으로 보일지라도 상대방의 질문이나 논지가 발전해나갈 수 있도록 기다려주는 인내가 필요하고 중요하다. 단독 연구이든 공동 연구이든 이 단계에서 여러분의 목표는 어떻게 해서든 연구 문제를 만들어내는 데 있다. 이 문제를 어떻게 활용할지는 이 책에서 다시 논의하도록 하자.

3) 여러분의 아이디어를 기록해라.

연구자와 자문 그룹은 자신들이 언급한 모든 질문을 적어놓았다. 아이디어라는 것은 정말 문득 떠오르기도 하며, 기록해 두지 않으면 한순간에 금방 사라지기도 한다. 우리가 이 책에서 계속 강조하듯이, 연구 초기 단계에서는 연구 주제나 문제에 대해 생각하는 것만으로는 결코 충분하지 않다. 생각나는 아이디어를 글로 적어야 하고, 생각나는 아이디어의 흔적이나 연결고리를 나중에 다른 용도로도 고찰해볼 수 있도록 기록으로 그 흔적을 남겨야 한다.

4) 스스로 질문을 만들어내라.

앞 페이지에서 언급한 멀레이니 교수와 학생의 대화 속에서 결국 질문을 만들어낸 사람은 학생이었다. 이 대화에서도 교수와 같은 자문 그룹의 역할은 거의 학생의 이야기에 맞장구를 치는 정도일 뿐이다. 지금 여러분이 목표로 해야 하는 질문들은 여러분의 지식과 전제와 호기심에서 나오는 질문이어야 한다. 마치 지금 존재하지 않는 가상의 심사자나 평가자를 만족시키려는 의도로 질문을 만들어내는 것은 외부로부터 질문을 빌려오는 것과 다를 바 없다. 질문은 자신의 노력으로 만들어야 한다.

이 학생은 교수님과의 면담 전에 이미 상당한 내적 성찰을 하고 왔다는 점에서 대부분의 학생에 비해 상대적으로 운이 좋다고 할 수 있다. 이런 학생은 자신의 연구 주제가 자신에게 왜 중요한지 이미 인식하고 있기 때문에, 이 같은 이유를 다른 사람들에게 꺼내는 것을 주저하는 자신의 망설임만 극복하면 된다.

그러나 대부분의 학생은 이보다 더 큰 어려움에 직면하게 된다. 우리는 종종 특별한 이유도 없이 특정 연구 주제나 문제에 끌리는 경우가 있다. 어쩌면 좀 더 정확하게 표현하자면, 우리 마음의 아주 작은 일부분은 왜 특정 주제나 문제에 끌리는지 그 이유를 알지만, 우리 마음의 나머지 대부분은 여전히 아무 생각이 없는 경우라고 할 수 있는데, 결국 그 주제가 왜 흥미로운지에 대한 대답을 해야 하는 주체는 우리 마음의 아주 작은 일부분이 아니라 나머지 대부분이라는 점이 문제이다.

이 책에서 '자기주도적 연구' 단계를 살펴보면서 우리는 우리 마음속의 '아주 작은 일부분'과 '나머지 대부분' 사이의 간극을 좁히는 다양한 방법을 논의하도록 한다. 여러분도 아래 두 가지 종류의 마음을 하나로 묶는 방법을 배우게 될 것이다.

- 알고는 있지만 말하지 못하는 여러분 마음속의 '직관적인' 부분

- 알지는 못하지만 말하는 여러분 마음속의 '실천적인' 부분

질문은 우리를 구체적인 방향으로 유도한다. 즉, 질문에 대한 구체적인 답변이든, 아니면 질문에 답을 찾기 위해 검토해야 하는 1차 핵심 자료이든, 또는 동일한 질문에 대해 고심하고 있는 동료 학자들의 연구결과물이든, 아니면 이보다 더 나은 질문이든 우리는 특정 방향으로 움직이게 된다. 질문은 우리 스스로 생각하게 하는 힘을 이끌어 낸다.

질문에는 또 다른 장점이 있다. 세상이나 삶에 대해 누군가가 물어보는 각각의 질문은 질문하는 사람에 대한 자명한 흔적의 조각이기도 하다. 이 흔적을 통해 연구자는 무엇보다도 그런 질문을 하게 된 자신의 지적, 감정적, 개인적 동기를 되돌아볼 수 있게 된다. 여기서 목표는 주제에 대한 연구자의 관심사를 단순히 주장하는 것이 아니라 설명하는 역할이다.

예시를 하나 살펴보자. '소비에트 연방의 역사는 흥미롭다.' 이런 질문을 통해 연구자는 더 크고 많은 내적 '자명화' 경험을 얻을 수 있다.

> '자본주의에 대한 소비에트 연방의 노골적인 비판을 감안하면, 소비에트 연방은 자신들만의 고유한 회계 시스템을 발전시켰을까? 소비에트 연방은 경제 지표들을 지속적으로 점검하는 회계사들을 반드시 확보했어야 했는데, 문제는 그 당시 대부분의 회계 이론들은 자본주의 맥락에서 발전해왔다는 사실이다. 그 점이 소비에트 연방에게 문제가 되었을까?'

이제 여러분은 이 뻔한 질문에 대답할 수 있는 힌트를 더 많이 가지게 되었다. '여러분은 왜 이 주제에 관심이 있을까?' 여러분의 대답이 여러분을 난처하게 만들 텐데, 이 힌트 때문에 여러분은 '주제가 흥미로워서 저도 그 주제에 관심이 있습니다.' 처럼 모호하고 중언부언하는 말장난 같은 대답으로 흐르지 않으면서도 자신에 대한 꼼꼼한 질문을 스스로에게 던져야 하는 상황을 마주하게 된다.

연습 과제 여러분 자신 찾기

목표: 1차 핵심 자료 검색 결과의 목록을 활용해서 여러분에게 가장 흥미로운 주제의 특성을 생각해 보고 이에 기반한 질문 초안 만들기

인터넷 검색 방법은 이미 여러분이 잘 알고 있으니, 인터넷 검색 결과를 활용해서 연구자 자신에 대해 알아갈 필요가 있다. 이 같은 연습을 통해 '주제' 단계로부터 '질문' 단계로 발전하는 방법을 찾을 수 있다. 단계별로 자세한 내용을 살펴보기 전에, 일단 이 연습의 단계별 진행 과정을 아래와 같이 간단하게 정리해 보자.

1. 이 책의 서론에서 이미 수행했던 〈연습 과제〉에 기반해서 연구자의 마음이 끌렸던 연구 주제를 모두 다 적어보자. 범주가 넓거나 일반적인 주제라도 상관없고, 한 개 이상도 괜찮으니 최대한 많이 기록해 보자.
2. 여러분의 목록에 있는 연구 주제 하나씩 골라서 아래 있는 인터넷 검색 엔진 중 최소한 3가지 검색 엔진에서 검색해 보자. (검색 엔진은

아래 사이트에서 확인 가능: selfcenteredresearch.com)

3. 검색 결과 중에서 5~10개 정도 여러분이 관심 있는 결과를 클릭해 보자.
4. 검색 결과를 지나치게 꼼꼼하게 읽을 필요는 없다. 대신, 여러분의 정신적 에너지의 20% 정도만 사용해서 검색 결과 목록과 일부 내용을 대략 검토해보자. 그리고 남은 80%의 에너지는 자기 관찰에 쏟아붓는다. 검색 결과를 읽을 때는 마음속으로 읽지 말고 소리 내 읽어보자.
5. 특히 각각의 검색 결과에 연구자 여러분의 마음과 몸이 어떻게 반응하는지 주의 깊게 살펴보자. 여러분에게 강렬하게 다가오는 검색 결과가 있는지? 다른 검색 결과보다 1초라도 여러분의 눈길을 조금 더 끄는 검색 결과가 있는지? 미미한 차이라도 여러분의 심장박동을 조금 더 빠르게 만드는 검색 결과는 있는지?
6. 일단 왜 관심이 있는지 그 이유는 생각하지 말고 연구자 여러분의 관심을 끄는 10개 정도의 검색 결과만 선택해서 적어보자.
7. 이 10가지 검색 결과를 놓고 아래 5단계에 나오는 세 개의 질문에 대한 답을 하다 보면 내적 '자명화' 과정을 만들어낼 수 있다.
8. 그런 다음 가만히 놔두고 일단 최소한 24시간 정도 시간을 가지고 기다려보자.
9. 여러분이 쓴 답으로 돌아가서 여러분에게 질문을 던져보자. "만약 이렇게 답을 쓴 사람이 누구인지 몰랐다면, 아니면 이런 검색 결과를 흥미롭다고 표시해 놓았다면, 이런 연구자에 대해 나는 어떻게 생각했을까? 이와 같은 내적 '자명화' 과정은 연구자의 관심사나 염려와 관련해서 연구자에 대한 어떤 정보를 드러내 보여주고 있을까?"
10. 이런 질문들에 대한 여러분의 생각을 최대한 종이에 많이 적어보자.

이제 조금 더 깊이 들어가 보자.

1단계: 1단계는 이미 충분히 이야기를 했으니 2단계로 넘어가자.

2단계: 데이터베이스(DB) 선택하기. 여기 몇 가지 유용한 데이터베이스 정보가 있는데, whereresearchbegins.com 사이트로 가면 수십 개의 데이터베이스 정보를 확인할 수 있다.

- WorldCat: http://www.worldcat.org
- HathiTrust: https://www.hathitrust.org
- Trove: https://trove.nla.gov.au/
- Online Archive of California (OAC): http://oac.cdlib.org
- Archives Portal Europe: http://www.archivesportaleurope.net
- Collaborative European Digital Archive Infrastructure (CENDARI): http://www.cendari.eu
- Consortium of European Research Libraries (CERL): http://www.cerl.org/resources/main

여러분의 주제와 관련된 '올바른' 데이터베이스(DB)를 선택하는 고민은 하지 않아도 된다. 이 연습의 목적은 어떤 DB를 선택하는지와는 전혀 상관이 없다. 그 이유는 아래에서 곧 알게 될 것이다. 그리고 도서관이 어느 나라나 어느 지역에 있는지도 고민할 필요가 없다. 예를 들어, 미국 뉴저지 지역의 도서관에서는 '미국 정치' 관련해서 아무 자료도 찾지 못하거나 미국 캔자스 지역의 도서관에서 고대 이탈리아반도 북부의 에트루리아 지역의 도자기 관련한 자료는 못 찾을 것 같지만 실제로 검색을 해보면 아마 깜짝 놀랄 수도 있을 것이다.

검색 엔진이 어떻게 작동하는지를 간략하게나마 배운 다음, 간단한 것을 검색해 보자. 여러분의 연구 주제나 다양한 키워드 조합을 통해 여러분이 찾고 있는 용어를 입력한 다음 어떤 검색 결과가 나오는지 지켜보자. 만약 여러분의 검색 결과가 0이라고 한다면 조금 더 범주를 넓혀 일반적인 키워드나, 아니면 관련되어 있지만 조금 다른 키워드로 다시 검색해 보자. 이 모든 시도가 실패로 돌아간다면 다른 검색 사이트로 가서 다시 찾아보자. 데이터베이스 자체는 여기서 아주 중요한 것은 아니다.

3단계: 검색 결과가 나왔으면 어떤 결과라 하더라도 여러분이 할 일은 간단하다. 결과 목록 화면을 아래로 계속 내리면서 내용을 확인하다가 검색 결과 몇 개는 클릭해서 읽어보도록 하자. 앞서 제시한 대부분의 참고자료 사이트에서는 원본 텍스트 내용까지는 볼 수 없고 아마 서지 정보만 볼 수 있을 것이다. 그리고 설사 원본 텍스트 전체 내용을 볼 수 있는 사이트라고 하더라도 지금은 특정 텍스트 하나의 전체 내용을 보려고 시간을 너무 많이 쏟을 필요는 전혀 없다. 지금은 자료를 꼼꼼하게 읽어야 하는 상황이 아니다.

오히려 여기서 중요한 것은, 모니터 화면에서 검색 결과를 아래로 살펴보는 동안 마치 병원 응급실에서 심장박동을 기록하는 심박측정기가 여러분의 팔에 붙어 있다고 상상해보자. 어떤 검색 결과가 여러분의 심박수를 조금이라도 높이는지 주의 깊게 살펴보고 적어놓도록 한다. 어떤 검색 결과가 여러분의 심박 수에 그 어떤 변화도 주지 않는지도 눈여겨보면서 일단 적어놓자. 왜냐하면, 이 챕터의 후반부에서는 연구자인 여러분에게 지루함을 가져다주는 것에 관해서도 이야기할 예정이기 때문이다.

지금 우리의 목표는 앞서 언급했다시피 여러분이 다양한 자료를 읽으면서 여러분의 마음도 읽어내는 과제를 완수하는 것이다. 한 가지 명심해야 할 점은, 검색 결과를 하나씩 읽어내려갈 때 링크를 클릭하고 내용의 제목이나 내용 요약 문장을 읽는 데는 여러분의 정신적 에너지의 20%만 사용해야 한다는 점이다. 나머지 80%의 에너지는 다양한 자료들을 검토하고 있는 여러분 자신의 반응을 살펴보고 알아가는 데 사용해야 한다는 것이 핵심이다.

이것이 왜 중요할까? 이런 훈련이 연구자가 연구의 방향성을 찾아내는 데 조금이라도 도움이 될까? 이렇게 한번 생각해 보자. 우리의 감각은 매일 수많은 자극에 노출되다 보니 일상에서 대부분의 시각적, 청각적, 후각적 자극들은 인식되지 못하고 그냥 지나쳐가는 경우가 많다. 만약 우리가 일상에서 접하는 모든 자극을 다 의식하고 인식하려고 애쓴다면 우리의 감각 시스템이 과부하에 걸려서 우리의 몸은 아주 기본적인 일상 기능마저도 제대로 수행하지 못할 가능성이 크다. 이 같은 환경에 대응하는 과정에서 우리 몸은 자연스럽게 어떤 자극을 인식하고 어떤 자극을 무시할지 판단하는 상당히 정교한 감각 여과 장치를 발달시켜왔다. 그래서 우리의 몸과 마음은 보면서도 보지 않는, 느끼면서도 느끼지 않는, 냄새를 맡으면서도 맡지 않는, 소리를 들으면서도 듣지 않는, 먹으면서도 먹지 않는 놀라울 정도로 신기한 감각 기계로 변신해 왔다.

이처럼 우리가 자연스럽게 자극을 무시하거나 외면하는 역량이 얼마나 뛰어난지를 고려한다면, 아무리 작고 중요하지 않은 것이라 하더라도 우리가 뭔가를 인식하거나 느끼는 경우라면 우리가 뭔가를 느꼈다는 감각적 인식 그 자체의 중요성을 그냥 넘어가서는 안 된다. 이 같은 내적 '자명화'의 모습이나 형태는 우리가 가지고 있는 염려나 호기심에 관한 잠재적인 실마리를 제공할 수 있다.

단도직입적으로 이야기하면, 여러분의 마음이 뭔가를 느낄 때는 그것이 무엇이든 간에 여러분은 여러분이 던질 질문의 실마리가 바로 거기에 있다는 것을 확신할 수 있어야 한다. 여러분의 질문이 정확하게 무엇에 관한 것인지는 이 단계에서 그리 중요하지 않다.

이러한 실마리에 관심을 기울임으로써 이 실마리가 가리키는 질문들을 발견하는 법을 배워야 한다. 이를 통해 포괄적이고 일반적인 주제로부터 시작해서, 좀 더 정확하고 생산적인 질문들로 발전해나갈 수 있을 것이다.

"여러분 눈에 보이는 것을 소홀히 넘어가지 마라."라는 조언은 생각보다 실천하기가 어렵다. 왜냐하면, 이를 위해서는 여러분 자신의 내면의 목소리에 정말 진지하게 귀 기울여야 하는데, 사실 뭔가에 주목한다는 행위가 생각보다는 쉽지 않기 때문이다. 예수가 자신이 메시아라는 사실을 드러내는 예수 공현은 그리 요란스럽지 않다. 아마 여러분도 간신히 들을 수 있을 정도의 '음...' 이라는 소리일 수도 있다. 아르키메데스가 왕관의 순도를 재는 방법을 알아냈을 때 '유레카'라고 외치는 순간도 어쩌면 마음속 작은 침묵일 수도 있다. 그냥 싱긋 웃거나 살짝 얼굴의 인상을 쓰거나, 아니면 이미지나 텍스트의 한 줄을 조금 더 오래 바라보는 정도로도 표현할 수 있다. 이와 달리 초음속 비행기의 폭발음 같은 충격파는 누구나 특별한 도움이 없이 들을 수 있다. 그래서, 여기서 여러분의 역할은 중력으로 초래된 바다의 조수간만의 미묘한 움직임까지도 찾아내는 그런 역할에 가깝다고 할 수 있다.

4단계: 여러분의 검색 결과로 다시 돌아가 보자. 아무리 작더라도 여러분에게 영향을 주는 검색 결과들은 적어놓거나 동그라미를 치거나 별표를 해 놓아야 한다. 결과의 목록을 적어놓고 이들 자료의 제목을 복사해서 텍스트 파일로 옮겨놓자. 아니면 이 자료를 컴퓨터 폴더에 저장해 놓거나 이메일로 작성해서 기록으로 남겨놓는다. 어떤 방식으로 하든 이렇게 기록해 두는 것 자체가 중요하다.

다시 한번 강조하지만, 여러분의 연구 주제와는 전혀 관련 없는 것처럼 보일지라도 여러분 머릿속에 떠오르는 생각이 있다면 무엇이든지 반드시 글로 적어놓도록 하자.

예를 들어, 오스만 제국이나 뉴저지, 또는 중국에 관해 자료 조사를 한다고 가정해 보자. 오스만 제국이나 뉴저지, 중국에 관한 적절한 자료들만큼이나, 여러분의 자료 조사 목록에는 오스만 제국 시대의 가구나, 뉴저지의 가축들, 또는 중국 도자기 관련해서 우연히 발견한 자료들도 포함되어 있어야 한다. 이런 자료들은 관련성이 없다고 바로 버리지 말고, 복사본을 만들어서 자료로 남겨놓아야 한다. 혹시라도 이 자료 중에서 조금이라도 여러분을 생각에 잠기게 하는 게 있다면 다른 중요한 학술 자료와 동일한 맥락에서 여러분의 그 생각을 기록으로 남길 필요가 있다. 여러분의 목록이 일관성이나 통일성이 없어 보이더라도 전혀 걱정할 필요가 없다. 이 단계에서 여러분이 해야 할 일은 여러분 내면의 목소리를 듣는 것이며, 여러분의 관심을 끄는 그 어떤 것이라도 모두 기록으로 남기는 것이다. 중요한 것과 그렇지 않은 것을 가려내는 일은 나중에 하면 된다.

5단계: 여러분의 목록에 최소한 10여 개의 자료가 준비되면, 30분 정도 시간을 가지고 각 자료에 대해서 다음 세 가지 질문을 자신에게 던져보고 여러분 자신의 답을 적어보도록 하자. 물론 우리는 자료를 제외하는 과정보다는 추가하는 과정에서 선택의 기준이 더 관대한 경향이 있지만, 그렇다고 자료를 모을 때는 모든 것을 다 복사해서 파일로 옮길 필요는 없다.

- 이 자료를 보면서 어떤 생각이 들까?
- 추측을 한번 해본다면 왜 나는 이 자료에 주목하게 되었을까?
- 이 검색 결과를 살펴보다 보면 어떤 궁금증이 마음속에 생길까?

자료 하나당 키워드는 몇 가지 단어만 적어놓으면 된다. 그리고 꼭 명심할 것은 지금 이 단계에서는 여러분이 어떤 이유로 각각의 자료에 끌리게 되었는지는 모를 가능성이 크다는 점이다. 위의 세 가지 질문에 대한 여러분의 대답이 어쩌면 너무 임시적이거나 바보 같은 소리처럼 들릴 수도 있겠지만 그래도 상관없다. 이것만 기억하면 된다. 바로 위에서 우리가 언급했던 '풍수' 관련 내용에서처럼 자신이 똑똑하게 보이고 싶은 유혹이나, 아니면 실체도 없는 상상의 외부 평가자에게 잘 보이고 싶어서 근사한 표현을 사용하고 싶은 유혹만 최대한 피하도록 한다. 지금 여러분의 유일한 독자는 바로 여러분 자신이기 때문에, 여러분의 표현이 명확하지 않거나 너무 직감적이거나 너무 솔직하더라도 괜찮다. 중요한 것은 바로, '왜 이 생각이 갑자기 여러분의 머릿속에 떠올랐을까?'이다.

6단계: 여러분이 만들어놓은 목록을 이제 저쪽으로 치워놓자. 그리고 24시간 동안은 다시 보지 않도록 한다. 그리고 이 책도 여기서 접고 노트북의 전원도 끄고, 시계 알람을 지금부터 딱 24시간 이후로 설정해 놓자.

7단계: 24시간이 지난 다음에 새로운 마음으로 다시 목록을 열어보자. 그리고 당신이 모르는 사람이 이 목록을 작성했다고 상상해보자. 만약 이 목록이 지금 가지고 있는 유일한 자료라고 한다면 이 목록만 보고 나서 목록을 작성한 연구자가 무엇에 관심이 있는지 여러분은 설명할 수 있을까? 만약 연구자의 연구 주제를 모른다면 여러분은 이 목록만 보고 해당 연구자의 주된 관심이 무엇인지 추측할 수 있을까? 그런데 이 목록을 작성한 여러분은 이미 연구 주제를 알고 있을 텐데, 그렇다면 머릿속에 떠오른 키워드 중심으로 정리한 이 목록은 과연 여러분의 생각과 똑같은 이야기를 하고 있는지, 약간 다른 이야기를 하는지, 아니면 완전히 다른 이야기를 하는지 생각해 보자. 이 키워드들의 관심은 여러분의 연구 주제에 본질적으로 연결이 되고 있을까? 만약 그렇다면, 연구 주제의 어떤 면과 연결되고 있을까? 아니면 이 연구 주제는 완전히 다른 질문의 사례나 다른 질문의 매개 수단에 해당하는 것은 아닐까? 여러분의 생각을 종이에 글로 정리해 보자.

✣ 자주 범하는 실수 ✣

1. 굳이 글로 적어놓을 필요는 없다고 생각하기
2. 너무 빨리 개별 1차 핵심 자료에 빠져버리기
3. DB 검색할 때 입력한 키워드와는 무관하거나 여러분의 주제와 관련성 없이 우연히 검색된 자료들은 바로 배제하기
4. 검색 결과 중에서 실제로는 여러분이 관심 없는데도 뭔가 중요해 보이는 것 같아서 관심 있는 척하기
5. 좀 더 넓고 포괄적으로 생각하는 대신, 여러분이 왜 관심을 가지는지를 명확하게 알고 있는 결과만 기록해 두기
6. 머릿속에 떠오르는 생각 중에서 일관성이 있으면서 서로 잘 연결되는 것만 기록해 두기
7. 왜 이런 검색 결과가 여러분의 관심을 끌었는지를 생각할 때, 그리고 그 이유가 중요한지 아닌지를 판단할 때 실체도 없는 외부 기준의 관점에서 접근하면서 걱정하기

연습 과제 지루함을 유용한 판단기준으로 만들기

목표: 여러분의 마음이 내키지 않는 것에 대해 좀 더 제대로 알아보고자 한다면, 여러분의 관심 주제로만 보면 분명히 관심을 가져야 하는데도 불구하고 실제로는 관심이 없는 그런 문제나 질문들을 찾아보기.

여러분의 주제와 관련이 있는데도 여러분이 관심이 없는 부분이 어떤 것인지를 알아낼 수 있다면, 주제와 관련해서 여러분이 무엇을 정말 중요하게 생각하는지를 효과적으로 깨달을 수 있다.

바로 앞의 〈연습 과제〉에서 여러분은 자신의 관심을 끄는 검색 결과들을 모두 적어놓는 연습을 해보았다. 그런데 연구자인 여러분에게 지루하게 느껴지는 부정적인 검색 결과들은 어떻게 하면 좋을까? 이들 부정적인 검색 결과도 마치 여러분의 상상의 응급실의 심박측정기 화면에 나타나듯이 눈에 띄는데 이건 여러분의 관심을 끌어서가 아니다. 오히려 이 결과들은 여러분에게 거부감을 불러일으키기 때문에 여러분의 목록에 포함될 가능성이 거의 없다고 봐야 한다. 결국, 지루함에 대한 사람들의 가장 보편적인 반응은 회피이다. 사람들은 재미없는 것은 어떻게 해서든 회피하거나 무시하려는 경향이 있다.

그렇지만 여기서는 그렇게 하지 말기 바란다. 지루함은 매우 효과적인 선생님의 역할을 할 수 있어서 우리가 관심을 기울여야 할 대상이다. 특히 지루함은 무관심이나 관심의 부족과는 조금 결이 다르다. 지루함은 수동적인 감정이 아니라 보다 적극적인 감정이면서, 뭔가를 거부하는 감정인데, 마치 흥분이라는 감정처럼 지루함도 여러분이 자신의 관심이나 염려, 동기부여의 감정을 좀 더 명확하게 이해하는데 필요한 내적 '자명화' 과정을 제공한다. 그래서 지루한 감정을 마치 자신의 흥분된 감정을 대하듯이 자세히 관찰함으로써 여러분은 자신의 마음 속 진짜 연구 질문이나 문제가 무엇인지에 대한 실마리를 얻을 수 있을 것이다.

자, 여기서 여러분과 여러분의 가장 착한 친구의 가상의 대화를 상상해보자.

친구 : 요즘 뭘 연구하고 있어?
여러분: 제도 사회학인데.

친구 : 그래? 진짜 흥미로운 주제인데? 그렇지 않아도 여러 회사의 서로 다른 관리 구조를 비교하는 글을 며칠 전에 하나 읽었거든. 직장 만족도나 직장 생산성의 측면에서 어떤 관리 시스템이 더

나은 환경을 만들어내는지 궁금하더라고.

여러분: (마음속으로 하는 말) 저런, 끔찍하게 재미없는 주제인데? 내가 공부하고 싶은 주제는 전혀 아닌데.

여러분의 친구는 더 많은 사례를 이야기하고 있는데, 분명 여러분이 언급한 관심 주제로만 보면 이론적으로는 여러분도 관심을 가져야 하는 주제로 보인다. 여러분의 친구가 이야기해주는 사례에는 해당 주제 관련한 책들에 대한 언급도 있고, 몇몇 책의 내용 요약까지도 포함되어 있는데, 여러분은 친구의 이야기를 들으면 들을수록 더 혼란스러워진다. “내 친구가 여기서 이야기하는 모든 것이 너무 지겨울 따름인데, 왜 그럴까? 사실 이 모든 사례는 내가 하고 있는 연구 주제와 관련이 있어서 나도 관심을 가져야 하는 게 맞는데 말이야. 그런데도 나는 전혀 신경이 안 쓰이는데? 도대체 나한테 무슨 문제가 있는 거지?”

이렇게 되면 조용한 두려움이 여러분 마음속으로 스며들기 시작한다.

> “어쩌면 내 주제 자체가 재미없어서 그런 걸까? 아니면 내가 주제를 바꿔야 할까? 혹시 원래 연구가 이런 건가?” 연구에 관한 짧은 흥분의 순간이 스쳐 지나가고 나면 관심 없는 주제를 연구해야 하는 지루함이 엄습한다. “어쩌면 나는 연구 같은 건 하면 안 되나 보다.”

자신에 대한 이런 평가는 잠시 미뤄두자. 그리고 그 친구에 대한 여러분의 평가도 마찬가지이다. 어쩌면 그 친구는 실제로 여러분에게 도움이 되고 있을 가능성이 크다. 잠시 숨을 돌리고, 자신에게 이런 질문을 던져보자. “내가 선택한 주제가 지루하다면 어떡하지? 내가 선택한 연구 주제로부터 자연스럽게 그리고 당연하게 나올 수 있는 예상 가능한 질문이나 세부 주제 중에서 어떤 것이 나를 불편하게, 또는 심지어, 무기력하게 만들까?”

아마 이런 질문을 생각해 본 것은 처음일 수도 있을 텐데, 사실 그 누구도 우리에게 어떤 주제나 문제가 지루한지를 물어보지는 않는다. 그 대신 사람들은 어떤 주제가 흥미롭고 신나는지를 우리에게 물어본다. 여러분이 무엇에 관심이 있는지에 대한 질문에 대답하는 것은 여러분이 의식하지 못하는 방식으로 여러분 자신에 대한 뭔가를 알아가는 역할을 한다. 그렇다면 특히 여러분의 연구 주제와 연관성이 있는 데도 여러분이 지루해하는 상황은 어떻게 설명할 수 있을까?

이런 상황에서 할 수 있는 것은 아래와 같다.

1. 여러분의 검색 결과로 돌아가서 다시 검토해 본다.
2. 여러분의 상상의 응급실 심박측정기 화면에 나오는 결과를 꼼꼼히 살펴보면서 이번에는 여러분을 지루하게 하는 검색 결과에 집중한다. 여러분의 관심사에 관한 자신의 속마음을 속이지 않는 중요성에 대해서 앞서 언급했던 것처럼, 이 과정에서도 여러분은 자신의 속마음에 솔직할 수 있도록 노력을 기울여야 한다.
3. 지루해 보이는 몇 가지 검색 결과를 선택해서, 아래 세 가지 질문에 대한 여러분의 대답을 적어본다. 이번에는 흥미로운 검색 결과가 아니라 지루한 검색 결과에 대한 질문이다.
   a. 이 자료를 보면 어떤 생각이 드는지?
   b. 추측을 해보자면 왜 나는 이 자료에 주목하지 않게 되었을까?
   c. 검색 결과를 살펴보다 보면 어떤 궁금증이 마음속에 생길까?
4. 이제 각각의 검색 결과를 놓고 보면서 이런 문장을 한번 완성해보자. "나는 [이런 내용의 검색 결과]보다는 다른 종류의 [   ]에 더 관심이 있는 것 같아."

위의 3번과 4번 과정은 여러분이 세상을 이해하는 일관된 방식에 대한 내면적이고, 내향적이면서, 무의식적이고 정신적인 토대의 구체적인 실마리를 제공하는 두 가지 종류의 '내적 자명화'를 만들어낸다.

여러분의 지루함을 살펴보는 것은 연구자 자신의 내면과의 대화의 일부분이라고도 할 수 있다. 특히, 자신과 맞지 않는 부분을 제거하고, 별로 도움이 되지 않는 궁금증으로부터는 벗어나게 유도하는 효과 외에도, 지루함은 더 나은 질문을 하는 데 도움이 될 뿐만 아니라 여러분의 연구 문제에 초점을 맞추는 데에도 효과적일 수 있다.

✣ 자주 범하는 실수 ✣

1. 지루함을 부정하거나, 주제와 관련되어 있을 것 같아서 일부러 관심을 가지려고 하거나, 아니면 중요하다는 이유로 여러분 자신의 관심을 자신에게 요구하기
2. 전제가 참일 때만 결론도 참이 되는 순환논증의 오류에 빠져서 다음과 같은 합리화의 희생물이 되기: "이 내용이 내게 지루한 이유는 내용 자체가 지루하기 때문이야." 지루함은 여러분에게 뜬금없이 '생기는' 것이 아니라, 마치 영감을 불러일으키는 착상처럼 여러분과 여러분이 상호소통하는 것 사이에서 발생하는 역동적인 과정이다. 지루함이라는 감정은 여러분을 여러분으로 만들어주는 실체와, 여러분이 직면하는 현실의 실체 사이에서의 작용과 반작용의 부산물이기도 하다.

연습 과제 작고 구체적인 연구 질문 만들기

목표: 깊이 있는 자료 조사를 마무리하기 전에 여러분의 연구 주제에 관한 구체적이면서 사실에 기반한 질문 만들어내기.

이 질문들은 이후에 더 크고 중요한 질문을 만들어내는 기반이 될 수 있다. 이제 여러분은 하나의 연구 주제 단계에서 어엿한 연구 질문으로 발전할 준비가 되어 있다. 그리고 여러분은 이미 아래 두 가지 자료도 준비해 놓았다.

1. 연구 주제에 관한 자료들을 보면서 여러분이 무엇에 관심이 있었는지를 정리한 내용과, 왜 그런 자료들에게 관심이 갔는지에 대한 여러분의 최선의 추측 내용
2. 여러분이 제안한 주제의 어떤 측면들이 여러분을 지루하게 만들었고, 왜 지루하게 만들었는지에 관한 내용

이 모든 것을 연구의 동기부여와 영감으로 사용하면서 다음 내용을 글로 적어보도록 하자.

생각의 흐름을 따라서 여러분의 주제와 관련해서 최소 20개의 질문을 적어보자. 이 연습의 핵심은 아래 가이드라인을 참고해서 여러분의 질문을 최대한 구체적으로 만드는 것이다.

- 여러분의 주제와 관련해서 여러분은 어떤 사실들을 알고 싶어 할까?
- 여러분의 호기심을 충족시키기 위해서 여러분의 주제에 관한 어떤 정보가 필요할까?
- 여러분 생각으로는 여러분의 주제에 관해 어떤 설득력 있는 세부 사항들이 있을까?

위의 질문 중에서 어떤 질문들은 〈연습 과제: 여러분 자신찾기〉나 〈연습

과제: 지루함을 유용한 판단기준으로 만들기〉에서 여러분이 사용했던 자료들을 처음 볼 때 떠올랐던 것들일 수도 있고, 나머지 질문들은 새로운 질문일 수도 있다.

너무 심각한 질문이나 너무 큰 그림을 그리려고 하는 질문들은 되도록 피하자. 특히 주제에 관한 본질적인 '의미'나 '중요성'에 관한 질문을 하고 있다면 지금 여러분이 너무 추상적으로 모호하게 생각하고 있을 가능성이 크다.

한 가지 명심할 것은, 질문은 물음표가 달린 의문문 형태이어야 한다. 질문인 척하면서도 내용을 정리하거나 결론을 내리려는 문장이 되어서는 안 된다. '정의의 문제는 ...'으로 시작하는 질문은 사실 질문이 아니다.

다시 한번 강조하지만 여기서 여러분의 목표는 다른 사람에게 여러분의 프로젝트의 의의를 설득하고 정당화시키려는 것이 결코 아니다. 여기서는 가장 기본적인 사실에 대한 질문으로만 시작해야 한다. 결국, 여러분도 여러분의 주제가 아직 낯선 시작 단계이며, 여러분이 무엇을 하는지보다는 여러분이 그것이 무엇인지조차 모르는 것이 더 중요한 상황이라는 것이다.

이와 관련된 예시를 같이 살펴보자. 2차 세계대전 후 독일의 뉘른베르크(Nureberg)에서 열린 군사재판소의 재판 과정을 찍은 한 장의 흑백 사진이 앞에 놓여있다고 가정해 보자. 아마 여러분은 "뉘른베르크 군사재판이 전후 유럽에 끼친 영향은 무엇일까?", "뉘른베르크 군사재판의 의미는 무엇일까?" 같은 큰 그림의 질문들을 먼저 떠올릴 수 있겠지만, 연구프로젝트를 준비할 때 여러분에게 실제로 도움이 되는 질문들은 아래와 같은 구체적인 질문들이다.

- 재판에는 어느 국가들이 참여하고 있는지?
- 각각의 참여국에서 대표단으로 파견한 사람은 누구인지?

- 파견된 사람들은 어떤 방식으로 선발되었는지?
- 이들 대표단은 재판 과정에서 어떤 역할을 하는지?
- 혹시라도 파견을 거부한 사람은 있는지?
- 이 재판의 판사들은 누구인지?
- 이들 판사는 어떻게 임명되었는지?
- 이들 판사를 임명한 사람은 누구인지?
- 뉘른베르크 군사재판은 이와 비슷한 종류로는 전후 첫 번째 군사재판인지?
- 만약 아니라면, 뉘른베르크 군사재판 전에 열렸던 군사재판은 어디서 개최되었는지?
- 기자단도 재판 참관이 가능했는지?
- 해당 사진을 찍은 사람은 누구인지?
- 해당 사진은 어떤 경로로 배포되고 언제, 누가 배포했는지?
- 재판은 어느 건물, 몇 층 몇 호에서 열렸는지?
- 재판은 며칠이나 몇 주, 몇 달이 걸리든 하나의 안건으로 진행되었는지, 아니면 시간을 두고 여러 개의 안건으로 나누어서 진행되었는지?
- 재판이 반드시 마무리되어야 하는 마감일이 정해져 있었는지?
- 이 재판의 속기록은 누가 만들었는지?
- 해당 속기록은 어디에 보관되어 있고, 어떻게 배포되었는지?
- 속기록과 관련된 비용은 누가 지급했는지?
- 판사와 변호사, 증인들을 도시까지 이동시키는데 드는 비용은 누가 지급했는지?
- 판사와 변호사, 증인들의 숙박과 이들에 대한 수당은 누가 지급했는지?
- 재판이 진행되는 동안 피의자들은 어디에, 얼마나 오랫동안 구금되어 있었는지?

위의 질문들을 살펴보면 그 어떤 것도 추상적이고 심오한 질문은 없는 것 같다. 모든 질문은 작은 범주의, 구체적인 내용인데, 이 질문들을 만드는 데 있어서 중요한 목표는 질문의 구체성이다. 그 이유는 다음 두 가지이다.

첫째, 여러분이 연구하고 있는 주제의 근본적인 핵심과 관련해서 여러분 마음속과 여러분 노트북에서 기본적인 틀을 설계하는 것은 바로 이런 작은 질문들을 통해서만 가능하다. '의미'나 '중요성'과 같은 심오한 질문들을 제기하고 이에 대한 답을 찾으려는 것은 지금 시점에서 성급하다. 왜냐하면, 지금으로서는 정확한 사실들도 아직 확인하지 못했고, 이를 분석할 기회조차 없었기 때문이다. 하지만, 이 재판이 열린 장소와 물리적 공간이나, 판사, 변호사, 증인, 방청객, 기자들, 가족들, 그리고 재판을 참관한 사람들에 대한 사실들을 더 많이 알면 알수록, 여러분은 이 주제에 대해 더 많은 주도권을 확보할 수 있게 된다. 이 과정이 여러분에게 적절한 때가 되면 더 크고 심오한 질문들을 할 수 있는 여건을 마련해 줄 것이다.

둘째, 위의 사소한 질문들 몇 개에 빠져드는 것은 예상하지 못한 상황을 초래할 수 있는데, 만약 여러분 스스로 그 질문들을 계속해서 되뇌고 있는 모습을 발견한다면 이는 여러분의 연구를 완전히 새로운 방향으로 이끌 수도 있다. 예를 들어, 여러분이 "판사와 변호사, 증인들의 숙박과 교통비, 이들에 대한 수당은 누가 지급했는지?" 같은 질문에 계속 끌린다면, 여러분은 아마 국제사법재판소의 역사를 다른 시각에서 접근하고 싶을 수도 있을 것이다. 즉, 전통적인 법정 드라마의 관점이 아니라, 예를 들어, 도시 역사의 관점에서 접근할 수도 있다. 도시 역사의 관점에서는 "어떤 논리적인 맥락에서 뉘른베르크, 도쿄, 난징 같은 도시에서 전범 재판이 열렸을까? 어떻게 해서 전쟁으로 사회 인프라가 거의 무너져버린 도시들이 전범 재판과 같은 중요한 국제적 회의의 이동 수단과 숙박, 보안, 그 외의 중요한 책임을 떠맡게 되었을까?" 등의 질문들을 생각해 볼 수 있다.

이런 새로운 질문들의 관점을 놓고 보더라도 이미 여러분의 연구프로젝트가 정의라는 큰 주제에 관한 뭔가 새롭고 통찰력 있는 주제를 우리에게 가르쳐주는 방향으로 이동하고 있음을 바로 알수 있다.

여러분이 이같이 구체적이고 좀 더 현실적인 질문들을 하기 시작하면서, 지금까지의 모호하고 비생산적인 주제의 범주에서 벗어나서 보다 구체적이고 일관성 있는 질문들로 이동하게 되는데, 시간이 가면서 이 질문들은 뭔가 좀 더 설득력 있고 실행 가능하고 열린 실체로 발전해갈 것이다.

구체적이고 실질적인 질문을 던지는 것은 주제만 중심이 되는 세계로부터 벗어나는 중요한 열쇠이기도 하다.

✣ 자주 범하는 실수 ✣

1. '의미'나 '중요성'에 관해 추상적이고 거대하고 모호한 큰 그림만 그리는 질문하기
2. 물음표가 달린 실질적인 의문문이 아니라 마치 질문인 척하지만 실제로는 내용을 정리하거나 결론을 내리는 문장으로 질문하기
3. 여러분이 답을 하기 어렵다고 생각되는 질문은 아예 하지 않기(아마 여러분은 질문에 답을 할 수 있는 데이터가 없거나 데이터를 구하기 어렵다고 합리화시킴)
4. 내적 '자명화'라고 하기에는 부족할 정도로 서너 개 정도만 질문하기

자문 그룹의 한 마디

"연구 네트워크를 만들어 보세요."

여러분은 자신의 노력으로 여기까지 상당히 열심히 왔다. 주제와 연구 문제에 대해 열심히 고민하고 세 가지 연습 과제도 풀어보면서 연구 주제에 관한 관심에 근거한 새로운 연구 문제들을 만들어냈다.

이제 여러분이 만들어낸 질문들을 활용해서 여러분이 잘 아는 사람과 연구에 관한 대화를 시작할 때가 되었다. 즉, 연구 네트워크 구축의 시간이다. 연구 네트워크는 연구를 진행하는 과정에서 여러분이 상의하고 조언을 구할 수 있는 사람들의 그룹이다. 정기적으로 여러분과 연구 아이디어를 상의할 수 있으며 그렇게 할 의지가 있는 선생님들과 동료들, 학생들, 연구 공동체 구성원들이 바로 연구 네트워크의 일원들이다. 어떤 연구자들은 자기 연구의 대부분을 다른 사람의 도움 없이 혼자 수행하기도 하지만, 그래도 든든한 자문 그룹은 여전히 발전의 기폭제가 될 수 있다.

여러분의 자문 그룹에 들어갈 수 있는 사람 중에서 두세 명의 이름에 동그라미표를 해 보자. 이 책의 1장을 읽으면서 만들어낸 질문 몇 가지를 선택해서 이들 자문 그룹과 만나서 이야기를 나누는 자리를 마련해보자. 일단 모든 가능성을 열어놓고 준비해보자. 여러분은 자문 그룹에게 여러분의 질문 중에서 어떤 질문이 최고의 질문인지를 물어보려고 자문 그룹을 만나는 것은 아니다. 그래서 자문 그룹에게는 여러분이 아직 어떤 특정 연구 질문을 선택하려고 하는 것은 아니라는 것을 미리 말해둘 필요가 있다. 여러분은 지금 탐구의 단계에 있기 때문에, 여러분의 목표는 자문 그룹의 관심을 끌어내어 여러분의 연구와 관련해서 자문 그룹과 이야기를 주고받는 과정을 시작하는 것이다. 이미 여러분은 연구와 관련한 아이디어를 글로 기록해 놓았기 때문에 지금은 자문 그룹과 대화를 통해 의견을 구하는 게 필요하다.

물론 자문 그룹과 만나기 전에 미리 여러분의 질문을 이메일로 보내는 것도 방법이지만, 가능하면 만나서 이 모든 내용을 자연스럽게 대화 속에서 나눌 수 있으면 좋다. 자문 그룹에게 "이런 나의 질문들이 괜찮나요?" 같은 질문은 하지 말고, 대신 "이런 질문들을 받으면 어떤 생각이 드시나요?"나, "이런 질문들을 받으면 어떤 다른 질문을 하고 싶어지나요?" 같은 질문들을 해보자. 그래서 자문 그룹을 만나 잠시라도 여러분의 주제에 관한 질문들을 함께 만들어 보면 좋다.

그리고, 끝나고 나서는 꼭 감사의 인사를 하도록 하자. 왜냐하면, 오늘 만남 이후로 또다시 자문 그룹에게 연락하고 만나야 할 상황이 충분히 생길 수도 있기 때문이다.

2. 연구 질문으로 가는 여정을 시작하자.

여러분은 자신의 목표를 향해 제대로 잘 나아가고 있다. 일반적인 관심 수준에서 시작해서 비슷한 수준의 일반적인 관심의 대상이나 초점의 주제를 찾는 데까지는 잘 진행해 왔다. 여러분은 이 과정에서 자신의 내면을 들여다보려는 노력을 기울였고, 여러분의 마음이 끌리는 것과 끌리지 않는 것을 진솔하게 탐구하면서 일단 자신의 생각을 예비적 차원에서 글로 남겨놓았다. 이것이 바로 내적 '자명화'에 해당한다. 왜 특정 소재나 주제가 여러분 마음속에 불쑥 들어왔는지, 왜 다른 소재나 주제는 지겹게만 느껴졌는지를 기록하면서 여러분은 자신의 관점이나 관심사에 대해 더욱 명확한 이해를 할 수 있게 되었다. 그리고 이런 연습과 훈련을 활용해서 좀 더 좁은 범주의 구체적인 질문들을 만들어 낼 수 있었다. 혹시라도 이 질문들이 아직까지 산만하고 체계적이지 않고 혼란스럽더라도 지금은 상관없다. 오히려 이런 상황은 지금 여러분이 제대로 하고 있다는 방증이 될 수도 있다. 그런데 만약 여러분의 질문이 아직 몇 개 되지 않는다면 바로 앞에서 소개했던 연습 과제에 다시 도전해 보는 것도 필요할 것이다.

여기서 중요한 것은, 이 같은 다양한 연구 질문들을 만들어내는 과정에서 여러분의 질문들이 과연 '중요한지'에 대한 고민은 지금 단계에서는 잠시 옆에 내려놓아야 한다는 점이다. 여러분의 질문을 다른 사람들은 어떻게 생각할까의 문제는 이 책의 제2부에서 다루도록 한다. 지금은 다른 사람이 아니라 바로 여러분에게 중요한 질문을 확보하는 것이 필요하다. 설령 왜 중요한지는 지금 모른다고 하더라도 말이다. 그리고, 추가적으로 여러분은 데이터베이스 검색을 통해서 기본적으로 1차 핵심 자료들과 2차 보조 자료들도 수집해 놓은 상태이다. 또한, 이렇게 해서 찾은 주제를 연구 질문으로 전환하는 작업도 이미 시작했다. 이제 다음 장에서는 이 질문들이 어떻게 모두 연결되는지를 분석하는 방법을 살펴보도록 한다. 그리고 이 질문들을 모두 연결해보면, 좁고 파편적으로 보이는 질문들 사이에는, 비록 모든 질문에 다 해당하는 것은 아니라 할지라도, 뭔가 깊이 있는 공통된 핵심이 놓여있는 것을 발견하게 될 것이다. 그것이 바로 여러분의 연구 문제가 된다.

자, 이제 여기서 이 책을 닫고 잠시 재충전을 한 다음에 바로 이어서 2장에서 다시 만나도록 하자.

제 2 장

연구 문제 파악하기

이제 연구 질문도 준비되었으니, 그다음 할 일은 질문에 대한 답을 찾는 일이라고 생각할 수 있지만, 사실은 틀린 답이 될 가능성이 크다. 2장에서는 1차 핵심 자료를 찾아서 사용하는 법을 배우게 되는데, 아마 여러분이 가지고 있는 질문 중 일부는 여기서 답을 찾을 수도 있겠지만, 2장의 목표는 답을 찾는 것이 아니라 여러분의 질문의 완성도를 높이는 데 있다.

지금 여러분이 만들어내는 질문들은 나중에 질문이 갖추게 될 완성도에 비하면 대체로 아직 부족하다고 할 수 있다. 이 부족함은 연구자로서 여러분의 역량과는 무관하며, 연구 과정에서 지금 이 단계의 특징이라고 보는 게 맞을 것이다. 특히, 아직 여러분이 연구 주제에 관해 제대로 된 연구를 시작할 기회를 얻지 못했기 때문에 지금 여러분의 질문은 충분히 펼쳐지지 않았다고 볼 수 있다. 충분히 예상되었던 문제이다.

이 시점에서 여러분은 "잠깐만!"이라고 손들고 문제 제기를 할 수 있다. "얼마 전까지만 해도 연구를 하기 위해서는 질문을 만들어내야 한다고 하셨잖아요? 그런데 지금 와서는 질문을 만들어내기 위해서는 연구를 해야 한다고 말씀하시는 건가요? 그건 불가능하잖아요? 말의 앞뒤가 안 맞잖아요? 지금 말장난하세요?"

이것은 말장난이 아니다. 제대로 된 질문을 도출하기 위해서는 상당한 연구를 해야 한다는 주장은 틀린 말이 아니다. 그리고 도출된 질문에 대답하고, 새로운 질문들을 만들어내기 위해서는 상당한 양의 연구를 해야 하는 것도 맞는 말이다. 이 같은 연구 초기 단계에서 우리의 목표는 많은 사람이 생각하는 것처럼 질문에 대한 답을 만들어내는 것이 아니라, 이 단계에서 우리가 할 일은 여러분이 도출한 질문을 최대한 수정하고 다듬고, 새로운 질문이나 더 나은 질문을 만들어내는 것이다.

2장의 목표는 여러분의 연구 질문들의 기저에 놓여있는 근본적인 문제를 확인하고 그것을 정확하게 표현하는 데 도움을 주는 것이다. 이 과정을 완수하고 나면 여러분은 더 나은 질문을 만들고 더 중요한 연구를 더 효과적으로 수행하는 역량을 갖추게 될 것이다.

1. 성급한 연구 질문은 피하자.

연구 질문을 만들어내고 분석하고 다듬고 추가하는 과정에서 여러분은 분명 이런 고민에 빠지게 될 것이다. '드디어 나의 연구 문제를 발견하게 되었을 때 그걸 어떻게 알아챌 수 있을까?', '연구 문제라는 것을 진짜 찾은 것인지, 아니면 결국 아무것도 만들어내지 못할 이런저런 자질구레한 질문들만 잔뜩 모아놓은 것은 아닌지?' 사실 우리는 살아가면서 이것저것 많은 것에 궁금해하지만 그렇다고 이 모든 궁금증을 해소하기 위해 연구프로젝트를 시작하지는 않는다. 그리고 그럴 필요도 없다.

궁금한 것을 잔뜩 모아놓은 것과 진짜 연구 문제를 구분하는 간단한 방법은, 만약 그 궁금증이 하루 이틀, 1주일, 한 달이 지나면서 바뀐다면 아마 그냥 지나가는 궁금증일 가능성이 크다. 그러나 시간이 흘러도 바뀌지 않는다면 진짜 연구 문제일 가능성이 크다.

'문제'라고 하는 것은 여러분 마음속에서 계속해서 성가시게 하는 존재이다. 여러분을 불편하고 만들고, 귀찮게 하고, 불안하게 하면서도 계속 여러분의 관심을 끌고 여러분을 자극하면서 쉽게 사라지지 않고 계속 마음속에 떠오르게 하는 것이 '문제'이다. 이렇게 연구 문제는 여러분 마음속에 계속 질문을 만들어내는 존재인데, 아무리 학계 밖 외부인들의 눈에는 그냥 다양하고 서로 연결고리도 없어 보일지라도 여러분은, 비록 그 이유를 설명하지는 못하더라도, 뭔가 연결된 것이라는 것을 직감하는 그런 것이다. 연구 문제는 계속 여러분 주변을 맴돌면서 귀찮게 한다. 여러분의 전공이 프랑스 역사나, 필리핀 사회 연구이거나, 인도 문학 전공이거나 다른 무엇이든지 상관이 없다. 연구 문제는 전공 분야에 상관없이 연구자로 하여금 답을 찾도록 유도한다. 그래서 연구자인 여러분의 역할은 그 연구 문제에 이름을 갖다 붙이고, 여러분의 개인적인 역량과 한계를 고려해서 여러분이 이 연구를 할 수 있는 문제의 구체적인 사례를 파악하고, 이 사례를 연구하는 방법을 찾아내어 보다 넓은 범주의 해결방법에 도달하도록 하는 데 있다.

연구 문제를 연구한다는 것은 당연히 질문하는 과정이 필요하지만, 한 가지 명확하고 당연한 사실은, 연구 질문이 연구 문제와 동일한 것은 아니라는 점이다.

답은 있지만, 그 답이 문제를 해결하지는 못하는 그런 종류의 질문은 여러분도 수없이 많이 떠올릴 수 있다. 그런 무의미한 질문을 던지고 대답하는 것은 사실 시간 낭비에 불과하기에, 여러분은 여러분이 만드는 질문이 문제 주도적인 질문이 될 수 있도록 해야 한다. 이런 이유 때문에 성급한 연구 질문은 금물이다.

연구 문제는 연구자에게 아래와 같은 다양한 역할을 수행하도록 한다.

- 연구 문제는 연구자의 연구 주제에 관한 질문을 할 수 있도록 유도한다.
- 연구 문제는 연구자가 어떤 질문을 할지를 결정한다.
- 연구 문제는 연구자가 연구 주제에 무엇을, 왜, 언제, 어떻게 접근하는지를 정의한다.
- 연구 문제는 연구자의 탐구의 방향을 안내한다.
- 연구 문제는 연구자가 연구결과물을 다른 사람들과 공유할 때 연구자가 할 수 있는 이야기의 틀을 잡아준다.

이 지점까지 오면서 여러분은 처음 검토했던 1차 핵심 자료들에 근거해서 질문들의 초안을 만들어냈다. 그러나 여러분은 이제 개인적인 호기심을 충족시키는 수준을 넘어서는 질문들을 해야 할 때가 되었다. 그 방법에 대한 조언은 다음 과정을 통해 참고할 수 있다.

- 여러분이 이미 만들어낸 질문을 발전시키는 방법
- 여러분의 질문을 이끌어내는 문제를 찾아내기 위해 자료를 활용하는 방법
- 새롭고 더 발전된 질문을 만들어내기 위해 여러분의 '문제'를 사용하는 방법

주로 편견이나 섣부른 판단으로 성급하게 결론에 도달하지 않도록 해야 하는 것은 알고 있지만, 우리 주변에서 그런 경우가 발생하는 것도 많이 보았고 실제로 우리도 그런 실수를 범하기도 했을 것이다. 우리가 충분한 시간을 가지고 생각해 보지는 않았지만 거의 확실한 거라고 생각되는 것에 대해서 어떤 주장을 하거나 논문도 썼지만 결국 우리가 틀렸다는 것을 나중에 깨닫는 경우도 있었을 것이다.

그래서 초기 단계 연구자들이 반드시 피해야 하는 것은 성급하게 연구 질문을 확정하는 것이다. 이미 많은 질문을 만들어 내다보니 지금 직면한 위험은, 이제 뭔가 앞으로 나아가야 한다는 부담 때문에 그 질문 중 하나를 성급하게 선택해서 확정하는 것이다.

"당신의 연구 질문은 무엇입니까?"라는 질문은 아마 다른 사람들로부터도 상당히 자주 듣게 될 것이다. 그러다 보면 사실 연구자인 여러분 마음속에서도 계속 목소리가 들리면서 마치 여러분의 연구 과제가 단 한 가지 연구 질문만 가지면 되고, 그것도 최대한 빨리

정해서 그 질문에 집중해야 한다는 착각에 빠지게 된다. 이처럼 '성급하게 연구 질문을 결정하는' 함정은 사실 '연구 주제를 최대한 좁혀야 한다.'라는 함정만큼이나 위험하다. 성급하게 연구 질문을 선택하는 것은 마치 집을 세울 땅의 상태도 살펴보지 않고 바로 공사를 시작하는 것과 마찬가지이다. 비록 아무리 설계도가 화려하고, 집을 세울 땅도 넓을 뿐만 아니라 주변 풍경까지도 완벽하다고 하더라도, 집을 모래 위에 세운다면 바닥이 조금만 움직여도 집이 휘청거리는 위험한 상황에 직면하게 될 것이다. 이런 상황이라면 나중에 집의 안전이 문제가 되더라도 보수공사가 쉽지 않거나 상당한 비용이 들 수 있고, 다시 다른 곳으로 집을 옮기기도 어렵다는 것을 깨닫게 될 것이다.

2. 연구 질문을 검증하자.

이제 여러분은 작고 구체적이고 이상적인 질문들을 많이 만들어냈는데, 이 질문들을 검증하고 다듬고 걸러내는 작업을 수행해야 한다. 걸러내는 작업은 막다른 길에 막혀버린 질문들을 찾아서 제거하고 남은 질문들의 가치를 올리면서 여러분의 연구 과정에 도움이 될 수 있는 새로운 질문들을 추가하는 과정이다.

여러분의 연구 질문은 마치 자동차와 같다고 상상해보자. 차량에 탑승하기 전에, 그리고 다른 친구들을 차량에 태우기 전에 여러분은 자동차 핸들과 브레이크가 엄격한 안전검증을 모두 통과한 상태이기를 당연히 원할 것이다. 이 차 출시 전에 동일한 모델이 충돌

테스트도 여러 차례 검증을 받으면서, 운전자와 옆자리 동승자의 안전까지 보장할 정도로 이상적으로 튼튼한 자동차 프레임을 갖추고 있기를 원할 것이다.

이와 마찬가지로 여러분의 질문을 검증하고, 질문의 건실함을 증명해 보이는 두 가지 방법이 있다. 첫 번째 질문은 질문의 언어적인 측면에 초점을 맞추는 반면, 두 번째 질문은 질문의 주제성에 관한 것으로 주로 자료와 출처에 초점을 맞춘다. 이 같은 순서로 여러분도 이 문제에 접근해보면 좋겠다.

연습 과제 연구 질문 진단하기–'질문을 평가하세요'

목표: 여러분의 질문에 사용된 단어와 문법, 표현 등이 구체적이고, 편견도 배제되어서 어떤 특정 결론을 전제로 하지 않도록 하기.

여러분의 연구 질문을 아래 사항에 유의하면서 수정해서 다시 써 보자.

- **구두법**: 여러분의 질문은 정확한 물음표 표기를 사용하는지? 혹시 질문을 보다 일반적이고 모호한 용어를 사용해서 "이 연구는 ... 에 대한 검토를...", "본 연구에서 연구자는 ...를 탐구하고자 하며 ...", "본 프로젝트는 ... 문제에 대한 ..." 라고 표현했는지? 아니면 여러분의 질문을 "본 연구에서는 ... 이/가 어떻게 발생했는지를 살펴보고자 한다"라고 만들었다면 여러분의 질문은 정확하게 말해 질문이 아닐 확률이 높다. 이것은 질문을 가장한 주제에 가깝다. 최대한 질문을 구체적으로 표현한 다음에 끝에 물음표 표기를 사용하도록 한다.
- **형용사와 부사**: 혹시 여러분의 질문이 '현대의', '전통적인', '서구의' 같은 표현이나, '과학적으로 볼 때', '이성적으로는', '효과적으로' 등

과 같은 표현처럼 광범위하고 포괄적이고 애매한 형용사나 부사를 많이 사용하고 있다면 이런 형용사나 부사는 최대한 삭제한다.

- **집합명사**: 여러분의 질문이 '아시아인', '프랑스인', '학생', '여성', '북미인' 등과 같은 집합명사에 기반하지는 않는지 확인해보자. 만약 그렇다면, 이 같은 집합명사는 더욱 명확하고 구체적인 분류 용어로 대체하도록 한다. 위의 집합명사들은 '특정 연령대의 여성', '언제, 어디에 살고 있는 학생', '어떤 배경이나 사회경제적 수준, 인종, 피부색, 가족 현황의 미국인'인지를 명확하게 표현하도록 한다. 그렇다고 인종 관련한 모든 분류 변수 용어를 다 고려해야 하는 것은 아니지만, 여러분의 프로젝트에 영향을 줄 수 있는 변수 용어는 모두 포함하도록 노력해야 한다.
- **동사**: 여러분의 질문에 '영향을 끼치다', '형성하다', '유발하다' 같은 동사나, '유발되었다', '반응되었다', '반응을 보였다' 같은 수동태 동사가 사용되었다면, 여러분의 질문이 가능했을 수도 있는 다른 한쪽의 답이나 결과를 완전히 배제해 버릴 가능성이 커 보인다. 한쪽으로 치우친 확정된 편견이 결과에 영향을 끼치지 않도록 질문을 수정해서 다시 만들어 보자.

이 과정을 거친 여러분의 질문은 아래 기준을 충족할 수 있게 될 것이다.

- 질문들이 명확하고 정확하며 군더더기가 없어진다. 혹시 여러분의 질문을 여러분의 멘토나 동료가 이해하기 너무 어려워한다면 그들 잘못이 아니라 여러분이 연구 문제를 아직 정확하게 이해하지 못한다는 말이기도 하다. 결국, 여러분의 글이 여러분 연구의 중요한 핵심을 가리고 있는 모양새가 되는 것이다. 비슷한 맥락에서, 여러분의 연구 문제가 마치 여러분의 질문을 뭔가 근사하고 똑똑해 보이도록 만드는 불필요한 군더더기 표현에 가려져 있다면 보다 명료하면서도 덜 똑똑해 보이는 표현으로 대체하면 된다. 다만, 여러분이 사

용하는 표현이 비록 여러분 생각보다는 덜 명확하고 덜 세련되었으며 덜 간결하더라도, 연구자인 여러분이나 여러분의 연구 결과를 읽을 독자들이 연구가 어떤 목적을 가지고 어디로 향하고 있는지 명확하게 파악할 수 있으면 된다.

- 여러분의 질문은 검증 가능하면서도 반증 가능한 자료에 기반해야 한다. 이를 통해 연구 질문은 연구 진실성에 부합해야 한다. 이 말은, 즉, 여러분의 연구 질문은 직감이나 편견, 개인적인 의견이 아니라 사실에 기반하고 동기부여를 받아야 한다는 것이다. 그렇다면 이 같은 질문의 동기부여를 제공하는 사실은 어떤 것들이 있을까? 이 사실들은 검증 가능한 것들인가? 어디서, 어떻게 이 사실들을 검증할 수 있을까? 연구자인 여러분이 직접 검증해본 적이 있었는지?
- 여러분의 질문은 결론에 초연해야 한다. 최고의 연구 질문은 가능성을 열어 놓을 뿐만 아니라 논쟁을 유발하고, 편견이 배제되어 있다. 다시 말해 연구 질문은 특정 답을 전제로 해서는 안 된다. 혹시라도 여러분의 질문이 이와 가깝다면 그 같은 편견적인 전제를 제거할 수 있도록 질문을 다시 작성해야 한다.
- 여러분의 연구 질문은 주제에 관해 명확해야 한다. 질문은 '학생', '여성', '유럽인', '브라질사람', '기독교인' 등과 같이 포괄적인 정체성 카테고리에 기반해서는 안 된다. 앞서 언급한 내용을 참고해서 질문에서 지칭하는 대상을 최대한 구체화할 필요가 있다.
- 여러분의 연구 질문은 지금 단계에서는 다듬어지지 않고 투박하게 느껴질 필요가 있다. 비록 이 책에서 여러분의 개별 질문은 최대한 정확하고 구체적이며 탄탄해야 한다고 강조를 하고 있지만, 한 가지 기억할 점은 지금 이 단계에서 질문은 반드시 일관성을 갖추거나 지나치게 깔끔하게 다듬어질 필요는 없다는 것이다. 만약 질문들이 여러분 눈에는 조금 즉흥적으로 보인다면 그렇게 놔두어도 괜찮다. 질문들이 서로 연결성이 부족해 보이더라도 지금은 그 상태로 놔두어도 좋다.

✣ 자주 범하는 실수 ✣

1. 답을 예측할 수 있도록 표현된 유도 질문하기: 이런 유도 질문은 근거 없는 전제에 기반하는 경우가 많으며, 결과적으로 왜곡된 확신을 초래한다. 유도 질문의 결과는 결국 어쩔 수 없이 여러분이 처음부터 찾고자 하는 것을 발견하는 것으로 끝나게 된다. (아래의 "어떻게 x가 y에게 영향을 주었을까?" 사례를 참고해 보자.)
2. 특정 이데올로기를 당연하다는 듯이 주장하거나 특정 행동을 유도하는 옹호 질문하기: 이런 질문들은 특정 입장을 취하면서 다른 사람들도 이를 일방적으로 받아들이도록 조장하는데, 실제 사실과 무관하거나 아니면 증거에 기반한 해석이나 이해와도 별로 상관없는 경우가 많다. "존 디디온의 소설을 이해하는데 왜 '로맨스' 보다는 '페미니즘'이 더 나은 분석 틀이 될까?" 같은 예시를 들 수 있다.
3. 여러분의 모든 질문을 억지로 말이 되도록 만들거나 구색을 갖추도록 하기: 언제 이런 상황이 발생할지는 걱정할 필요가 없다. 이런 문제는 곧 나타날 것이기 때문이다.

옹호 질문은 매우 자주 등장할 뿐만 아니라 연구 과정에 상당한 편견을 초래하기 때문에 이와 관련되어 확장된 사례 하나를 구체적으로 살펴보도록 하자. 아마 여러분도 이와 비슷한 유형의 질문을 예전에도 경험한 적이 있었을 것이다.

"어떻게 x가 y에게 영향을 주었을까?"

이와 관련해서 아래 구체적인 질문 사례를 살펴보자.

4. "과연 어떻게 해서 1780년대 프랑스 왕 루이 14세의 감당할 수 없

을 정도의 막대한 세금 정책이 프랑스 귀족 정치에 대한 국민들의 대중적 지지를 갉아먹었을 뿐만 아니라 결국 프랑스혁명까지 유발하는 빌미를 제공했을까?"

무엇보다도 이런 질문을 던지기 위해서는 상당한 학식을 갖추고 있어야 하는데, 프랑스 역사에 대한 꽤 높은 수준의 지식이 필요해보인다.

그러나 조금 다른 시각으로도 접근해보자. 혹시 어떤 문제의 소지가 발생할까? "어떻게 x가 y에게 영향을 주었을까?"라고 물어보게 되면, 이 질문에 함축된 대답은 x가 y에게 실제로 영향을 주었으며, 이제 남은 질문은 어떤 방식으로 영향을 주었는지, 그리고 어느 정도 영향을 주었는지 일 것이다. 이런 식으로 질문을 만들게 되면 질문 자체가 심각한 취약함에 노출되어 버린다. 왜냐하면, 이 시점에서 연구자는 아직 x와 y사이에 그 같은 영향 관계가 존재한다는 가설조차 설정하지 않았기 때문이다. 그래서 질문을 이런 식으로 만들어버리면 x가 y에게 전혀 영향을 주지 않았을 가능성은 처음부터 배제하는 결과가 초래된다. 그리고 만약 여러분의 논문이 출판된 이후에 x와 y사이에 영향 관계가 없는 것으로 드러나면 여러분은 정말 골치 아픈 논문 하나를 혹처럼 짊어지게 된다.

자, 아직도 여러분은 직감적으로 여전히 x가 y에게 영향을 준 것으로 생각하고 있다고 가정해 보자. 그리고 지금은 아직 연구를 충분히 한 것이 아니라서 영향 관계 여부를 확신할 수는 없을 것이다. 그렇다면 여기서 여러분이 피해야 하는 상황은, 여러분의 질문에 효과적인 정당성을 부여하려다가 아직 제대로 검증도 되지 않은 영향 관계의 존재 여부를 반드시 존재해야만 하는 것으로 확정하는 주객전도의 상황이 발생하는 위험성이다. 그렇게 되면 여러분은 분석 자료에서 처음부터 이 논리적 전제에 맞추기 위해 허울 좋고 그럴듯한 영향 관계만을 찾으려고 하다 보니 결과적으로 여러분의 연구결과물을 읽는 독자나 여러분 자신마저도 속이게 되고 말 것이다.

만약 여러분의 질문에서 약점이나 문제점을 발견하게 되면 피하거나 숨기지 말고 고쳐가려고 해야 한다. 여러분의 질문이 질문 형태를 가장한 연구 주제가 된 것 같다면 질문을 다시 쓰거나 재구성하면 된다. 만약 여러분의 질문이 추상명사나 형용사, 부사를 너무 많이 활용하고 있다면 보다 구체적인 표현으로 바꾸어야 한다. 너무 단정적인 표현을 사용하지 않으면서도 여러분의 질문을 정확하게 표현할 수 있어야 한다. 그리고 여러분이 질문에서 선택하는 동사 표현이 자칫 연구 결과나 특성을 지나치게 일찍 노출하는 상황이라면 그런 동사는 다른 표현으로 바꾸는 것도 필요하다.

연습 과제 1차 핵심 자료 활용을 통해 질문 완성도 높이기

목표: 여러분의 주제에 관해 물어보는 질문을 발전시키거나 질문의 완성도 향상에 도움이 되는 키워드 검색법 배우기

이 검색 연습 과제를 통해 여러분은 그전에는 미처 모르고 있었던 연구 관련 새로운 키워드가 포함된 1차 핵심 자료들을 발견할 수 있을 것이다. 그래서 후속 검색을 통해 양적으로도 더 많고 실질적으로도 더 유용한 자료들을 찾을 수 있도록 하자.

바로 앞의 연습 과제 〈질문 진단하기–'질문을 평가하세요'〉에서 다루었던, 여러분의 질문에 사용된 단어와 문법, 표현 등을 진단하는 작업은 여러분이 질문을 만들 때 자주 범하는 실수를 피하는 방법을 안내하는 첫 번째 연습이다. 그다음 연습에서는 수세와 1차 핵심 자료를 파고 들어가는 방법을 익히도록 한다.

이런 식으로 이 책은 여러분을 1차 핵심 자료로부터 팔 뻗으면 닿을 수 있는 가까운 거리 그 이상을 벗어나지 않도록 하고 있는데, 여러분 중에는 앞서 이 책의 1장의 〈연습 과제: 여러분 자신 찾기〉에서 1차 핵심 자료에 너무 깊숙이 빠져들지 않도록 유의하라는 안내를 기억하는 사람도 있을 것이다. 이제 이 단계에서는 살짝 방향을 틀어서 여러분이 1차 핵심 자료에 몰입하는 것을 권장하려고 하는데, 여기서 한 가지 전제 조건은 여러분이 기대했던 그런 방법의 몰입은 아니라는 점에 유의해야 한다. 여러분이 만들어낸 질문들에 대한 답을 하기 위해 1차 핵심 자료를 활용하려는 것이 아니라, 여러분이 질문들을 발전시키고 다듬고 확장하는데 1차 핵심 자료를 활용하도록 권장한다. 물론 질문에 대한 답을 찾기 위해서는 결국 1차 핵심 자료를 어쨌든 활용하게 되겠지만, 지금 이 초기 단계에서는 질문에 대한 답을 찾는데 여러분의 시간과 에너지를 쏟아붓기 전에, 질문을 좀 더 다듬고 조율할 필요가 있다는 것이 우리의 확신이다.

그렇다면 어떻게 해야 1차 핵심 자료를 활용해서 우리의 질문을 발전시키고 질문의 완성도를 높일 수 있을까? 사실 이에 대한 답은 간단하다. 즉, 1차 핵심 자료 검토를 통해 여러분은 또 다른 1차 핵심 자료들의 존재를 발견할 수 있고, 여러분의 주제에 대해 좀 더 다듬어진 질문을 할 수 있는 경험치를 쌓을 수 있게 된다. 이와는 반대로, 이 과정을 거치지 않고 성급하게 질문으로 뛰어 들어가서 1차 핵심 자료를 활용해서 바로 답을 찾으려고 하는 연구자들은 자칫 일종의 지식적, 경험적 거품에 갇혀버리는 위험에 처할 수 있다.

예를 들어, 여러분이 다음과 같은 주제에 관심이 있다고 가정해 보자.

- 20세기 전환기의 미국 흑인문학
- 인공지능의 역사
- 20세기 홍콩의 음식 문화

그리고, 여기서 한 걸음 더 나아가, 여러분의 초기 주제를 상당히 구체적인 질문들로 바꾸는 그 어려운 작업까지도 이미 끝내고 이와 관련된 자료들을 수집해서 분석하고 있다고 가정해 보자. 그리고 전 세계 언론사의 100년 넘는 기간의 방대한 기사 자료들을 포함하고 있는 온라인 DB에서 관련 기사 검색까지도 이미 시작했다고 가정하자.

그런데 여기서 뜻밖의 난관에 직면하게 된다. '음식'과 '홍콩'(Hong Kong)이라는 키워드로 검색해 보니 모든 결과가 1950년대 이후의 자료들로만 이루어져 있다. 그리고 '미국 흑인'(African American)과 '문학'을 키워드로 찾아보니 1980년대 이후의 자료들만 검색되고 있을 뿐 그 이전 시기의 자료들은 거의 검색되지 않는다. '인공지능'(Artificial Intelligence)이라는 검색어로 찾아보니 마찬가지로 1980년 이후의 자료만 있을 뿐 그 이전 자료는 거의 없는 상황이다.

과연 무슨 문제일까? 1900년 무렵에도 미국 흑인작가들이 활동하고 있었고, 홍콩의 음식 문화는 1950년대 훨씬 이전으로 거슬러 올라가며, 인공지능에 관한 연구도 1980년대 이전에 시작된 것은 상식적으로 알고 있는데, 왜 여러분의 검색은 실패했을까?

실패의 원인은 간단하다. 여러분의 검색에 사용한 키워드가 시대착오적이기 때문이다. 여러분이 위에서 언급한 소재의 실체와 장소, 주제에 관한 1차 핵심 자료를 찾기 위해 사용한 키워드는 여러분이 지금 서 있는 그

곳에서 사용하고 있는 키워드인데, 반드시 동일한 키워드를 시기적으로 과거나 다른 지역이나 문화권에서도 사용했다는 전제가 성립되지 않는다. 예를 들어, '인공지능'(AI: Artificial Intelligence)이라는 용어는 컴퓨터과학의 한 분야를 가리키기 위해 오늘날 우리가 사용하는 용어이지만, 이 분야를 처음 개척했던 과학자들이 그때부터 사용한 용어는 아니라는 점에 주목해야 한다. 그 당시에는 '시스템 사고'(System Thinking)라는 용어를 더 많이 사용했고, '기계지능'(Machine Intelligence)이라는 용어나 다른 유사한 용어도 많이 사용했다. 장소 이름도 마찬가지로, '홍콩'(Hong Kong)이라는 지명도 오랫동안 사용되었지만, 영어 철자 표기만 놓고 본다면 상당히 많은 변화를 겪었다는 점에 유의해야 한다. 예를 들어, 중간에 붙임표기가 들어간 'Hong-Kong'이라는 표기법도 있고, 하나의 단어로 붙여놓은 'Hongkong'이라는 표기법도 있었다는 점에 유의해야 한다. 마찬가지로 '미국 흑인'(African American)이라는 용어도 사실 1980년대 이후로 지금은 일반적으로 사용되지만, 그전까지만 해도 'Afro-American'이라는 용어나 심지어는 오늘날에는 상당히 인종차별적인 표현으로 간주되는 'Negro', 'Colored'나 다른 표기도 많이 사용되었다는 점을 간과해서는 안 된다. 이처럼 1차 핵심 자료를 찾는 초기 단계에서 여러분의 목표는 질문에 대한 답을 찾는 것이 아니라, 여러분이 찾은 1차 핵심 자료를 활용해서 여러분이 그동안 미처 모르고 있었던 새로운 키워드를 발견하는 데 있다. 이들 새로운 키워드를 활용해서 다시 검색 작업을 하면서 가치 있는 1차 핵심 자료를 더 많이 찾을 수 있고, 더 효과적인 키워드를 더 많이 찾을 수 있으며, 가장 중요하게도, 더 나은 질문을 더 많이 만들어 낼 수 있을 것이다.

물론 이는 상당히 버거운 작업처럼 보이는 것도 사실이다. 그렇지만, 여러분이 이런 과정을 거쳐서 만들어 낸 검색 키워드는 비록 완벽하지는 않더라도 수천, 수만 개의 새로운 검색 결과를 산출해낼 수 있을 것이다. 그렇다면 여러분은 더 많은 참고자료를 읽어야 하고 기록하고 인용해야 할까?

반드시 그런 것은 아니다. 그리고 우리가 이 책에서 참고자료 관리에 대해서도 다룰 예정이기 때문에 걱정할 필요가 없다. 지금 여러분의 목표는 검색어 입력 과정에서 무엇이 빠졌는지를 확인하는 것이다. 그렇게 함으로써 검색 결과에 관련성이 없거나 적절하지 않은 내용이 나오는 것을 미리 방지하는 것이다. 큰 그림의 관점에서 이야기하자면, 검색 작업에서 사각지대를 최대한 줄임으로써 연구 주제에 대한 여러분의 관리 역량을 발전시킬 수 있다.

키워드 검색을 하는 경우라면, 여러분에게 이런 질문을 해보자. '지금 사용하는 검색어 말고 또 다른 검색 용어들은 없을까?', '지금 사용하는 검색어의 또 다른 철자 표기는 없을까?' 이런 식으로 여러분이 검색을 통해 찾아내는 결과는 최대한 많은 1차 핵심 자료들을 넓은 범주에서 반영하고 포함할 수 있다고 믿어야 한다. 결코, 좁은 범주나 제대로 설정되지 않은 검색의 결과로도 유용한 자료가 우연히 발견되는 요행을 기대해서는 안 된다. 만약 검색 결과가 위의 예시에서 보듯이 좁은 시기에 몰려 있거나, 몇몇 특정 지역에만 국한되어 있거나, 소수의 몇몇 사람들이 쓴 내용이라면, 아마 검색 과정에 문제가 있을 확률이 높다. 이런 경우에는 조금 다른 식의 표현이나 다른 용어로 재검색할 필요가 있다. 예를 들어, 홍콩은 분명 1950년대 이전에도 존재했었고, 마찬가지로 1980년대 이전에도 미국 흑인 작가들이 있었기 때문에, 만약 여러분의 검색 결과가 한쪽으로 치우친 모양으로 특정 시기나 지역에 몰려 있다면 아마도 현실을 제대로 반영한다고 볼 수는 없으며, 이와 관련된 거의 모든 문제는 여러분의 검색 방식과 관련이 있을 것이다. 그런 상황에서 검색 방식을 좀 더 다듬고 수정하지 않고 그냥 여러분이 찾은 자료들을 바로 읽고 기록하고 인용하게 된다면 여러분의 연구프로젝트는 안타까울 정도로 불완전한 상태로 남을 것이다. 키워드 검색을 좀 더 다듬어 줄 수 있도록 1차 핵심 자료를 활용하는 데 도움이 되는 몇 가지 전략을 아래에 소개한다.

1. 키워드 검색의 숨겨진 노하우: 몇 가지 비결

키워드 검색의 효율성을 올리는 방법은 어쩌면 너무 간단해 보일 수 있지만, 사실 여기에는 얄미운 악동의 장난질이 작동하고 있다. 여러분이 발견한 1차 핵심 자료 중에서 '인공지능'(Artificial Intelligence), '미국 흑인'(African American), '홍콩'(Hong Kong) 등과 같이 오늘날 사용하는 키워드가 포함된 자료들은 어쩌면 여러분이 찾고 있는 다른 표기법의 키워드인 'Hong-kong', 'Hongkong', 'Afro-American' 같은 키워드는 포함하지 않을 가능성이 크다. 즉, 여러분이 사용하는 키워드가 1차 핵심 자료에 들어 있어서 여러분의 검색 결과에 해당 자료가 등장하거나, 아니면 키워드가 1차 핵심 자료에 없어서 검색 결과에도 나오지 않거나, 둘 중 하나일텐데, 이 같은 난관의 교착상태를 피하는 몇 가지 방법은 다음과 같다.

1) 카테고리 검색의 장점을 활용하기

때로는 운이 좋게도 도서관 사서나 기록관리 전문가가 여러분과 같은 연구자들이 쉽고 빠르게 검색할 수 있도록 도서관 온라인 자료에 간단한 설명까지 추가해 놓은 '메타 자료'로 정리되어 있는 데이터베이스를 만날 수도 있다. 이런 경우에는 '인공지능'이라는 키워드가 들어가 있는 1차 핵심 자료들을 찾은 다음, 데이터베이스에서도 동일한 키워드로 태그가 되어 있는 것을 확인할 수 있다. 검색 화면에서 이 태그를 클릭하게 되면, 데이터베이스에서 '인공지능'이라는 키워드로 분류되어 있지 않은 자료 중에서도 태그로 연결된 다른 1차 핵심 자료들까지도 볼 수 있게 된다. 이런 방법을 통해 여러분이 검색에서 사용한 키워드를 통해 찾은 자료에서 다시 출발해서 여러분이 사용한 키워드가 들어가 있지 않은 다른 자료까지도 확인할 수 있게 된다.

이제 여러분이 할 일은, 데이터베이스에서 검색해서 찾은 자료를 시기순으로 분류를 한 다음, 1980년대 이전의 자료들만 살펴봐야 하는데, 1980년 이전의 자료들은 초기 검색에서는 아예 나오지도 않았던 자료이다. 검색 결과를 하나씩 검토하면서 주목해야 할 점은 다음과 같다. '제목에는 어떤 단어들이 사용되는지?', 온라인상에서 자료를 열어서 읽을 수 있다면 자료의 목차와 서문, 서론, 색인 등을 확인해보자. '여기에는 어떤 단어나 용어, 표현들이 사용되고 있는지?' '여기 있는 키워드 중에서 혹시 여러분이 처음 데이터베이스에서 검색할 때 사용한 키워드로는 발견하지 못했던 결과나 자료를 찾아낼 수 있는 그런 단어나 표현은 있는지?' 이런 키워드들이 새로운 키워드가 되기 때문에, 바로 적어놓도록 한다.

여기 한 가지 주의사항이 있다. 메타 데이터도 맥락에서 나온 산물이기 때문에 자명한 것으로 간주해서는 안 된다. 카테고리라는 것은 원래 문화적 산물이며, 도서관 사서나 기록관리 전문가가 만들어놓은 카테고리도 마찬가지이다. 이들이 만들어놓은 메타 데이터의 카테고리도 결국 어떤 특정 입장이나 세상을 보는 관점, 관례 등에 의해 만들어지는 것이기 때문에 그 어떤 주제에 대해서도 결코 최종 산물로 간주해서는 안 된다. 항상 그보다 더 많은 다른 가능성이 있다고 전제를 해야 하며, 그 누구도 여러분을 대신해서 연구를 해 줄 수는 없다는 것도 마찬가지이다.

2) 자료의 확장성과 연결성 찾기

때로는 운이 좋게도, 1차 핵심 자료가 다루고 있는 주제와 관련된 용어의 변천사를 정확하게 정리해 놓은 '용어 변천사 사전' 같은 유용한 1차 핵심 자료를 찾을 수도 있다. '용어 변천사 사전' 같은 자료에는 특정 아이디어나 장소, 집단, 관습 등이 시대와 장소를 거치면서 어떻게 불리었고, 또 어떤 다른 이름으로 다양하게 일컬어졌는지가 서술되어 있을 것이다. 이런 자료를 발견하는 순간은 정말 환호의 순간일 수밖에 없는데, 이런 자료는 앞으로 수많은 기회의 문을 열어놓을 수 있으므로 연구자는 그 기회의 문을 열고 앞으로 걸어 나가기만 하면 된다.

그런 경우에라도 한 가지 명심할 점은 1차 핵심 자료는 여전히 그 자체의 한계를 가지고 있다는 것이다. 여러분의 검색에 유용한 특정 용어의 모든 다양한 변형을 담고 있는 완벽한 자료라는 것은 아마 없을 것이다. 그리고 아래에서 다시 언급하다시피 그 어떤 자료도 연구 주제에 관한 최종 자료로 간주해서는 안 된다. 문제가 되는 1차 핵심 자료가 실질적으로 정확한지 아닌지를 판단하는 것은 여전히 연구자 당신의 몫이다. 모든 자료에는 그 자체의 입장과 세상을 보는 시각과 관점이 담겨 있다는 점을 항상 명심해야 한다. 그러나 더 생산적인 키워드를 찾으려는 연구자의 바램을 감안하면, 데이터나 결론이 정확하든 아니든 자료는 여전히 유용할 수 있다. 그래서 이 질문들에 대한 여러분의 판단은 잠시 미루도록 하자. 아무튼, 지금의 목표는 이 자료가 여러분이 다른 식으로는 찾지 못했을 뻔한 더 많은 1차 핵심 자료를 찾을 수 있는 방향으로 안내하는 데 도움이 될지를 판단하는 것이다.

3) 키워드와 검색을 기록해 두기

여러분이 더 많은 키워드를 발견해서 그 키워드로 더 많은 검색을 하다 보면 나중에는 그 숫자가 너무 많아져서 어떤 키워드로 무엇을 검색했는지를 놓치게 되는 경우가 있다. 실제로 작은 규모의 프로젝트 하나를 수행하는 데도 수백 가지의 키워드를 활용할 수 있기 때문이다. 이 검색 과정의 또 다른 근본적인 비결은 가장 따분해 보이는 작업인 기록관리이다.

'내가 이 키워드로 검색을 했던가? 기억이 제대로 안 나는데', '이 데이터베이스에서 이 키워드로 검색을 했던가? 확실하지가 않는데', '이 데이

터베이스에서 이 키워드를 사용해서 마지막으로 검색을 했던 것은 언제였지? 전혀 기억이 없는데.'

검색 과정에서 무엇인가를 놓치는 위험성은 필연적으로 상존한다. 왜냐하면, 이런 데이터베이스는 계속해서 업데이트되고 확장되기 때문에 동일한 데이터베이스에 다음 주, 다음 달에도 새로운 자료가 추가될 수 있는데, 우리의 연구프로젝트는 몇 달, 아니 몇 년도 걸리기 때문이다. 여러분이 이미 했던 검색을 기억하지 못하고 다시 반복하면서 낭비하는 시간이 어느 정도로 어마어마할지는 상상조차 하기 어렵다.

다행히도 이 문제를 해결할 수 있는 쉬운 방법이 있는데, 그것은 아래와 같은 표를 사용해서 연구자 여러분의 검색 기록을 남기는 것이다. 이렇게 3단계로 준비하면 된다.

첫째, 표의 왼쪽 줄에는 여러분이 사용하고자 하는 키워드를 적어놓는다.
둘째, 표의 제목 칸에는 여러분이 사용하고자 하는 모든 전자 데이터베이스나 도서관 카탈로그의 이름을 적어놓는다.
셋째, 표의 각 칸에는 여러분이 언제 특정한 검색을 했는지를 적어놓는다. 여러분의 검색 날짜를 기록해 두고, 검색으로 찾은 자료의 숫자도 간략하게 적어두자.

이 결과는 무엇보다도 앞으로 검색 과정에서 시간을 절약하는 데 큰 도움이 되며, 결과적으로는 더 나은 연구 결과를 도출하는 데도 유용하다. 이 표에서는 어떤 검색을 언제 했는지, 그리고 어떤 검색이 아직도 필요한지를 한 눈에 바로 확인할 수 있다.

[표 2] 키워드 검색 기록하기

	데이터베이스 1	데이터베이스 2	....	필요시 칸 추가
키워드 1	☑	☑ 9/30/20		
키워드 2	☑ 9/27/20	☑		
....				
필요시 줄 추가				

더 많은 키워드 검색 요령과 팁, 그리고 검색 기록지나 위의 [표 2] 양식도 모두 whereresearchbegins.com 사이트에서 확인하고 내려받을 수 있다.

여러분 질문의 완성도를 높이기 위해 1차 핵심 자료를 계속해서 활용하는 과정에서 두 가지 도움이 되는 상황을 경험하게 될 것이다. 첫째, 1차 핵심 자료를 계속해서 활용하는 과정에서 연구 질문 중 일부는 자연스럽게 답을 찾을 수도 있다. 둘째, 어떤 질문들은 굳이 답을 하지 않아도 된다는 것을 깨닫게 된다. 다시 말해서, 처음에 생각했던 질문 중에서 어떤 질문들은 중간에 폐기해도 된다는 것이다. 이 과정은 연구 준비를 하는 과정에서 기대되는 부분이기도 하다.

사실, 이 과정은 어쩌면 신기하게 느껴질 수도 있다. 여러분은 질문을 검증하면서 연구 주제에 대해 더 많은 것을 배워가게 되는데, 더 많이 배우면 배울수록 연구 주제에 대한 여러분의 감각과 본능도 발달하게 된다. 질문의 완성도를 높이는 과정에서 여러분의 감각과 본능도 그 역량이 커지게 된다. 노련한 자동차 정비사가 "고객님의 자동차 변속기에 문제가 있는 것 같습니다."라고 말한다면, 자동차의 고장이나 문제점을 찾아내는 정비사의 전문 역량 때문에 여러분은 정비사의 이야기에 귀를 기울이게 된다. 평범한 자동차 운전자들은 자동차에서 갑자기 나는 이상한 소음만 들어도 "무슨 문제인가요?"라는 가장 일반적인 질문을 바로 하게 된다. 여러분의 질문을 검증하는 것은 여러분이 '진짜' 질문을 할 수 있도록 자신을 연마시키는 역할을 한다. 그럼으로써 여러분은 연구 초기의 순진함에서 만들었던 질문들은 기꺼이 던져 버릴 수 있게 된다.

연습 과제 연구 전제 구체화하기

목표: 연구프로젝트에 관한 연구자의 연구 전제나 가정을 이해하고, 이를 사용해서 연구 질문을 이끌어 내는 문제 확인하기

이제 여러분은 앞서 언급한 두 가지 방법을 활용해서 여러분의 질문들을 분석해 보았는데, 아직 할 일이 한 가지 더 남아있다. 질문의 기저를 이루는 전제나 가정을 확인하고 그 전제나 가정이 명확하게 드러나도록 해서 이를 인정하고 받아들이도록 하자.

여러분은 텅 빈 화이트보드가 아니다. 여러분은 어마어마한 양의 전제나 가정에 기반해서 여러분의 주제와 질문에까지 이르렀는데, 이것은 자연스러운 과정이면서 사실 좋은 일이다. 결국, 이 과정을 통해서 여러분은 여러분의 연구 주제가 흥미롭다고 판단을 했고, 왜 여러분의 질문이 여러분에게 적합한지를 판단했기 때문이다. 우리 모두는 각자 자기만의 가방을 들고 연구프로젝트의 여정을 떠나는데, 부디 목적지에 도착해서 그 가방을 잘 찾기를 바랄 따름이다.

그런데, 학교에서도 어떤 선생님들은 세상에 대한 여러분의 환상을 산산이 깨뜨려 놓는 것을 자신의 사명으로 생각하는 경우가 있다.

"너는 바이킹족이 야만인 약탈자 집단이라고 믿는다 이거지? 내가 너의

그 무식함의 가면을 눈앞에서 갈기갈기 찢어줄 테니 잘 지켜봐.” “너는 일본 사회가 단일사회라고 믿는다 이거지? 너의 그 무지한 편견을 가루로 갈아놓을 테니 잘 지켜봐.”

편견이나 오해를 깨트리는 것은 가르치는 환경이나 연구 환경에서 때로는 유용한 방법론이 될 수 있다. 하지만 깨트리는 과정은 아무리 선의라 하더라도 상대방의 의지를 꺾어버리는 결과를 초래할 수 있다는 점에 항상 유의해야 한다. 상대방의 편견을 깨트리는 과정에서 상대방이 뭔가 강압적으로 억압받고 학대당하는 환경이 만들어진다면 이를 지켜보는 다른 연구자들은 동일한 피해 경험을 피하려고 침묵을 지킬 가능성이 크다. 특히 연구자에게는 이 같은 ‘학대 모델’은, 아군이 아니라 마치 무찔러야 할 적군 같은 거부감이나 감추어야 할 부끄러운 것, 또는 극복해야 할 장애나 무능력의 증거처럼 받아들여질 수 있다는 점을 경계해야 한다.

그런 면에서 ‘자기주도적’ 연구는 이 같은 전제나 가정에 대해 매우 다른 접근법을 기반으로 한다.

1) 전제나 가정은 명확하게 표출해야 하는데 결과적으로 논쟁의 대상이 될 수 있다.

2) 전제나 가정은 낙인을 찍거나 침묵을 강요하거나 드러나지 않고 숨도록 강요해서는 안 된다. 이렇게 되면 오히려 반직관적인 전제나 가정에 더 집착하게 만들어버릴 수 있기 때문이다.

3) 전제나 가정은 마치 활활 태워버려야 할 연료와 같다. 이를 활용해서 여러분은 두 가지 목표를 동시에 달성할 수 있는데, 첫째, 새로운 방향으로 나아갈 수 있는 동력으로 삼을 수 있고, 둘째, 이를 통해 여러분의 전제나 가정을 활활 태워버릴 수 있다. 즉, 결국 새로운 연료가 필요해진다는 말이다.

여러분이 어떤 종류의 가장 순진하거나 가장 부정적인 세계관을 가지고 있다 하더라도 지금 이 단계의 연구 과정에서는 여러분의 세계관의 영향을 받을 수밖에 없다. 그 어떤 전제나 가정 없는 연구의 여정을 꿈꾸는 것은 마치 바람이 전혀 불지 않는 날 요트를 타고 항해하려는 것과 같다. 전제나 가정은 여러분의 요트에 불어오는 바람과 같다. 그래서 그것을 바람에 실어 보내서 여러분의 항해가 예정된 코스를 잘 따라갈 수 있도록 해야 한다.

여러분의 전제나 가정에 대해 스스로 어떤 평가를 내리기 전에, 여러분이 다양한 내용을 기록할 수 있었던 원동력도 결국 그 전제나 가정 덕분이라는 것을 잊지 말고 이에 대한 고마움을 가질 필요가 있다. 사실 검색 결과 중에서 여러분이 특정 결과에 눈길이 끌렸던 것도 결국 이런 전제나 가정 덕분이었다. 1차 핵심 자료 분석에서 여러분이 구체적인 무엇인가에 주목하게 되었던 것도 이 덕분이었다. 모든 구체적인 연구 질문을 만들어 내는 원동력은 결국 여러분의 전제나 가정과 우리가 살고 있는 실제 세상 사이의 간극이다. 여러분의 전제나 가정은 현실에 대한 여러분의 기대치를 형성한다. 그래서, 이 기대치가 충족되지 않는 빈 공간이 우리가 관심을 가져야 할 중요한 지점이 된다.

그럼 다음과 같이 여러분의 전제나 가정을 가시화하고 논쟁의 대상이 되도록 한번 만들어 보자.

1) 여러분이 가장 최근에 만든 질문들을 검토한 다음, 자신에게 이런 질문을 해보자. '각각의 이 질문을 하기 위해서 반드시 사실이어야만 하는 전제 조건은 무엇일까?'

2) 여러분이 눈여겨본 작은 질문이나 주제를 적어놓고, 이 질문이나 주제에 여러분이 주목하게 된 전제나 가정을 적어보자.

3) 이 특정 질문을 하게 된 전제나 가정의 목록을 만든 다음, 아래와 같

은 카테고리로 분류해 보자.

A. 지금 여러분이 연구하면서 만들고 싶은 전제나 가정

B. 지금 당장 폐기하고 싶은 전제나 가정

C. 여러분이 확신하지 못하는 애매한 전제나 가정

4) 각 전제나 가정을 위의 3가지 카테고리 중 하나로 분류한 판단의 근거나 이유를 두 세줄 정도로 적어보자.

5) 이제 여러분의 목록에 있는 질문 중에 근본적인 전제나 가정이 위의 3번의 'A 카테고리'에 해당하는 질문들을 확인해보자. 이 질문들을 검토해 본 결과, 여러분이 여전히 유효하다고 생각하는 전제나 가정에 기반하고 있다면 이 질문들은 안전하다고 생각해도 된다.

6) 그렇다면 질문의 전제나 가정이 'B 카테고리'에 해당하는 질문들은 어떻게 해야 할까? 마음 같아서는 바로 쓰레기통으로 던지고 싶겠지만 아직은 그렇게 하면 안 된다. 이런 질문들이 논지가 약하거나 편견에 사로잡혀 있거나 근거 없는 전제나 가정에 기반한다면 그렇게 되지 않도록 질문을 다시 써보자. 과연 이런 질문들이 좀 더 기반을 갖추고 결말도 열려 있는 괜찮은 질문들로 변신할 수 있을까? 질문들을 그냥 버리기 전에 일단 수정 보완해서 발전시켜보자.

7) 'C 카테고리' 전제나 가정에 기반한 질문들은 아마 'A'와 'B' 카테고리 사이의 중간에 놓여있을 것이다. 아마 여러분 대부분은 질문 목록에 그대로 남겨두고 싶어 할 수도 있지만, 일단 나중에 여러분이 바로 알아볼 수 있도록 질문에 표시해 놓은 다음, 연구가 깊이를 더해갈 때쯤 다시 잠시 돌아와서 한 번 더 보도록 하자.

이 과정을 보다 체계적으로 정리하고 진행하기 위해서 각각의 질문에 대해 아래와 같은 표를 통해 질문의 기저를 이루는 전제나 가정을 확인하

고 분석해서, 필요하다면 질문도 수정 보완하도록 한다.

[표 3] 전제나 가정 구체화하기

연구 질문:		
전제나 가정 (한 문장으로 설명하기)	카테고리 (A/B/C)	해당 전제나 가정을 이 카테고리로 분류한 이유 (두 문장으로 설명하기)
연구 질문 수정본:		

아래 예시를 한번 검토해보자. 2차 세계대전 중인 1944년에 두 명의 친구들이 서로 주고받은 편지로부터 인용한 글 하나가 여러분의 눈길을 사로잡아서 적어놓았다고 가정해 보자. 분명 여러분의 관심을 끌었던 특정한 문장이나 문단이 있었을 것이다. 어쩌면 두 명의 친구 중 한 사람이 전쟁에 관한 농담을 했는데 그것이 여러분에게 강렬하게 다가왔을 수도 있다.

이 연습 과제에서 여러분의 목표는 왜 그 문장이나 문단이 여러분의 관심을 사로잡았는지에 대해 창의적인 브레인스토밍을 해보는 것이다. 이를 위해서는 여러분이 가지고 있는 특정 전제나 가정이 해당 문장이나 문단과 상충하는지를 곰곰이 고민해봐야 한다. 이런저런 생각과 고민을 많이 해보면 좋다. 여러분은 '여러분 자신에 대해 완벽하게 알아야 한다.'라고 당장 기대하기는 어려우며, 이는 시간이 걸린다. 어쩌면 2차 세계대전 시기를 살았던 사람들이 1944년 무렵 이미 수백만 명의 목숨을 앗아갔을 뿐만 아니라 그보다 더 많은 사람의 삶을 파괴한 전쟁에 관해 농담할 수 있으리라고는 여러분은 상상조차 못 했을 수도 있다. 아니면, 일반적으로 전쟁 시기에는 사람들이 유머나 농담에 알레르기 반응을 보이며 자신들이 처한 상황의 심각성에 어울리는 칙칙하고 우울한 방식으로 감정을 표출하는 방식을 선호했을 것이라고 생각할 수도 있다. 아니면 홀로코스트나 아르메니아 집단학살, 노예무역과 같이 너무나도 끔찍한 역사적 사건이나 경험들이 많기 때문에 이런 주제에 대해 그 누구도 재미있게 말하는 것 자체를 상상하지 못하리라 생각할 수도 있다.

여러분이 아직 확신이 없는 맥락이라고 하더라도 미리 옳고 그름을 판단하려고 하지 말고 여러분이 그렇게 생각하는 모든 이유를 하나씩 적어보자. 여기서 중요한 것은 전제나 가정을 부정적인 방법으로만 접근하지는 않는다는 것이다. 오히려 여러분의 목표는, 여러분이 생각하는 방식에는 영향을 주지만 눈에는 잘 띄지 않는 여러분 생각의 다양한 부분을 표면 위로 끄집어내는 것이다.

❖ 자주 범하는 실수 ❖

1. 자기 민망함이나 타인의 시선 의식 등의 다양한 이유로, 여러분의 연구 질문을 이끌어 내는 전제나 가정을 찾지 않거나 밝혀내지 않기 : 여러분의 전제나 가정을 자신에게 솔직하게 인정함으로써 여러분의 고유한 사고 역량을 키울 수 있다는 점을 명심해야 한다. 여기에서 외부의 판단은 의미 없다.

2. 위의 'B 카테고리'의 전제나 가정에 기반한 연구 질문을 수정 보완하거나 재구축하려는 시도 하지 않기.
3. 'C 카테고리'의 전제나 가정을 내적 '자명화'의 유형으로 고려하는 대신에 그냥 던져 버리거나 묵살하기 : 여러분의 전제나 가정과 우리가 살고 있는 실제 세상 사이의 격차는 유용한 연구 질문을 만들어 낼 수 있다는 점을 명심해야 한다.

연습 과제 연구 질문들을 연결하는 연구 문제 확인하기

목표: 연구 질문의 초안과 여러 차례 수정본의 기저를 이루는 문제 확인하기

이제 여러분은 중요한 선택을 할 준비가 되어 있다. 여러분은 연구 주제 안에서 질문을 찾기 위해 1장의 〈연습 과제 : 여러분 자신 찾기〉를 통해 자신을 찾아보았다. 이제 여러분은 다시 여러분 자신을 찾을 준비를 하는데, 이번에는 더 많은 내적 '자명화' 연습을 통해 시도한다. 아마 지금쯤 여러분은 다양한 연습 과제를 통해서 여러분의 연구프로젝트와 관련된 사실들에 대한 꽤 많은 질문을 만들어냈을 것이다. 이제 여러분이 궁금해하는 것은 여러분의 여러 질문을 연결하는 핵심 문제가 무엇인지 일 것이다.

유연하면서도 꼼꼼하게 생각하는 연습을 한번 해보자. 서로 다른 질문들과 여러분이 지금까지 만들고 모은 단편적인 연구 자료와 정보들 사이에서 어떤 연관성을 찾을 수 있을까? 이 같은 특정한 사실이나 주제에 대해 여러분이 연구를 시작하게 된 동기부여는 무엇일까? 이 주제에 대해서 여러분은 어떤 질문이라도 다 할 수 있었을 텐데, 그렇다면 왜 굳이 이 질문

들일까? 여러분에게는 어떤 질문이 가장 설득력이 있고, 어떤 질문이 가장 덜 중요해 보일까? 이 문제들을 해결하면 여러분은 중요한 돌파구를 마련한 것과 다를 바 없다. 즉, 여러분의 거의 대부분의 질문을 일관된 하나의 진세로 연결하는 근본적인 패턴을 찾아낸 것이기 때문이다. 다시 말해 여러분은 드디어 여러분의 연구 문제를 발견한 것이다.

아래의 순서대로 한번 따라가 보자.

1. 여러분의 모든 질문을 여러분 앞에 한 번 정리해 놓아보자.
2. 지금은 모든 질문에 답하려고 애쓰지 말고, 대신 이런 질문을 자신에게 던져보자. 이 모든 질문을 이어주는 공통의 관심사나 염려는 무엇일까?
3. 여러분 자신으로부터 한 걸음 밖으로 나와보자. 이 질문들을 보고 있는 사람이 여러분이 아니라 다른 사람이라면, 과연 이 모든 작은 질문들을 연결하는 더 크고 심각한 질문은 무엇인지 추측할 수 있을까?
4. 이 질문들을 모두 적어보자.
5. 얼마나 구체적인지 또는 일반적인지의 정도에 따라서 여러분의 질문들을 중급 이상 질문 또는 고급 질문으로 우선순위를 매겨 나눠보도록 하자. 이 질문들은 여러분이 처음에 만들었던 구체적인 사실 기반의 질문들보다 더 일반적이고 보편적이어야 한다.

고급 질문이라고 해서 모두 말이 되는 것은 아닐 수 있다. 억지로 그렇게 만들 필요도 없다. 대신 여러분은 좀 더 시간을 가지고 이 문제를 고민하면서 조금 더 창의적이어야 한다. 여러분의 질문 두세 개를 묶어주는 좀 더 상위 카테고리는 무엇일까? 이렇게 묶어주는 연결 맥락은 당장 눈에 보이는 것이 아닐 수 있기 때문에 그것을 찾기 위해서는 일반적인 직관과는 반대로 생각하는 훈련이 필요하다.

✣ 자주 범하는 실수 ✣

1. 여러 개의 질문의 기저를 이루는 공통된 관심사나 고민을 파악하는 데 집중하는 대신에 여러 개의 질문에 바로 답을 하려고 하기
2. 특정한 주제나 사례 그 너머를 생각하지 않고 보다 근본적인 관심사나 염려를 오히려 무시하기

자문 그룹의 한 마디

"1차 핵심 자료를 잘 활용하세요."

여러분의 '문제'를 찾고 있거나 아니면 지금 여러분이 연구하고 있는 '문제'가 적절한 문제인지를 확인하고 싶어서 여러분의 전제나 가정에 대해 여러분의 자문 그룹과 이야기를 나누기에는 조금 이른 감이 있다. 앞에서 언급했다시피, 우리가 가지고 있는 '잘못된' 전제나 가정을 바로 잡아주려고 하는 전문가들의 본능적 반응이 워낙 강하기 때문에 자문 그룹과의 이 같은 논의는 지금 시점에서는 잠시 미루는 게 좋을 것 같다.

현 단계에서 여러분의 자문 그룹이 도와줄 수 있는 역할은 여러분 질문의 완성도를 높일 수 있는 1차 핵심 자료를

찾는 데 도움을 주는 것이다. 앞서 이 책에서 이런 연습에 활용할 수 있는 몇 가지 데이터베이스의 목록을 정리해서 소개했는데 다시 참고하기 바란다. 그래서 여러분의 자문 그룹에게 여러분이 이미 참고한 데이터베이스를 언급하면서 여러분에게 참고가 될 수 있는 또 다른 데이터베이스나 서지 목록, 또는 1차 핵심 자료에 대한 조언을 구하도록 한다.

3. 연구 문제를 마무리하자.

이제 여러분은 사실에 기반한 다양한 질문들을 검토한 다음 공통된 관심사와 고민을 기준으로 고급 질문들을 분류해 놓았다. 그리고 이들 공통된 관심사와 고민으로부터 동기부여를 받은 고급 질문들도 만들어 보았다. 그런데 나머지 모든 질문을 가려버리는 중요한 걱정이 한순간 머릿속을 휙 스쳐 지나갔었을 수도 있다. 아니면 아직도 여러분은 질문 중에 어떤 질문이 여러분에게 가장 중요한지 결정하지 못하고 고민하는 중일 수도 있다. 여러분 생각에 아직 자신에게 충분한 내적 '자명화'가 준비되지 않았다면 이 책의 2장에서 우리가 살펴보았던 연습 과제를 한 번 더 반복해도 좋다. 하지만 이미 충분한 내적 '자명화'가 있다고 하더라도 여러분의 고민은 끝나지 않았을 것이다. 왜냐하면, 여러분은 설사 여러분의 연구 문제를 제대로 찾았다고 하더라도, 과연 찾았다는 것을 어떻게 알 수 있을지 여전히 고민하고 있을 것이기 때문이다.

'문제'라는 것은 한순간에 스쳐 지나가 버리는 것은 아니다. 오히려 '문제'라는 것은 변하지 않고 오랫동안 지속되는 속성을 가진다. 연구자인 여러분에게 있어서 '문제'는 쉽게 버리거나 무시할 수 있는 것은 아니다. 20세기 멕시코 출신의 세계적인 화가인 프리다 칼로(Frida Kahlo)는 초현실주의적 자화상을 그렸는데 이것 역시 아무렇게나 그냥 그린 그림이 아니라 특정한 문제에 의해 자극을 받은 그림이다. 음악 세계에서 20세기 미국 색소폰 연주자인 존 콜트레인(John Coltrane)의 최고 앨범으로 손꼽히는, 신을 향한 절대적 헌사인 1965년 앨범 "A Love Supreme"이나 20세기 미국 재즈 가수 빌리 홀리데이(Billie Holiday)가 흑인의 아픔과 슬픔을 노래한 "Strange Fruit" 역시 분명 특정 문제에 의해 자극을 받아 만든 작품이다. 2016년 노벨문학상까지 받은 미국 가수 밥 딜런(Bob Dylan)이 우울증에 빠졌던 것도 어떤 문제 때문이었다. 모든 연구자도 별반 다르지 않다.

그리고 '문제'라는 것은 좋은 면도 있다. 문제가 있다는 것은 좋은 것이며, 문제를 걱정하는 것도 좋은 것이며, 문제를 심사숙고하는 것도 좋은 일이다. 왜냐하면, 우리가 짊어지고 가는 문제들은 우리가 앞으로 나아가고 부딪힐 때 발생하는 건강하고 생산적인 마찰이며, 어쩌면 우리의 존재 자체라고도 생각할 수 있다.

그러나 궁극적으로 최종 결정은 오직 연구자 여러분만이 내릴 수 있다. 여러분이 그동안 만들어 낸 정말 근사한 질문들이 모여서 결국 의미 있는 연구 문제를 만들어 냈는지, 아니면 그냥 상당히 정교하고 흥미로운 호기심의 조합으로만 그쳤는지는 오직 연구자만이 알 수 있다.

여러분은 하나 이상 다수의 문제를 만들어냈지만, 지금은 일단 하나의 문제만 다루도록 하고 나머지 문제들을 어떻게 할지는 이 책의 마지막 장에서 논의하도록 하자.

제 3 장

효과적인 연구프로젝트 설계하기

이제 연구 '문제'까지 만들었으면, 연구자 여러분의 현재 상황과 여건을 감안해서 여러분이 현실적으로 무엇을 달성할 수 있을지 결정해야 한다. 특히 여러분은 자신의 질문에 대한 답을 하고 '문제'를 해결하는 데 필요한 1차 핵심 자료들뿐만 아니라 여러분에게 필요한 다양한 2차 보조 자료들과 연구소요 시간까지도 고려해야 한다.

3장에서 다루는 주제들은 관념적이면서도 또 한편으로는 매우 실질적인 내용이다. 1차 핵심 자료라는 것은 무엇일까? 여러분은 실질적으로 어떤 자료들을 구할 수 있을까? 여러분은 주제와 관련된 자료가 얼마나 효율적으로 사용될 수 있을지를 어떻게 판단할 수 있으며, 어떻게 하면 자료에 관한 뻔한 질문의 한계를 넘어서 뭔가 독창적이고 본질적인 결론을 도출할 수 있을까? 그리고 여러분의 연구 문제를 정확하게 짚어내기 위해 그런 자료들을 어떻게 활용할 수 있을까? 여러분의 자료에 기반해서 어떤 논지를 만들어 낼 수 있을까? 실질적으로 얼마나 많은 자료를 구할 수 있을까? 이 자료들을 분석하는 데는 얼마나 많은 시간이 소요될까? 여러분의 개인적인 연구 방식이나 자료의 한계, 또는 마감일 등을 감안해서 여러분은 연구프로젝트를 어떻게 구상해야 할까?

연구 문제로부터 시작해서 실제 프로젝트를 완성하기까지는 평범한 논리 그 이상이 필요하다. 그래서 프로젝트 구상에는 자기 평가와 시각화 작업이 필요하다. 어떤 모델이나 종류의 프로젝트가 여러분에게 가장 적합할까? 여러분은 완성된 연구결과물이 어떤 모습으로 보이기를 원할까?

1. 1차 핵심 자료를 활용하자.
('시리얼 상자' 설명문을 읽는 50가지 방법 예시)

자료는 독창적인 연구에 핵심적인 요소이다. 그래서 자료를 어떻게 확인하고 평가하고 사용해야 할지를 파악하는 것은 매우 중요하고 실질적인 고려 사항이다. 연구자들은 편의상 자료를 크게 1차 자료인 '1차 핵심 자료'와 2차 자료인 '2차 보조 자료', 이 두 가지 카테고리로 분류한다. 대부분의 연구 안내서는 일반적으로 '1차 핵심 자료'의 특징을 '독창적이고 가공되지 않은 자료'라고 규정하고 있다. '1차 핵심 자료'는 연구자가 현실에 대한 주장과 가설, 이론을 발전시키고 검증하는데 사용하는 증거이다. 그리고 '1차 핵심 자료'는 연구자의 연구 분야에 따라 그 범주가 다양하다. 예를 들어, 역사학자들에게 '1차 핵심 자료'는 편지나 지도처럼 글자로 남겨져 있는 내용이나 아니면 다른 물리적 형태의 자료처럼 연구 초점의 역사적 시기를 중시하는 경향이 있다. 그런데 이와 달리 인류학자들은 텍스트 형태보다는 오히려 구술 기록이나 녹음 자료들에 많이 의존한다. 그리고 문학이나 철학 분야에서 1차 핵심 자료는 주로 텍스트가 된다.

또한, 연구 안내서들은 '2차 보조 자료'의 특징을 글자 그대로 비슷하게 정의하고 있다. 2016년에 웨인 부스(Wayne Booth)와 그레고리 칼럼(Gregory Colomb) 등이 쓴『학술 논문 작성법』(*The Craft of Research*, 4판, 시카고대 출판부)은 '2차 보조 자료'를 "1차 핵심 자료에 근거하고 있는 책과 논문, 보고서이며, 주로 학술 독자들을 대상으로 하는 자료이자 연구자가 자신의 학문 분야의 발전과 변화를 따라가기 위해 참고하는 자료이고, 다른 학자들의 결론이나 방법론에 도전하거나 거기서부터 출발함으로써 새로운 문제들을 만들어 내는데 사용하는 자료"라고 규정하고 있다. (*The Craft of Research*, 66쪽 참고)

우리는 대체로 이 같은 정의에 동의하면서도 '1차 핵심 자료'와 '2차 보조 자료'를 절대적 기준으로 정의하고 분류하는 시도의 위험성에 대해, 이미 숙련된 연구자들은 잘 알고 있는 본질을 강조하고자 한다. 우리는 1차 핵심 자료를 무조건 도서관 낡은 서고나 인터넷 기록에서 발견하는 오래된 기록이나 대상으로만 국한하고, 2차 보조 자료는 마치 가공되지 않은 거친 재료를 말끔한 완성품으로 만드는 방식으로 1차 핵심 자료를 활용하는 연구의 일환으로만 생각하는 입장에는 반대한다. 만약 '1차 핵심 자료'라는 용어가 세월의 흐름이 느껴지는 낡은 종이 원고나 빛바랜 사진 또는 오래된 도자기 조각, 아니면 백 년도 넘은 종이신문 기사 조각의 이미지를 떠올린다면 이제 그 생각을 바꿔야 할 때가 되었다. 1차 핵심 자료와 2차 보조 자료에 대한 이 같은 절대적 분류 기준은 연구 과정에서 1차 핵심 자료를 찾아내고 연구 질문을 만들어 내는 과정에서 다음 두 가지 이유로 인해 방해가 될 수 있다.

첫째, 여러분의 연구프로젝트에 모든 자료는 1차 핵심 자료가 될 수도 있고 2차 보조 자료도 될 수 있으며, 때로는 자료 가치가 없을 수도 있기 때문이다.

둘째, 자료의 형태는 여러분이 답을 찾고 있는 질문과 여러분이 해결하고자 하는 문제와의 관계의 성격에 의해서만 결정될 수 있다. 자료 자체가 처음부터 1차 핵심 자료, 2차 보조 자료로 나뉘어 지는 것은 결코 아니다.

1차 핵심 자료에 대한 보다 정확한 정의는 아래 예시에서 살펴볼 수 있다. 즉, 1차 핵심 자료는 특정한 질문에 관련된 주된 자료이다. 여기서 여러분은 '1차 핵심 자료'라는 용어의 정의에 상대적 가치를 나타내는 수식어인 '핵심적', '중요한', '주된'이라는 표현이 반복적으로 사용되고 있음에 주목해야 한다.

예를 들어, 2019년 출판된 미국 역사에 관한 대학 강의 교재를 살펴보자. 자료에 대한 절대적 정의의 관점에서 보면 이 책은 관련 주제에 대한 학문적 연구결과물에 기반하기 때문에 이 자료는 1차 핵심 자료가 아니라는 점에 의심의 여지가 없을 것이다. 그래서 미국 독립혁명 당시 미국 13개 식민지 대표들이 1774년에 한자리에 모인 회의였던 '1차 대륙회의'나 '미국 남북전쟁'의 근본적인 원인에 관해 배우고자 하는 사람이라면 이 교재를 해당 사건들과 동시대에 만들어진 1차 핵심 자료라고는 간주하지 않고, 1차 핵심 자료와 2차 보조 자료 모두에 기반한 역사적 논쟁들을 종합하고 정리해 놓은 2차 보조 자료로 판단할 것이다.

그러나 만약 연구자의 질문이 '1차 대륙회의'나 '미국 남북전쟁'의 근본적인 원인에 관한 것이 아니라 '역사 교과서의 출판 역사' 자체나, 아니면 '20세기와 21세기 미국 대학 교육에서 미국 남북전쟁이 어떻게 그려지고 있는지 그 역사를 분석하는 연구'에 관한 것이라고 한다면 어떻게 될까? 그렇다면 2019년에 출판된 이 미국 역사 교재는 과연 1차 핵심 자료가 될까, 2차 보조 자료가 될까? 그렇지 않았으면 전적으로 '2차 보조 자료'라고 분류되어야 할 교재가 2019년에 출판된 최신 교재임에도 불구하고 갑자기 여기서는 18세기 역사적 사건을 연구하는데 유용한 '1차 핵심 자료'가 되어버린다. 이런 상황에서 2019년 교재는 연구의 맨 뒤에 나오는 참고문헌 목록에서 1905년, 1923년, 1945년에 출판된 대학 교재들과 어깨를 나란히 하면서 이들 '1차 핵심 자료' 사이에 자리 잡게 된다. 이 주제를 연구하는 여러분은 한 걸음 더 나아가 아마 2019년 교재를 집필한 저자들이 예전에 발표한 논문들도 찾아서 읽어볼 수 있고, 2019년 교재의 출판과 관련된 저자나 편집자들과 인터뷰를 진행할 수 있을 것이다. 그리고 어쩌면 대학 관련 웹사이트에서 개설되는 과목의 강의계획서 자료들도 발견할 수 있을지 모른다. 이런 자료에서는 1차 세계대전 직후나 2차 세계대전 직전, 또는 1950~60년대 미국 인권 운동이 최고조에 달했던 시기 동안 과연 대학교 교과목에서는 미국 남북전쟁을 어떻게 설명하고 있는지를 확인할 수 있을 것이다.

여기서 한 걸음 더 앞으로 나아가 보자. 동일한 자료가 맥락에 따라서는 '1차 핵심 자료'도 될 수 있고, '2차 보조 자료'도 될 수 있듯이, 동일한 자료가 '1차 핵심 자료'가 되는 것도 상당히 다양한 방법이 존재할 수 있다. 동일한 자료가 서로 매우 다른 프로젝트의 참고문헌에 똑같이 등장할 수도 있으며, 서로 다른 저자가 완전히 다른 종류의 질문을 제시하는 맥락에서도 동일한 자료가 사용될 수 있다.

예를 들어, 데이터베이스 검색 과정에서 여러분이 아래와 같이 1960년대에 판매된 시리얼 상자 하나를 발견했다고 하자.

여러분은 어떤 이유 때문에 이 특정 이미지에 자신의 마음이 끌리는지 아직 잘 모를 수 있지만, 여러분도 지금쯤 이미 잘 알고 있듯이 '그 이유를 잘 모른다는 것'은 전혀 걱정할 일이 아니다. 어쨌든 이 이미지 자료가 여러분의 연구 관심사에 뭔가 중요한 자료처럼 느껴졌고 여러분은 직감을 믿으며 이 이미지를 통해 여러분이 대답할 수 있는 질문들이 어떤 것일지 떠올려보려고 한다.

여기서 여러분은 어떤 결정의 순간에 직면하게 되는데, 바로 이 이미지 자료를 대하는 여러분의 방식이 연구 질문으로 가는 좁은 골목길로 여러분을 안내할 수도 있고, 아니면 뻥 뚫린 넓은 대로로 안내할 수도 있다.

이 시리얼 상자의 이미지를 보면서 좁은 골목길을 선택하는 것은, 음식 문화에 대한 질문이나 광고 문화나 소비자 문화에 대한 질문이라는 뻔한 내용으로 성급한 결론을 내리는 것이다. 여러분 자신에게도 '그래봤자 이것은 시리얼 상자일 뿐인데, 결국 우리가 물어보고 싶은 질문도 음식과 관련된 것이라는 게 뻔하지 않을까? 너도 그렇게 생각하지?'라는 식으로 합리화한다. 즉, 여러분도 자신을 '상자' 안으로 집어넣는 생각을 하고 있는 것이다.

여기서 기억해야 할 한 가지 중요한 점은, '1차 핵심 자료'로서 시리얼 상자는 본질적으로 식품과 관련 없는 수많은 질문에도 '1차 핵심 자료'가 될 수 있다는 점이다. 예를 들어, 연구자가 식품이 아닌 다른 관점으로 이 시리얼 상자를 읽어내는 방법은 무엇일지 잠시 고민해보자. 아니면 다른 말로 표현하자면, 1960년대 시리얼 상자라는 자료를 연구의 참고문헌이나 인용 출처로 포함하는 연구프로젝트로는 어떤 것이 있을지 머리를 맞대고 생각해 보자.

여기서 한 걸음 더 나아가, 시리얼 상자가 등장하는 어떤 특정 연구프로젝트에 있어서, 이 시리얼 상자와 함께 유용하게 작동할만한 다른 종류의 1자 핵심 자료는 무엇이 있을지도 생각을 한번 모아보자. 그런 다음, 몇 가지 아이디어가 모이면, 그것이 연구프로젝트의 근본적인 문제와 연결되어 있다는 전제를 가지고, 우리가 물어보는 질문의 유형에 일단 이름을 붙여보자.

다음 [표 4]의 여러 개의 가로 열은 단일 1차 핵심 자료에 기반한 연구가 택할 수 있는 서로 다른 방향성의 예시를 제시한다. 여기서 중요한 점은, 자료가 명백하게 1차 핵심 자료에 해당하는 경우에도 여전히 궁금증은 남아있다는 점이다. 즉, '어떻게 해서 1차 핵심 자료가 될 수 있을까?', '어떤 식으로 '핵심'이라는 것일까?' 등의 궁금증이 이어진다.

이처럼 1차 핵심 자료를 다루는 방법을 습득하는 것은 연구의 독창성을 높이는 데 도움이 되는데, 여러분은 앞으로 1차 핵심 자료를 보이는 그대로의 가치로만 생각하거나 접근하지는 않게 될 것이다. 만약 그렇지 않으면 여러분은 자칫 모호한 질문만 하는 함정에 빠질 수 있기 때문에, 여러분은 '시리얼 상자' 안이 아니라 항상 '상자' 밖으로 나와서 생각하는 연습을 해야 한다.

[표 4] '시리얼 상자' 읽기 도전: 1차 핵심 자료 분석하기

분석 자료에서 주목할 만한 항목	자료에 대한 질문이나 궁금증	다음 단계에서 확인하고 싶은 1차 핵심 자료	연구자의 연구 문제에 관련된 폭넓은 범주의 주제나 질문 카테고리
시리얼 상자 겉면에 있는 다양한 정보 코드 (인쇄 코드, 배송 코드, 바코드 등)	이 코드를 사용하는 사람은 누구일까? 이 코드가 상자의 현 위치에 있는 이유는 무엇일까? 이 코드를 읽고 이해하는 방법은 무엇일까? 언제부터 이런 코드가 시리얼 상자에 사용되었을까?	레이저 스캐너 관련 기기들과 배송 정보 처리 활용 (고객 정보, 배송 주소, 우편번호 등)	– 기술 – 생산 및 공급망 – 역사
시리얼 상자 옆면에 있는 '영양성분표와 권장사항'	이 '영양성분표와 권장 사항'은 어떻게 만들어졌을까? 누가 만들었을까?	1일 권장 음식 섭취량에 관한 초기 의학 및 공중보건 관련 조항, 칼로리 개념에 관한 연구 및 개발 자료	– 바이오 정치학 – 에너지와 영양분 측정 기준 – 정부–산업체 관계
시리얼 상자 뒷면에 있는 시리얼 소개 이야기	이 제품의 제조사나 소비자는 이 시리얼이 우리 세상에 대해 무슨 이야기를 하길 원할까? 소비자에 대해서는? 제조사에 대해서는? 시리얼 상자 뒷면에 등장하는 이 이야기는 세월이 지나면서 어떻게 바뀌었을까? 달콤한 시리얼과 건강식 시리얼의 차이처럼 시리얼 종류에 따라서도 이야기 내용이 바뀌었을까?	유아용 장난감이나 학습활동 및 건강과 미용 관련 샘플 제품 등 시리얼 관련 소개 이야기가 들어가 있는 다른 종류의 시리얼의 포장 형태	– 설명, 이야기, 담론 – 시간: 미래와 과거

분석 자료에서 주목할 만한 항목	자료에 대한 질문이나 궁금증	다음 단계에서 확인하고 싶은 1차 핵심 자료	연구자의 연구 문제에 관련된 폭넓은 범주의 주제나 질문 카테고리
시리얼 상자의 모양, 크기, 넓이	시리얼 상자는 사전조립이나 최종 출시될 때 왜 이 무게와 크기를 가지게 되었을까? 시리얼 상자는 어디에 보관되어 있을까? 여러 단계의 배송과정 중에는 각각 어디에 보관될까? 각 단계별로 얼마나 오랫동안 보관될까? 제조공장으로부터 목적지까지는 어떤 방식으로 배송될까? 1회 배송에는 몇 상자가 들어갈까?	포장 배송의 초기 역사와 관련된 자료	– 운송 – 물류 – 글로벌 자본주의
시리얼 상자에 사용된 활자체	왜 특정 글자 활자체는 다른 글자보다 더 클까? 활자체를 선택하는 기준은 무엇일까? 어떤 가능성이 고려되고, 또한 제외되었을까?	전화번호부나 버스 정류장 가판대의 타블로이드 신문, 전쟁 심리전 전단지 등 저가의 대량생산 종이를 활용한 인쇄물	– 활자체 – 디자인 역사 – 디자인의 위계 관계
시리얼 상자에 사용된 색상과 상징부호	시리얼 상자에서 색상 선택에 영향을 주는 주된 고려사항은 무엇일까? 시리얼 상자에 인쇄된 상징부호는 무엇을 나타내는가?	색상이 소비자들의 행동에 어떤 영향을 주는지를 분석한 1960년대 광고회사의 내부 자료, 동일한 회사가 만든 다른 제품	– 색상 심리학

분석 자료에서 주목할 만한 항목	자료에 대한 질문이나 궁금증	다음 단계에서 확인하고 싶은 1차 핵심 자료	연구자의 연구 문제에 관련된 폭넓은 범주의 주제나 질문 카테고리
시리얼 상자 상단 탭 아래에 숨겨진 4색 색상 인쇄 샘플	왜 4색 색상 인쇄 샘플은 시리얼 상자 겉면에서는 보이지 않도록 했을까? 왜 상자 상단의 탭 아래에 감추어 놓았을까? 이 색상 인쇄 샘플의 사용 용도는 무엇일까? 소비자에게 보이지 않도록 설정해 놓은 또 다른 상자 디자인 요소는 무엇일까?	겉에서는 보이지 않는 특정 디자인이 상자 포장에 들어가 있는 또 다른 제품이나 식품 사례	– 기술지원 디자인 – 비가시성
시리얼 상자 상단에 있는 권장 유통기한	권장 유통기한은 어떤 기준으로 계산되며 누가 결정할까? 해당 시리얼 제품의 수출품에도 동일한 위치에 권장 유통기한이 표기될까?	식품의 권장 유통기한 계산과 소비자 고지에 관한 미국식품의약국(FDA) 규정	– 식품 안전 – 정부의 관리 부서나 기관 (국내 및 국제)
시리얼 상자 제조에 들어간 종이나 인쇄용지	인쇄용지를 제작하기 위해 벌목하는 나무의 종류는 무엇일까? 인쇄용지는 어디서 제작될까? 이 시리얼 상자를 만들기 위해 매년 몇 그루의 나무가 벌목될까? 이 숫자는 지금도 여전히 업계 기준일까?	목재나 펄프 제품을 사용하는 다른 공산품들 종류	– 환경 역사 – 산림
시리얼 상자에 사용된 접착제와 내부 봉지	접착제는 어떤 성분으로 만들었을까? 접착제는 누가 만들었을까? 접착성분은 어떻게 선택했을까?	– 소비자 구매 패턴에 대한 회사의 연구개발 자료	– 화학

분석 자료에서 주목할 만한 항목	자료에 대한 질문이나 궁금증	다음 단계에서 확인하고 싶은 1차 핵심 자료	연구자의 연구 문제에 관련된 폭넓은 범주의 주제나 질문 카테고리
	대부분의 소비자는 시리얼 상자를 어떻게 개봉할까? 생산자가 예상하는 상품 불량률은 어느 정도일까?	– 시리얼 상자 제작 업체와의 계약서	
시리얼 상자를 닫을 때 고정하는 상단 탭	시리얼 상자는 어떤 용도로 사용될 수 있을까? 어떤 디자인이 고려되고, 또한 제외되었을까?	사용을 위해 보관 상자를 반복적으로 열었다가 닫아야 하는 유사한 다른 제품들	– 내구성 – 다용도성
시리얼 상자를 보존하는 기록보관소나 보관 컨테이너	어떤 방식으로, 그리고 왜 이 시리얼 상자가 보존 대상이 되었을까? 보존하는 주체는 누구일까? 어떻게, 어디에 보존할까? 우연히 보존되었을까, 아니면 특별한 목적으로 의도적으로 보존되었을까?	미국아키비스트협회(Society of American Archivists) 연례학술대회의 프로그램 자료집	– 아카이빙(기록 보존) – 문화적, 역사적 가치 평가 – 박물관학
가격표	시리얼 상자의 비용은 얼마였을까? 상자의 가격은 어떤 방식으로, 어디에 광고되었을까? 시리얼 상자의 가격은 평균치로 볼 때 1960년대 미국 소비자들에게 저렴했을까, 비쌌을까? 해당 제품은 손쉽게 구할 수 있었을까? 상자의 가격은 제품 생산과 유통비용 대비 적절했을까? 판매 이익은 생산자와 도매상, 소매상에게 각각 어떤 비율로 배분되었을까?	기본적인 소비자 제품들의 가격 추이를 도표로 만드는데 유용한 오래된 식료품 가게와 식품 제조업체들의 역사적 기록과 자료	– 경제 역사 – 인구통계 – 가격 설정 전략

연습 과제 1차 핵심 자료를 '시리얼 상자'처럼 읽기

목표: 여러분의 각각의 1차 핵심 자료에 대해 다양한 카테고리의 질문을 하는 습관 만들기.

이를 통해 자칫 명확하지 않아서 연구자가 쉽게 간과할 수 있는 문제도 제대로 확인할 수 있도록 한다. 이 같은 방법론은 연구자의 관심이 어떤 문제에 가장 집중되는지를 판단할 수 있도록 하며, 연구자가 창의적인 연구를 수행할 수 있는 역량을 향상시킬 수 있다.

자, 이제 우리가 〈시리얼 상자 읽기 도전〉이라고 이름 붙인 연습 과제에 연구자 여러분이 도전할 시간이 되었다. 1장과 2장에서 여러분이 배운 연구 방법과 자료 조사 기법을 활용해서 한 가지 자료를 구해보자. 그 자료는 여러분에게 의심의 여지 없이 확실한 연구 매력을 발산하는 것이어야 한다. 즉, 지금 점점 커지고 있는 여러분의 연구 관심과 관련해서 두말할 나위도 없이 '1차 핵심 자료'라고 본능적인 느낌이 오는 자료이어야 한다.

다음에 나오는 [표 5]를 여러분의 가이드로 삼아서 여러분의 자료에서 다른 특징들을 최대한 많이 찾아보도록 하자. 해당 자료를 마치 우리가 시리얼 상자를 읽어내는 과정에서 했듯이 서로 다른 요소로 최대한 많이 분해하고 해체해보자. 앞의 [표 4]의 〈시리얼 상자 읽기 도전〉에서와 같이 최대한 많은 요소를 찾아서 분석해 보는데, 그 요소가 최소한 열 개는 되도록 하자. 다만, 여기서 여러분을 위험에 빠뜨리지 않도록 유의하자. 예를 들어, 시리얼 상자에서 발견했던 UPC 표시나 바코드와 유사한 것을 여러분의 자료에서 찾지 못했다면, 분명 여러분이 이미 찾은 자료에도 넓은 의미에서 제품 관리 용도의 표준화와 연결되는 기능이나 특징이 있다는 점을 염두에 두자. 어쩌면 여러분의 자료에는 특정 식품의 '알레르기 경고문'이나 '영양성분표와 권장 사항'은 없을 수도 있겠지만, 여러분의 자료는 더 넓은 범주의 정치적, 경제적, 사회문화적, 그 외 기타 담론으로서 여러분의 관심에 이미 휘말려 있는 상황일 것이다. 그래서 여러분은 위의 시리얼 상자 예시로부터 힌트를 끄집어내서 추론할 수 있어야 한다. 왜냐하면, 여러분의 자료는 시리얼 상자 예시의 구체적 특징을 모두 가지고 있지 않을 가능성도 크기 때문이다.

[표 5]의 작성 방법에 관해서 이야기하자면, 맨 왼쪽 첫 번째 칸에서는 여러분의 분석 자료의 한두 가지 구체적인 특징에 초점을 맞추어서 물어볼 수 있는 질문의 종류를 떠올려보자. 이럴 때는 생각의 폭을 최대한 넓혀야 하기 때문에 여러분의 머릿속을 열심히 몰아붙여 보자. 그리고 쉽게 안주하지 않도록 유의하자. 예를 들어, [표 4]의 사례에서 만약 여러분이 생각한 질문이 혹시라도 모두 '시리얼'에 관한 것이었다면 아마 여러분이 최선을 다해 생각하지는 않았던 결과라고도 할 수 있다. 여러분의 마음을 최대한 열어놓고 이 연습 과제에 임한다면 아마 여러분은 단 한 번의 시도만으로도 아침 식사 시리얼로부터 레이저 스캔 기술까지 질문을 확장할 수 있을 것이다. 이런 질문들을 아래 [표 5]의 두 번째 칸에 적어 넣으면 된다.

이제 여러분의 자료에서 각 특징에 해당하는 질문들과 관련해서 바로 다음 단계에서 확인하고 싶은 '1차 핵심 자료'로는 무엇이 있을지 떠올려서 세 번째 칸에 적어 넣도록 하자. 다시 강조하지만, 쉽게 안주하지 않도록 유의하자. 기발하고 참신한 아이디어로 여러분을 깜짝 놀라게 해보자. 여러분 생각으로 조금 극단적으로 보이는 것도 아마 실제로는 그 정도는 아닐 가능성이 크기 때문에 조금만 용기를 내어보자.

끝으로, 여러분이 그동안 발전시킨 내적 성찰의 역량을 활용해서 여러분에게 이런 질문을 던져보자.

- 앞의 〈표 4 : '시리얼 상자' 읽기 도전〉의 분류 제목에 있는 '주목할 만한 항목 – 질문이나 궁금증 – 다음 1차 핵심자료'로 이어지는 다양한 삼각 구도 중에서 과연 어떤 것이 여러분의 연구 열정에 활력

을 가져올 수 있을까?

- 어떤 것이 여러분을 가장 설레게 할까? 여러분을 흥분시키는 이유는 무엇일지 한번 추측해 보자.
- 어떤 것이 여러분을 지루하게 만들까? 여러분을 지루하게 하는 이유는 무엇일지 한번 추측해 보자.
- 이를 통해서 연구자의 가장 큰 걱정이 무엇일지에 대한 힌트를 얻을 수 있을까?
- 연구자의 질문과 관심사, 염려와 관련해서 이 자료는 과연 '1차 핵심 자료'가 될 수 있을까?

이 모든 것에 대한 여러분의 생각을 글로 적어보자.

[표 5] 여러분의 1차 핵심 자료를 '시리얼 상자'처럼 읽어내기

분석 자료에서 주목할 만한 항목	자료에 대한 질문이나 궁금증	다음 단계에서 확인하고 싶은 1차 핵심 자료	연구자의 연구 문제에 관련된 폭넓은 범주의 주제나 질문 카테고리

✣ 자주 범하는 실수 ✣

1. 다양한 카테고리의 질문이 아니라, 자료에서 겉으로 드러나는 표면적인 주제에 관련된 너무 뻔하거나 자명한 질문만 하기
2. 구체적이고 사실에 기반한 질문이 아니라 모호하고 일반적인 질문만 하기
3. 최소한 10가지 정도의 다양한 카테고리의 질문을 만들지 못하고 너무 적은 숫자의 카테고리 질문만 하기 : 비록 지나친 감이 있더라도 창의적인 쪽으로 가면서 실수를 하더라도 자신감을 가지도록 하자.
4. '다음 단계에서 확인하고 싶은 1차 핵심 자료'와 관련해서는 여러분의 전공 분야 내에 있는 자료들만 생각하기 (예를 들어, 1960년대 시리얼 상자와 관련해서는 식품의 역사만 생각하기. 분야와 관련해서는 이 책의 5장 참조)
5. 앞의 [표 5]에서 주목할 만한 항목과 자료에 대한 질문, 그다음 1차 핵심 자료, 그리고 질문 카테고리 등을 완성한 다음에는 1) 이 같은 결과에 대한 여러분의 상대적인 관심을 검토하는 과정을 생략하고, 2) 그냥 결과만 바로 적어놓기

연습 과제 1차 핵심 자료를 상상하기

목표: 1차 핵심 자료를 찾는 검색 장소로 처음에는 고려하지 않았던 장소나 공간 확인하기.

이 연습을 통해 여러분은 연구의 포괄성과 독창성, 중요성을 향상시킬 수 있다.

창의적인 연구를 한다는 것은 여러분의 문제에 대한 해결책을 찾는 과정에서 다른 사람 그 누구도 시도하지 않았던 공간에 대한 도전이 필요하다. 오늘날에는 온라인에서 검색할 수 있는 자료의 양이 어마어마하다 보니 이제는 아주 경험이 많은 노련한 연구자조차도 그냥 컴퓨터 모니터 앞에 앉은 수동적인 관객이 되어버리기 쉽다. 왜냐하면, 자신의 연구의 맨 마지막에 등장하는 참고문헌을 도서관의 자료나 데이터베이스 자료로만 국한할 가능성이 크기 때문이다. 어쨌든 여러분은 연구 질문의 '완성도'도 올렸고, 이 책에서 언급한 방법을 활용해서 검색 가능한 거의 모든 용어도 찾아냈는데, 그렇다면 이제는 최대한 많은 데이터베이스로 들어가서 이 모든 키워드를 검색해서 얻은 수천 개의 1차 핵심 자료로부터 나오는 결과물을 그냥 수확하는 것 말고는 할 수 있는 것이 별로 없는 것처럼 보인다. 이렇게 자료 검색을 할 때가 된 거 아닌가?

그런데 바로 이 지점에서 많은 연구자가 두 가지 큰 실수를 범할 수 있는데, 연구자들이 다음과 같은 착각을 한다.

1. 자신들의 연구를 제대로 수행하는 데 필요한 모든 정보는 인터넷에서 찾을 수 있으며,
2. 인터넷에 있는 모든 정보는 검색하면 다 찾을 수 있을 것이다.

첫 번째 실수는, 디지털화되어 인터넷에 올라온 자료들은 1차 핵심 자료의 전체 숫자에서 정말 미미한 비율에 불과하다는 현실에서 초래된다. 이

책의 공동저자인 멀레이니 교수가 근무하는 미국 스탠퍼드대학교 도서관은 전 세계 대학 도서관 중에서 디지털화에서 가장 앞서가는 기관 중 하나인데도 불구하고, 스탠퍼드대 도서관에 보관 중인 수천만 개의 고문서나 원본 사료 중에서 디지털화된 자료의 비율은 고작 1%밖에 되지 않는다. 그 나머지 99%의 자료는 여전히 아날로그 형태로 남아서 물리적 방식으로 보관되어 있는데 아마 앞으로도 특정 자료들은 계속해서 이 같은 물리적 형태로 보존되어 있을 것이다. 그래서 우리의 검색 활동을 온라인에서 키워드 검색에만 국한하면, 우리는 99% 그 이상의 자료들을 제대로 확인 한번 못할 뿐만 아니라 아마 이런 자료들이 존재한다는 것조차도 모른 채 그냥 포기해버리는 것과 다름없다.

연구자들이 범하는 두 번째 실수는 첫 번째 착각보다도 훨씬 더 심각한 것이다. 연구자가 데이터베이스 자료와 검색 결과만을 가지고 연구자의 참고문헌의 형태와 내용을 설정하게 된다면 사실 우리는 연구자로서의 비판적 역량을 포기하는 것과 다름없다. 왜냐하면, 연구 주제에 대한 비판적인 질문도 더이상 제기하지 않을 뿐만 아니라, 우리가 선택한 주제에 대한 열정적인 집중력을 강화해줄 수 있는 우리의 창의성이나 상상력도 이제 사용하지 않기로 하는 것과 다름없기 때문이다.

그래서 온라인 키워드 검색 결과가 여러분의 자료의 범주를 결정하도록 내버려 두는 대신에 여러분의 노트북 전원을 끄거나 구글 검색 화면을 닫고, 여러분의 연구 주제와 관련된 자료들이 어디에 있을지 마음속으로 상상해보도록 하자. 그리고 이런 자료들은 그 형태나 종류에 있어서 어떤 모습으로 되어 있을지도 떠올려보고, 어떤 사람이나 기관에서 만들었을지도 고민해보자. 다시 말해, 데이터베이스 검색 결과로 이미 '나온' 것에만 여러분 자신을 한정하지 말고, 검색 결과로 '나올 수 있거나 나와야 하는' 것까지도 포함하도록 여러분의 검색 범주를 넓혀보자.

아래 예시의 상황은 여러 가지 의미에서 분명 아쉬운 경험으로 끝날 수 있는데, 연구자들은 가능한 피해야 하는 방식이다. 즉, 연구자들은 가상의 자료를 만들어내려고 해서도 안 된다. 여기에는 그렇게 해서는 안 되는 분명한 이유가 있기 때문에 이 경우 연구자들은 조금 다른 방식으로 접근할 필요가 있다. 이 같은 상상의 연습은 '위대한' 연구자와 '좋은' 연구자를 구분하는 기준 중 하나가 될 수 있다고 우리는 믿는다.

예를 들어, 여러분이 20세기 초 미국 뉴욕의 여성 노동자의 삶에 관심이 있다고 가정해 보자. 키워드 검색으로 시작하기 전에 일단 의자에 앉아서 한동안 천장을 쳐다보거나 눈을 감고 자신에게 한번 물어보자. '20세기 초 뉴욕의 여성 노동자의 삶은 과연 어디에 기록되어 있을까?', '그들은 자신들의 삶의 흔적을 어디에 남겨놓았을까?', '1920년대 뉴욕의 병원들은 환자 기록을 보관하고 있었을까?', '당시 학교들은 학생들과 관련해서 어떤 기록들을 보관하고 있었을까?', '그렇다면 학교 말고 회사는 어떻게 했을까?', '이민 서류는 어떻게 보관되었을까?', '결혼 증명서는?', '교회나 성당의 세례증명서는?', '인구 조사 기록은?', '범죄 기록은?', '전화번호부는?' 여러분은 똑같은 질문을 1720년대 러시아 봉건 농노들을 주제로 해서 물어볼 수 있고, 1820년대 오스트리아-헝가리 엘리트 집단이나, 오늘날 세네갈 학교 선생님들을 주제로 해서 물어볼 수도 있을 것이다.

한마디로 말해, 기록을 보관하는 '아카이빙'은 과연 무엇을 말하는 것일까? 이런 질문에 대한 답을 찾기 위해서는 우리가 앞서 2장에서 살펴보았듯이 특별한 형태의 질문의 '완성도 높이기' 과정이 필요하다. 이런 사회가 어떻게 작동했는지, 그리고 연구 자료가 될 수 있는 증거들을 사회가 어떤 식으로 만들어냈는지에 대해 연구자가 충분히 파악할 정도로 연구 주제의 시기와 장소, 즉, 여기서는 1925년 뉴욕이나 1825년 이탈리아 북부의 트리에스테, 그리고 2022년 세네갈 수도인 다카르에 대해서 알고 있어야 한다.

마찬가지로, 만약 러시아 제국의 형사법 역사나, 미국의 대학 행정 시스템, 서아프리카의 세관 등이 직접적인 연구 주제나 문제가 아니라면 여러분은 아무 관심이 없을 수도 있겠지만, 만약 여러분이 이와 관련해서 조금이라도 알고 있다면 자신이 관심 있는 연구 주제인, 그 당시 여성 노동자들이 그들의 존재에 대한 기록을 과연 어디에 남겨두었을지를 추측하고 상상하는 데 도움을 받을 수 있다.

때로는 구체적인 정보를 얻기 위해서 여러분은 시스템과 제도의 측면에서 생각하고 접근할 필요도 있다. 우리가 하루를 보내면서 5, 10분 단위나 1시간 단위, 하루나 1주일 단위로 우리가 남기고 있는 흔적의 조각들을 한번 생각해 보자. 물건을 사고 신용카드로 결제하고, 학교나 직장 출근길에 여러분의 개인정보가 들어가 있는 카드를 사용해 지하철 개찰구를 통과한다. 여러분의 졸업앨범 사진이나 크리스마스 때 보내는 카드, 교통위반 고지서, 선거 투표인 명단 등, 우리는 정말 넓고 다양한 영역을 넘나들면서 수백만 가지도 넘는 우리의 흔적의 조각을 남기고 있다. 그리고 이 모든 것을 전부 회수하거나 확인하는 것은 불가능하다. 물론 어떤 자료들은 정말 보안이 철저한 디지털 클라우드 공간에 잘 보관되기도 하겠지만, 어떤 자료들은 짧은 기한이 지나면 바로 삭제될 것이다. 또 어떤 자료들은 발견하더라도 이미 개인정보가 지워져서 여러분과의 연결고리를 찾기 어려울 수도 있을 것이다. 그럼에도 불구하고, 여전히 여러분의 흔적을 찾을 수 있는 것도 남아있을 수 있다.

예를 들어서, 서기 2500년 미래에 사는 사람이 지금 여러분의 삶을 재구성하고 이해하기 위해서 필요한 1차 핵심 자료를 찾고 있다고 가정해 보자. 그런데 만약에 그 사람이 지금 우리가 살고 있는 21세기의 신용조사 기관이나 법률 시스템, 유권자 등록, 이메일, 다양한 SNS에 대해 아는 것이 전혀 없거나, 아니면 알고 있더라도 자신의 연구 주제가 아니라는 이유로 이 자료들을 무시한다면 그 연구자는 사실상 많은 자료를 놓칠 수밖에 없다.

이제 여러분은 왜 시간을 가지고 이 자료들을 마음속에 곰곰이 떠올려 봐야 하는지 이해할 수 있을 것이다. 키워드 검색은 연구를 시작하는 출발점으로 항상 적절한 것은 아닐 뿐만 아니라, 여러분이 필요로 하는 결과물을 모두 키워드 검색을 통해서 찾을 수 있는 것도 아니다. 그래서 여러분은 무엇보다도 이런 자료들이 과연 어디에 숨어 있을지를 곰곰이 생각하고 상상해본 다음에서야 실제 검색을 시작하는 훈련이 필요하다. 이렇게 함으로써 여러분은 지금보다 더 많은 곳과 더 다양한 곳을 찾아봐야 할 필요성을 깨닫게 되며, 결과적으로 여러분이 검색하는 자료 카탈로그나 데이터베이스, 아카이브는 훨씬 넓고 다양해질 것이다. 이를 통해 여러분은 더 많은 1차 핵심 자료를 발견하고, 더 유용한 질문들을 만들어내면서, 그전에는 여러분이 전혀 예상하지 못했던 방식으로 연구에 깊이를 더하게 될 것이다. 이 같은 연습을 위한 체크리스트는 아래와 같이 간단명료하다.

1. 늘 그렇듯이 여러분의 연구 질문들을 최대한 정확하게 적어놓는다.
2. 브레인스토밍 질문: 연구 질문과 관련해서 1차 핵심 자료가 될 수 있는 자료들은 어떤 것이 있을까?
3. 자료들의 종류나 카테고리를 최대한 많이 적어놓는다.
4. 선택사항: 시간적 여유가 있다면, 그리고 위의 1번에서 3번까지 차례대로 진행하는 데 방해만 되지 않는다면, 그런 자료들을 열심히 찾아본다. 그리고 자료의 일부라도 발견하게 되면 앞에서 다루었던 '시리얼 상자 읽기 도전' 방식으로 자료들을 분석해 본다.

✣ 자주 범하는 실수 ✣

1. 브레인스토밍 과정에서, 여러분의 연구 주제와 관련된 자료들을 실제 세상에서 다루어지는 넓은 카테고리나 제도적 구조의 관점에서 접근하지 않고 여러분 연구의 구체적이고 세부적인 맥락에서만 생각하기
2. 여러분의 주제나 키워드와 연관성이 없다는 이유로 무조건 자료들을 배제하기
3. 여러분이 마음속에 생각하고 있는 자료들을 실제로 구할 수 있을지 없을지를 걱정하기
4. 내용을 기록으로 적어두지 않기

2. 흩어진 점들을 연결하자.

이제 여러분 앞에 어쩌면 한 개 이상의 1차 핵심 자료가 준비되어 있다. 그다음에는 무엇을 해야 할까? 할 수 있는 것이 무엇이 있을까? 이 자료를 가지고 어떻게 논문의 핵심 논지를 만들 수 있을까? 어디서부터 시작해야 할까? 이와 관련해서는 무엇에 주목해서 적어 놓아야 할까?

위의 질문들은 모두 적절한 질문이지만 이것 말고도 필요한 질문들이 더 있다. 여러분의 방법론적 접근은 실질적이면서도 동시에 윤리적이어야 한다.

1. 연구를 수행하는데 몇 개의 1차 핵심 자료가 있어야 충분하며, 어떤 종류의 자료이어야 할까?

2. 자료의 신뢰성이나 유용성은 어떻게 판정할 수 있을까?
3. 적절하지 않은 자료는 어떻게 확인하고 배제할 수 있을까?
4. 연구자의 자료들이 서로 연결되어 있는지는 어떻게 판단할 수 있을까?
5. 논지를 만들거나 논지를 활용해서 연구자의 확신이나 의심의 정도를 표현하기 위해서 어떻게 다양한 자료를 사용할 수 있을까?

상당한 질문들의 연속인데, 잠깐 한숨 돌리고 다양한 점들을 어떻게 연결할 수 있을지를 생각해 보자.

우리가 어렸을 때 가지고 놀던 대부분의 퍼즐 게임은 상자에 담겨 있거나 책의 형태로 되어 있었다. 다른 사람들이 이미 만들어놓은 퍼즐 게임이 사용자인 우리 손에 들어올 때는 이미 퍼즐이 완성되어서 상품으로 포장된 상태였다. 단어 찾기 게임이나 조각 그림 맞추기 게임, 단어의 철자 바꾸기 게임 등이 모두 그러하다. 즉, 제품을 만든 누군가는 이미 퍼즐의 답을 알고 있었으며, 사용자들에게 즐거운 시간을 마련해 주기 위해서나 아니면 사용자의 지적 능력을 테스트하는 목적으로 사용자들이 직접 해볼 수 있는 퍼즐 게임을 만들어놓았다.

혹시 여러분은 '점 잇기 퍼즐 게임'이라고 들어보았을까? 종이 위에 점들이 흩어져 있는데 각각의 점에는 숫자가 붙어 있다. 그리고 이 퍼즐게임을 푸는 사람은 점 #1, 점 #2, 점 #3, 점 #4 ... 이런 순서대로 각각의 점을 연결하는 선을 긋는다. 그림에 있는 모든 숫자의 점을 선으로 이으면 숨겨진 이미지가 종이 위에 나타난다. 어떤 경우에는 아래와 같이 선으로 이어져 완성된 그림 이미지가, 예를 들어 '지구상에서 가장 큰 동물은 무엇일까요?' 같은 질문에 대한 대답이 되기도 한다.

이 그림은 무엇일까요?

그런데 만약에 위의 '점 잇기 퍼즐 게임' 대신에, 아래와 같이 점 하나만 있는 그림이라면 여러분은 어떤 느낌일까?

이 그림은 무엇일까요?

이미 여러분은 여기서 문제를 경험하고 있다. 점이 하나만 있는 경우라면 여러분은 이 점에서 시작하는 수없이 다양한 선을 그을 수 있다. 이 점을 하나의 자료라고 생각한다면 여러분은 하나의 자료에서 출발해서 실질적으로 어떤 그림, 즉 어떤 논지라도 다 만들어 낼 수 있을 것이다. 위의 그림에서 점이 두 개나 세 개라고 하더라도 여전히 퍼즐 게임의 그림은 감당할 수 없을 만큼 다양해질 수 있을 것이다.

그림에 정말 하나의 점이나 두세 개의 점만 있다면 여러분은 어떻게 점을 연결해서 그림을 그릴 수 있을까? 여러분이 지금 막 시작 단계에 있다면, 마치 그림의 점들을 이어가는 논리적 사고에 해당하는 것과 같은, 자료의 객관적 해석이나 논지를 어떻게 논리적으로 펼쳐나갈 수 있을까? 정말 점이 한두 개밖에 없다면 어떻게 할 것인가? 아무리 논문의 핵심 논지를 열심히 만들어가고 싶더라도 지금 이 단계에서 과연 어떻게 그 목적을 달성할 수 있을까?

정답은 '할 수 없다.'이고, 또한 그렇게 하려고 해서도 안 된다.

셀 수 없이 많은 질문과 해석의 가능성 앞에 놓인 연구의 초기 단계에서는 그림의 점들을 빨리 연결하려는 섣부른 시도는 무한궤도의 혼란에 빠지게 할 뿐이며, 결국 퍼즐 게임은 완성할 수 없게 된다. 연구자에게나 연구의 논지나 해석의 측면에서, 몇 개 안 되는 점이나 자료 사이로는 셀 수 없이 많은 선이 지나가게 될 것이다.

여기서 우리가 배우는 교훈은 효과적인 논지의 점들을 이어줄 수 있는 적절한 숫자의 자료가 준비되어야 한다는 사실이 아니다. 여기서 핵심은 이보다 훨씬 더 근본적인 것에 있다. 즉, 퍼즐 게임은 애당초 우리가 풀 수 있도록 이미 완성된 상태로 오는 것이 아니라는 사실이다. 오히려 반대로, 진정한 도전이라는 것은 해결을 하는 그 자체가 아니라, 전혀 사소하지 않으며 미리 답이 정해진 것도 아니고 정답이 무엇이냐에 상관없이, 의미가 있고 열린 결말의 퍼즐 게임을 만드는 것이다. 그런 퍼즐 게임을 만들기 위해서 우리는 무엇보다도 알려지지 않은 미지의 세계를 마음속으로 그려내고 찾아낼 수 있어야 한다.

예를 들어, 자율주행 자동차나 인공지능 같은 오늘날 기술 분야의 커다란 도전들을 한번 생각해 보자. 이 도전들은 결코 '괄호 안 정답 쓰기'나 '조각 그림 맞추기' 수준의 질문은 아니다. 이 도전들은 문제에 대한 정답을 찾아내기는커녕 아직도 제대로 된 방식으로 질문하기의 수준에 놓여있는 것과 다를 바 없다.

인간 경험의 그 복잡성을 어떻게 컴퓨터 해독 가능한 것으로 변형시킬 수 있을까? '인간'이나 '죽음'과 같은 심오한 개념을 어떻게 정확하게 포착해서, 디지털화할 수 있을 뿐만 아니라 안정적이고 데이터 비교도 가능한 인생의 이벤트 중의 하나로 변형시킬 수 있을까? 이 같은 컴퓨터 알고리즘을 활용하면 인간의 행동 중에 어떤 종류의 행동을 우리가 예측하거나 조종할 수 있을까?

이제 '점 잇기 퍼즐게임'의 비유를 어떻게 우리 연구자들에게 효과적으로 적용할 수 있을지 살펴보자. 새로운 연구프로젝트를 시작하는 단계에서 연구자는 자신들만의 고유한 '점 잇기 퍼즐게임'에 직면하게 되는데, 이는 과학적 접근이 필요한 바다의 푸른 고래의 행동 패턴이나 빅데이터 연구의 사례와는 또 다른 종류이다. 즉, 공장에서 출고된 상품으로서 이미 모든 점이 다 표기되어 있고 연결 순서대로 번호까지 매겨져 있는 판매용 퍼즐 게임을 가지고 시작하는 대신에, 연구자는 아래와 같은 역할을 수행해야 한다.

1) 선 잇기 퍼즐게임의 점 찾기

답이 정해져 있는 퍼즐 게임과는 달리, 연구자 여러분의 퍼즐에는 모든 점이 편리하게 일렬번호까지 붙어서 나열되어 있지 않다. 몇몇 점들은 우연히라도 발견할 수 있겠지만 나머지 대부분의 점은 여러분이 의식적으로 열심히 찾으려고 노력해야 한다.

2) 퍼즐에 적합한 점 찾기

여러분의 퍼즐에 필요한 점과 다른 그림 퍼즐에 들어가는 점은 구분해야 한다. 여러분의 연구 퍼즐의 점들은 숫자가 매겨져 있지 않기 때문에 여러분은 열린 마음으로 그림을 바라보면서 여러 가지 가능한 결과를 마음속에 그려야 한다. 만약 어느 고고학자가 정확한 장소를 찾아서 발굴작업을 하다가 진짜 공룡 뼈 무덤을 발견하는 경우에 어쩌면 한 곳에서 거의 모든 뼈를 발견하는 큰 행운을 누릴 수도 있겠지만, 그 공룡 뼈 무덤에 다른 동물 뼈도 섞여 있을 수 있고, 그렇지 않더라도 어쨌든 고고학자는 공룡 골격을 재구성하기 위해서 어느 뼈가 어느 뼈와 연결되는지를 찾아내야 할 것이다. 또 다른 예로는, 오래된 무덤에서 중국 고문서를 발굴하는 고고학자도 비슷한 도전에 직면하게 된다. 이런 경우 발굴되는 고문서는 대나무 잎 같은 것에 텍스트가 기록된 것인데, 운이 좋으면 대나무 잎

이 순서대로 포개져서 줄로 묶여 있는 채로 발견될 수도 있다. 그리고 무덤 하나에서 여러 개의 고문서가 발견될 수도 있다. 그러나 땅 속에 수백 년 묻혀 있다 보니 줄은 삭아서 끊어지거나 썩어 없어지고 대나무 잎만 수변에 흩어져 남아있을 수도 있다. 이 경우에 고고학자는 어쨌든 한번 발굴에서 많은 '점'을 발견한 것만으로도 큰 행운이라 할 수 있지만, 그래도 고고학자는 대나무 잎으로 된 문서 하나하나를 일일이 확인해서 최대한 원래 순서대로 다시 배열해야 한다. 즉, 여러분이 그림 퍼즐에서 모든 점을 다 찾더라도 그 점들을 분석하고 제대로 연결해서 정확한 그림을 찾아내는 중요한 작업은 여전히 남아있다.

3) 점과 점이 아닌 것 구별하기

어떤 점은 점처럼 보이지만 실제로는 얼룩인 경우가 있다. 이런 것을 우리는 '비 자료'라고도 부른다. 자료가 자료인 이유는 연구자가 질문에 대한 답을 찾거나 문제를 해결하는데 유용성을 가지고 있기 때문이다. 사실 '유용성'이라는 개념은 상대적이라서, 조금 더 유용할 수 있고 조금 덜 유용할 수도 있는 특성이 있다. 여러분은 어떤 자료를 보면서 여러분의 자료가 아니라 다른 연구자의 자료라고 생각할 수도 있는데, 이는 다른 연구자의 문제와 관련되어 있어 보이기 때문일 것이다. 예를 들어, 하늘에 있는 새로운 별이나 은하계, 또는 블랙홀을 찾고 있는 천문학자가 있다고 가정해보자. 이 과정에서 천문학자는 우주의 소음을 아주 먼 거리에서 3차원적으로 걸러내야 하는데, 우주에 있다고 해서 모든 것이 자료가 되는 것은 아니다. 오히려 처음에는 얼룩처럼 보이던 것이 나중에는 정말 흥미로운 자료가 될 수도 있다. 즉, 점 하나가 여러분의 연구프로젝트 전체의 방향에 영향을 줄 수 있다.

4) 위의 미션을 모두 실시간으로 진행하기

실제 연구에서는 이 모든 점이 숫자가 붙어서 저절로 오는 것이 아니고, 여러분이 모두 일일이 찾아야 할 뿐만 아니라 여러분이 점을 찾아서 선으로 연결하려고 해도 사실상 점 #1, 점 #2, 점 #3 ... 이런 순서대로 점이 나타날 가능성은 더욱 없을 것이다. 그리고 현실적으로 가능성이 훨씬 큰 상황은, 여러분이 처음 찾은 점이 74번 점인데 바로 그다음에 찾은 점은 23번 점일 경우이다. 이런 상황에서 연구자인 여러분은 모든 점을 다 가지고 있지도 않은 상황에서 여러분이 가진 정보들을 분석해야만 하는 부담에 직면한다. 다른 아카이브를 방문하고, 인터넷에서 자료를 찾고, 하루는 민족 지학적 자료 조사를 하고, 또 하루는 고고학적인 탐사를 하고, 또 하루는 화약성분 분석실험실에서 보내고, 그다음 날에는 구전 역사 관련된 인터뷰를 하고, 또 하루는 인터뷰에서 녹음한 파일들을 열심히 들으면서 보내야 할 수도 있는데, 이런 노력을 통해 여러분은 종이에 더 많은 점을 넣을 수 있게 될 것이다. 그리고 더 많은 점이 종이에 모이면 모일수록 결국 여러분이 찾고 있는 그림이 더욱 구체화될 수밖에 없다. 대신 새로운 점이 하나씩 더 발견될수록 자료를 실제로 해석하는 가능성의 경우의 수는 좁혀지는 제약이 뒤따르게 된다. 자료 수집 시작 단계에서는 여러분이 처음 발견한 몇 개의 점을 이어주는 수많은 해석의 선이 난무하겠지만, 결국 여러분의 데이터와 자료가 늘어나고 구체화 될수록 처음 수많은 해석의 선 중에서 많은 숫자의 선이 지워지게 되고, 계속해서 새로운 제약의 요소가 추가되면 될수록 결국 여러분이 찾고 있는 답에 점점 가까워지게 된다.

5) 점을 충분히 확보한 시점 판단하기

얼마나 많은 데이터를 확보해야 충분한 것인지의 어려운 문제에 대한 대답은, 그래서 언제 추가 뼈를 발굴하는 작업을 멈추고 본격적으로 연구논문을 써야 하는 하는지에 대한 결정은, 어쩔 수 없이 연구프로젝트에 따라 달라질 수밖에 없다. 막연한 개연성을 뛰어넘어 자신감을 얻은 다음 확신의 문턱을 넘어가는 과정은 결국 연구 진행 과정 자체에서 깨닫게 된다.

3. 참고문헌은 연구자가 책임을 짊어지자.

이제 연구프로젝트의 몇몇 점들을 연결하기 전에 자료 활용과 관련해서 고민해야 할 윤리적 문제가 몇 가지 있다.

어른들이 하는 선 긋기 퍼즐 게임이 우리가 어렸을 때 했던 선 긋기 퍼즐 게임과 다른 점은 어른들의 퍼즐 게임에서는 선을 어떻게 그을지를 결정하는 사람은 제품을 만든 회사가 아니라 게임을 하는 어른이라는 점이다. 어린이들의 선 긋기 퍼즐 게임에서는 두 점 사이에 긋는 선은 항상 직선이다. 어린이들을 위한 게임은 그런 식으로 만들어져 있다.

그런데 우리가 하는 연구프로젝트의 글쓰기는 다른 종류의 예술 형태이기도 하다. 연구자가 자신의 논지나 설명을 서술하거나, 연구의 결과물을 설명할 때 연구자는 자신의 점들을 직선으로 연결할지 곡선으로 연결할지, 아니면 이 두 가지를 적절하게 혼용할지를 결정하는 선택권을 가지고 있다.

예를 들어, 연구의 초기 단계에서 우리가 관심을 가지는 역사적 인물에 대해 단지 다섯 가지의 기본 정보만 가지고 있다고 가정해 보자.

- 출생일자
- 출생도시
- 졸업학교
- 취득학위
- 사망일자

이 점들을 연결하는 서로 다른 세 가지 방법을 한번 고려해보자.

- 일직선 줄 (팽팽하고 추가 설명 없음)
- 곡선 줄 (헐렁하고 일부 추가 설명 있음)
- 지그재그 줄 (매우 헐렁하고 상당한 추측 있음)

1) 일직선 줄

"존 스미스는 1914년에 출생해서 시카고에서 성장했다. 일리노이주립대학교에서 공학학사를 받고, 1989년에 사망했다."

위의 예시는 연구자가 가지고 있는 실증적인 점들 사이에 반듯한 자를 대고 직선 줄을 긋는 것과 유사하다. 주어진 사실들에만 충실하고 그 어떤 설명이나 추측은 철저하게 배제한다. 동시에 여기에는 그 어떤 해석적인 여지나 영향력은 찾아보기 어렵다. 텍스트는 상당히 정적이며 생명력이 별로 느껴지지 않는다, 그럼 이번에는 약간 헐렁한 곡선 줄의 예시를 살펴보자.

2) 곡선 줄

> "존 스미스는 1914년, 1차 세계대전 바로 전날 출생했다. 스미스는 당시 산업 발전의 중심지였던 시카고에서 성장했다. 그리고 명문대학인 일리노이주립대학교에서 공학학사를 받았다. 스미스는 1989년 별세했다."

여기서는 연구자의 서술방식은 네 개의 점을 연결해서 지나가고 있으면서도 텍스트에 감정과 맥락을 추가하고 있다. 이렇게 추가된 맥락을 보면, 1차 세계대전은 실제로 1914년에 발발했고, 당시 시카고는 산업의 중심지였기 때문에 충분히 방어할 수 있는 맥락이자 전략이 될 수도 있지만, 여전히 텍스트 저자의 선택에 달렸다. 스미스씨의 삶은 1차 세계대전으로 영향을 받았을까? 그의 삶은 시카고의 경제적 발전과 관련이 있었을까? 스미스씨의 삶에 일리노이주립대 같은 명문대 졸업장이 얼마나 중요했으며, 왜 중요했을까? 그리고 '별세했다'라는 표현을 굳이 선택한 것은 스미스씨가 편안하게 죽음을 맞이했다는 것을 의미하려는 것일까? 이 텍스트에서 저자는 좀 더 명확한 방식으로 이런 내용을 설명하는 대신에 그냥 암시하는 차원에 머문다. 그러다 보니 독자로서 우리는 여기에 담겨 있는 맥락이 적절한지, 우리가 옹호할 수 있는 것인지를 고민해야 한다. 이번에는 지나치게 헐렁한 지그재그 줄의 예시를 살펴보자.

3) 지그재그 줄

> "존 스미스의 출생은 1914년 당시 1차 세계대전이라는 세계 역사의 한 획을 긋는 큰 사건의 시기와 겹친다. 그리고 그의 사망은 또 다른 세계사적 사건인 1989년 베를린 장벽 붕괴의 시기와도 겹친다. 그는 일리노이주립대학교에서 공학학사를 받았는데, 이 같은 대학 선택은 아마도 시카고에서 성장한 그의 배경뿐만 아니라 당시 'Big Bill the Builder'라는 별명을 가진 톰슨 시장이 주도했던 시카고의 산업 발전의 영향도 있었을 것이다."

세 번째 예시에서는 텍스트의 저자가 분명 과도한 상상력을 발휘하고 있다. 여기 등장하는 모든 점은 사실에 기반하고 서로 연결되어 있기에 틀린 이야기는 아니지만, 약간 명확하지 않은 맥락의 원인과 결과 관계가 추가 증거 없이 암시되고 있다. 스미스씨가 당시 톰슨 시장 재임 때 시카고에서 성장한 것이 혹시라도 스미스씨가 시카고나 일리노이주에 있는 대학에서 공학을 전공한 이유였을까? 스미스씨의 출생과 사망 시기가 당시 유럽에서 발생한 세계사적 사건들과 일치한 것이 정말 중요한 의미일까? 베를린 장벽이 설마 스미스씨 몸 위로 무너진 건 아니지 않을까? 이같이 사적으로 중요한 모든 사건의 시기는 현실적으로 항상 누군가의 출생과 사망 연도와 우연히 겹칠 수밖에 없지 않을까?

여기서 몇 가지 중요한 제거 전략을 살펴보자.

a. 자료는 스스로를 설명할 수 없을 뿐만 아니라 논문의 저자인 여러분으로부터 자신을 방어할 수도 없다.
   연구자인 여러분의 역할과 책임 중 하나는 자료를 최대한 정확하게 사용하는 것이다. 연구자가 1차 핵심 자료를 다루는 순간부터 연구자는 윤리적 결정에 직면하게 되는데, 그것은 바로 자료를 최대한 정확하고 정직하게 사용하는 것이다.

b. 연구 윤리는 사실을 다룰 뿐만 아니라, 사실로 하여금 억지로 이야기를 하도록 강요하지 않는다.
   자료에 대한 충실함과 성실함은 실질적인 정확성의 문제에만 국한하지 않는다. 위의 예시에서 1989년 '베를린 장벽' 붕괴에 대한 언급에서 텍스트 저자는 온전히 사실만을 다루고 있지만, 그럼에도 불구하고, 텍스트 저자가 원하는 내용을 텍스트가 억지로 말하도록 하는 방식으로 점을 연결하는 방법들도 있다는 점에 유의해야 한다.

c. 자료들에서 나오는 점들을 논지와 연결하는 것은 항상 윤리적 책임이 뒤따르는 의도적이고 신중한 선택이다.
   연구자인 여러분이 자료를 '솔직하고 객관적으로만' 다루면 연구자로서의 여러분의 책임은 충족되는 것이라는 생각의 유혹에 빠져서 방심하면 안 된다. 반듯한 자를 이용해서 점을 이어 가는 방법은 생각보다 깨끗하고 완벽하거나 이상적인 것은 아니다. 사실들을 일방적으로 나열하는 것은 핵심적인 맥락을 무시하거나 근본적인 질문의 목소리를 막아버리는 등의 바람직하지 못한 결과를 초래할 수도 있다. 연구자에게 있어서 점들을 연결하는 행위는 항상 적극적인 선택을 수반한다. 여기서 중요한 것은 이 같은 책임을 피하지 않고 경시하지 않는 자세이며, 최대한 의도적이고 신중하고 정당한 방식으로 이 선택의 결정을 내리는 것이다. 연구 과정에서 내리는 결정은 전적으로 연구자의 책임이며, 모든 단계에서 이 같은 결정은 뒤로 미루지 않도록 하자.

자료를 선택할 때는 항상 명심해야 할 것이 하나 있다. 비록 자료는 스스로 자신을 설명할 수는 없지만, 그렇다고 자료가 연구자의 의지나 조작에 전적으로 의존하는 무기력한 대상이라는 말은 결코 아니다. 자료도 자신만의 일종의 자율적 특성이 있는데, 자료가 아무 말이 없다고 해서 안이하게 생각해서는 안 된다.

자료는 다음과 같은 자신만의 자율적 특성을 가진다.

- 자료는 불완전하거나 파편적일 수 있다. 경험적으로 보면 대부분의 자료는 이에 해당한다.
- 자료는 의도적으로 기만적일 수 있는데, 우리가 이 책에서 앞서 사용한 용어를 빌리자면 '허구의 점'이라고 할 수 있다. 인터뷰 대상자나 사물, 또는 관찰자의 경우에서처럼, 문서도 거

짓말을 할 수 있다.

- 자료는 의도적이지 않게 틀릴 수 있다. 사람들이나 사람들이 남기는 발언이나 문서, 녹취록 등도 의도하지 않게 틀릴 수 있는데, 이는 대부분 불완전하거나 틀린 정보에 해당 자료가 기반하고 있기 때문이다.
- 자료는 편견적이다. 진실을 말하려는 의도 자체는 진정성이 있고 좋은 뜻이었지만 무의식적인 편견에 의해 왜곡될 수 있다. 프톨레마이오스 당시, 사람들은 진짜 태양이 지구 주변을 돈다고 생각했다. 이런 식으로 사람들이나 자연을 남들과 다르게 분류할 수 있다는 점에 주목해야 한다. 그리고 자신들이 누구냐에 따라서 이런 식으로 말할 수도 있다, "우리 문화에서는 X를 믿지 않아." 사람들의 이런 주장은 추측에 근거하는 주관적 관점이다.
- 자료는 우리가 인지하거나 인지하지 못한 이슈를 통해 동기부여를 받는다. 자료는 연구자에게 특정 관점을 취하도록 하거나, 특정 사고방식을 수용하도록 연구자를 설득하려고 한다.
- 자료는 일관성이 떨어진다. 자료가 어떨 때는 신뢰도가 높지만, 또 어떨 때는 신뢰도가 낮기도 하다. 그러다 보니 심지어는 전문가도 실수를 범한다.

이런 몇 가지 이유로 인해 학계 최고의 연구자들도 자료에 대해서는 비판적이고 탐색하는 사고방식을 취할 수밖에 없다. 아무리 자료가 믿을만하고 권위를 갖춘 것으로 보일지라도 우리는 자료를 있는 그대로 받아들이지 말고 항상 의심하고 문제를 제기할 준비를 해야 한다. 특히 우리는 입증하는 증거나 조작하는 증거를 찾으려고 깨어 있어야 하는데 이 두 가지 노력은 상당히 유용하다. 여러분이 가지고 있는 자료를 평가할 때는 바로 위의 여섯 가지 특성을 검증 기준으로 활용하면서, 자료에 대한 이해도를 높이기 위해 여러분이 선택할 수 있는 추가 검증 과정이나 노력도 적어놓도록 하자.

그리고 연구 과정의 초기 단계에서 자료들을 분석할 때 한 가지 더 명심해야 할 중요한 원칙은, 비록 여러분이 발견하는 자료가 위에서 언급한 여섯 가지 특성 중 하나에 해당하더라도 해당 자료가 여전히 여러분에게 유용할 수도 있으니 반사적으로 묵살하거나 무조건 폐기하지는 않도록 하자. 그 대신에 해당 자료를 여러분의 '질문 만들기' 과정 안으로 가지고 와서 검증해보자. '왜 이 자료는 뭔가 나를 속이려고 하는 것일까?', '이 자료는 어떤 현상의 징후일까?' 사실 질문을 만들거나 질문의 완성도를 높이는 과정에서 '나쁜' 자료라는 것은 없다. 인체에 해로운 방사능 물질도 오히려 전기와 같은 에너지를 만들어내는 용도로 매우 효과적으로 쓰인다는 것을 우리는 잘 알고 있다. 즉, 뭔가 의심스러운 자료를 만나게 되더라도 여러분의 목적에 부합하는 용도로 에너지를 만들어 내는 방법을 찾아보자.

연습 과제 자료를 활용해서 흩어진 점들을 연필로 이어가기

목표: 유연하고 포괄적인 관점을 유지하면서도 연구 과정 초기부터 자료에 대한 비평적 시각 갖추기.

혹시 우리가 조금 서두르는 것처럼 보이지는 않을까? 여러분은 주제와 관련된 자료들을 아직도 모으고 있고, 자료의 적절성도 판단하려고 애쓰는 중이다. 그리고 여러분의 연구 '문제'와 관련해서 자료들이 '1차 핵심 자료' 인지 아닌지를 아직 확인하는 중인데, 지금 자료들을 솎아내려고 하거나 점들에 번호를 붙여서 그림 모양으로 정리하려고 하는 것은 너무 이르지 않을까?

이에 대한 대답은 '그렇다'와 '그렇지 않다' 모두 해당한다.

다시 한번 강조하지만, 연구는 직선 과정이 아니다. 그래서 우리는 여러분이 아이디어와 질문, 자료들을 '만약 이것이 아니라면...?'이라는 가정법 관점에서 접근하기를 권장한다. 여러분의 연구 여정을 본격적으로 떠나기 전에 꼭 시간적 여유를 가지고 여러분의 여정을 최대한 여러 번 재검토하고 수정해보자.

이 같은 시도는 실질적으로 연구와 관련된 다양한 이슈들을 인지하고, 질문으로 바로 뛰어넘어가거나 프로젝트를 무리하게 강행하는 대신에 다양한 가능성을 검토하는 신중한 접근을 가능하게 한다. 연구는 이미 만들어져서 바닥에 펼쳐져 있는 결과물을 찾는 것이 아니라, 여러분만의 고유한 퍼즐을 직접 만들어가는 것과 같다.

그래서 여러분의 자료를 이용해서 점들을 이어가는 연습을 할 때 가능하면 연필을 사용해서 나중에 필요하면 선을 쉽게 지우거나 새로운 선을 다시 그을 수 있도록 한다. 여러분에게도 이런 상황이 생길 것이라고 미리 예상하고 있는 것이 좋다.

이 작업 자체는 상대적으로 단순한데, 그 대신 여러분은 내적 '자명함'을 만들어내기 위해 했던 준비 과정과 그것을 총체적으로 합치는 방법에 대한 새로운 아이디어를 모두 불러 모아야 한다. 연구 과정에서 여러분이 지금 어느 지점쯤 있는지에 상관없이 일단 아래 질문들에 대한 여러분의 답을 적어보자. 이 과정은 반복적인 계획 수정과 업데이트가 계속해서 필요한 여행 일정과 비슷하기 때문에, 필요하다면 언제든지 나중에 이 과정을 반복해도 좋다.

1. 여러분의 자료는 어디에 있을까? 3장에 나오는 '1차 핵심 자료를 상상하기' 연습 과제에서 적었던 내용을 다시 한번 검토해보자.
2. 어떤 점들이 여러분 그림에 필요한 점이고, 또 어떤 점들이 다른 사람의 그림에 필요한 점인지를 어떻게 판단할 수 있을까? 2번과 아래 3번 질문에 답을 하기 위해서는 여러분에게 동기부여와 자극을 주는 문제에 대해 최대한 여러분이 솔직해질 필요가 있다.
3. 여러분이 가지고 있는 것 중에서 어떤 것이 진짜 점이고 어떤 것이 얼룩인지를 어떻게 판단할 수 있을까?
4. 여러분이 가지고 있는 점들을 정리해서 3차원의 입체적이고 정확한 그림을 만들어내는 최선의 방법은 무엇일까? 이 과정을 연구계획서의 초안 준비로 생각하면 좋을 것 같다. 여러분이 가진 자료를 서로 다른 조합으로 구성해보고 서로 다른 배열로도 위치를 바꾸어보면서 다양한 서술의 방식과 가능성을 타진해 보자. 그렇게 함으로써 각각의 자료들이 서로 어떻게 연결되고 시너지를 만들어내는지를 살펴보자. 물론 여기서 중요한 것은 이들 자료를 억지로 서로 붙여놓으려고 해서는 안 된다는 점이다.
5. 여러분이 가진 질문에 대한 답을 찾고, 여러분의 문제를 해결하고, 여러분의 연구프로젝트를 완성하기 위해서는 과연 얼마나 많은 점이

필요할까? 이 같은 평가는 물론 여러분의 자문 그룹을 통해 도움을 받을 수도 있겠지만, 궁극적으로는 그 누구도 아닌 여러분 자신만이 대답할 수 있다는 점을 명심하자.

❖ 자주 범하는 실수 ❖

1. 이 과정을 시작하기 위해서는 여러분에게 필요한 모든 자료가 준비되어야 한다고 생각하기 :
   물론 이 과정을 시작하기 위해서는 여러 개의 점, 즉 자료가 있어야 하겠지만 그렇다고 모든 점이 다 있어야 할 필요는 없다.
2. 이 과정에서 연필 대신에 모든 것을 볼펜으로 기록해 두기 :
   지금 여러분이 여러 자료 사이를 연결하는 선을 긋는 것은 어쩔 수 없이 임시적이고 추론적이라는 점을 명심해야 한다. 나중에 여러분의 판단을 재검토하고 재평가해야 한다는 필요성을 염두에 두고, 여러분이 처음 가졌던 생각이나 판단에 집착하지 않도록 하자.

4. 연구 관련 환경을 검토하자.

지금 여러분은 가지고 있는 몇 가지 자료들을 활용해서 연구 주제를 생각해 내고 연구 문제에 집중하고 있다. 이 과정에서 여러분은 논리적이고 윤리적인 요소들도 고려하며, 키워드 검색도 제대로 진행하고, 여러분이 발견한 점들을 어떤 방식으로 자료들과 연결하는지도 주의 깊게 살펴보고 있다. 이제 여러분은 연구가 진행되는 방향에 대해서 열린 마음으로 지켜보다 보면, 여러분 마음속에 아이디어가 조금씩 구체화되는 것을 알 수 있을 것이다. 그러나 연구 아이디어를 실제 연구프로젝트로 발전시키기 위해서 여러분은 아래에 소개된 몇 가지 현실적이고 물리적인 요소도 고려하지 않을 수 없다.

- **시간**: 여러분의 연구를 수행하는 데 있어서 현실적으로 남아있는 시간은 얼마나 되는지? 언제까지 반드시 이 프로젝트를 끝내야 하는지? 남아있는 시간을 고려하면 여러분의 연구 질문은 충분히 수행 가능한 것인지? 지금부터 연구 마감 때까지 남은 시간 동안, 이 연구프로젝트 말고도 여러분이 시간을 쏟아부어야 하는 또 다른 일은 없는지?
- **연구비**: 여러분이 제안한 이 연구를 수행하는 데 있어서 예상되는 비용은 얼마인지? 어떤 종류의 연구비를 신청할 수 있는지? 연구비에서 지원하는 연구 지출 항목은 구체적으로 어떤 것인지? 그것만으로 충분한지? 만약 충분하지 않다면, 연구 문제의 핵심은 지키면서도 해당 연구를 현실적으로 수행할 수 있도록 조금 재배치하는 방법은 있는지?
- **집필 속도**: 여러분은 촉박한 원고 마감일의 부담 속에서도 글을 잘 쓰는 연구자인지? 연구결과물을 학술논문으로 신속하게 완성하는 연구자인지? 아니면 연구 질문에 대해서도 시간을 두고 곰곰이 생각하는 스타일인지? 여러분이 제안하는 연구가 혹시라도 연구의 가치를 확보하기 위해서는 촉박한 시간 내에

완성해야 하는 그런 성격의 연구인지?

- 가족 구성원으로 해야 할 역할: 주변 사람들과의 관계가 연구에 필요한 시간 관리에 어떤 영향을 주는지? 여러분이 집에서 가족 구성원으로서 가지는 역할과 책임을 감안하면, 여러분은 어떤 종류와 규모의 연구를 수행할 수 있는지? 여러분은 누군가를 돌봐야 하는 위치에 있는지? 그래서 여러분은 자신의 연구를 짧은 단위 여러 개로 나누어서 좀 더 오랜 시간 동안 천천히 진행할 수 있도록 조정할 수 있는지? 아니면 여러분의 연구는 중간에 끊김 없이 한 번에 끝까지 가야지 완성할 수 있는 특성을 가지는지?
- 접근성: 연구를 수행하는데 필요한 자료들은 구할 수 있는지? 여러분이 소속된 대학의 도서관은 여러분에게 필요한 학술 온라인 DB를 구독하고 있는지? 소속 도서관 외 다른 아카이브나 기업 파일, 개별 학술논문 등 연구에 필수적인 것으로 판단되는 자료에 대한 접근성을 확보하고 있는지? 여러분이 제안한 연구는 혹시라도 정치적으로 민감한 주제는 아닌지? 만약 그렇다면 여러분은 특정 민감 자료에 접근하기 위해서 승인이 필요한지를 확인했는지?
- 위험 감수: 전쟁 지역이나 혹은 화산지대에서 자료를 구해야 하는 연구자들은 연구 자료 수집 과정에서 목숨을 걸고 일하는 경우가 있다. 여러분은 어느 정도의 위험까지 감수할 수 있는지? 여러분은 어떤 것에 불편함을 느끼는지? 예를 들어, 의

료시설이 갖추어지지 않거나 전기나 수도가 없는 지역에서도 오랜 기간 연구 활동을 할 수 있는지? 이 같은 어려움은 현실적으로 접근해야 한다.

- 역량: 여러분이 갖추고 있는 기술들은 무엇이 있는지? 여러분의 연구팀 전체의 역량은 어떤지? 여러분이 읽고 쓸 수 있는 외국어가 있는지? 이 연구를 수행하는데 필요한 어떤 종류의 전문적인 역량을 여러분은 갖추고 있는지?
- 인간 대상 실험과 연구: 여러분이 제안하는 연구가 혹시라도 소외된 사회 구성원이나 영유아처럼 스스로 자신을 보호하지 못하는 환경에 처해 있는 사람들과 관련 있는지? 여러분의 연구에 인간 대상 실험이 포함되어 있어서 혹시 연구 윤리위원회 승인이 필요한지? 연구를 진행하면서 비밀유지나 정보보안 등과 같은 특수한 어려움을 적절하고 엄격하게 대처할 준비가 되어 있는지? 연구 자료를 안전하게 보관할 수 있는지? 혹시라도 여러분의 연구가 연구 대상이나 자료를 위험에 빠트릴 가능성은 없는지?
- 성격: 연구자가 고려해야 할 가장 추상적이면서도 중요한 요소는 연구자인 여러분의 성격이다. '외향적'이거나 '내향적'이라는 이분법적 접근은 감수성을 구분하는 너무 단순한 도구이기 때문에 오히려 다음과 같은 질문을 해보면 좋다. 여러분 자신은 어떤 상황에서 여러분의 마음속 배터리가 제대로 충전되거나 완전히 방전되는 느낌을 받는지? 다양한 사회적 관계나

활동이 여러분의 감정에 에너지를 가져다주는지, 아니면 여러분은 차라리 혼자 있으면서 일하는 것을 더 선호하는지? 이런 점을 고려한다면 여러분이 하는 활동은 현실적으로 어떤 종류의 연구를 이끌어낼 수 있는지? 여러분의 연구는 장시간 혼자서 책을 읽어야 하는 상황을 필요로 하는지? 아니면 새벽부터 밤늦게까지 연구실에 박혀있거나 현장에 나가서 일해야 하는 상황을 필요로 하는지? 그러다 보면 자신을 위한 시간은 거의 없거나 아예 없는 상황은 아닌지?

여기서 중요한 것은 여러분 자신과 여러분의 정체성, 능력에 대해 고정된 본질주의적 접근을 하지 않도록 하는 것이다. 지금 당장 여러분 자신이 어떤 사람이라고 생각하는지에 상관없이, 연구라는 것은 연구자에게 끊임없이 도전할 뿐만 아니라 때로는 연구자를 변화시킬 수 있고 실제로 변화시키기도 하는 강력한 과정이고 경험이다. 그래서 연구 과정에서 여러분이 그동안 몰랐던 자신의 성격이나 특성을 발견하게 되더라도 너무 놀라지는 말자. 같은 맥락에서 연구자가 해당 연구프로젝트를 너무나도 중요하게 받아들이는 바람에 연구자가 자신 있는 영역을 넘어서면서까지 연구에 임하려는 강한 의지를 표출하는 경우가 있는데, 그런 몰입이나 집착은 상당히 강력한 경우가 많다.

한 가지 꼭 기억할 것은, 여러분 자신의 한계를 인식하고 그 한계에 맞춰서 연구에 임하는 것은 절대적으로 괜찮다는 사실이다. 그리고 비슷한 맥락에서 혹시라도 여러분에게 피해나 위험을 초래할 수 있는 그런 프로젝트는 굳이 진행하지 않아도 괜찮다.

그리고 무엇보다도 가장 중요한 점은, 이런 이유로 인해 연구를 지속하지 못하는 상황이 발생하더라도 그 선택이 여러분 자신을 포기하거나 여러분의 근본적인 연구 문제를 포기하는 것은 절대 아니라는 점을 잊어서는 안 된다. 앞서 이 책에서 여러 번 암시했듯이, 그리고 이 책의 후반부에서 더 깊이 있게 다루겠지만, 여러분이 수행하는 프로젝트가 아닌 다른 프로젝트에서 여러분의 '문제'를 발견할 수도 있고, 오히려 그 문제를 연구의 대상으로 삼아 의미 있는 연구를 성공적으로 수행할 수도 있다는 점을 염두에 두자.

연습 과제 결정을 내리는 복잡한 매트릭스

목표: 여러분의 성공적인 연구프로젝트 수행에 긍정적이든 부정적이든 가장 큰 영향을 주는 요소는 어떤 것인지를 마음속에 떠올려보고 여러분의 계획을 거기에 맞추어서 조정하기

[표 6] 연구프로젝트 수행에 영향을 주는 물리적 요소들

시간	가족 구성원의 역할	역량
연구비	접근성	인간 대상 실험과 연구
집필 속도	위험 감수	

위의 〈표 6〉은 몇 가지 실제적인 요소들을 제시하고 있다. 〈표 7〉을 참고로 해서 아래 안내를 따라가 보자.

1. 지금 여러분 생각으로 연구프로젝트의 성공에 영향을 줄 수 있는 모

든 요소의 목록을 만들어 보자. 최소 10개에서 최대 15개 정도를 목표로 해보자. 아래와 같은 식으로 문장을 만들면 좋다.

'나는 낯선 사람과 이야기하는 것을 좋아한다.' (성격)
'나는 월요일부터 금요일까지 매일 오후 3시에 아이를 어린이집에서 데리고 와야 한다.' (가족 구성원의 역할)
'나는 수학을 잘하고 통계도 좋아한다.' (역량)
'나는 ○○ 연구비를 받아야만 현장 연구를 수행할 수 있다.' (연구비)

2. 각각의 항목을 '긍정적' 항목과 '부정적' 항목으로 분류해 보자. 예를 들어, 여러분이 구상하고 있는 연구프로젝트가 상당한 수준의 인터뷰를 준비해야 하는 상황에서, 여러분이 사람들과 같이 있으면 힘이 나는 유형이고 낯선 사람들과 만나서 이야기 나누는 환경에서 에너지를 받는 타입이라면 여러분은 이것을 긍정적 요소로 분류할 수 있다. 하지만 사람들과 같이 있으면 상당한 스트레스에 시달리는 유형이라면 이것은 부정적 요소로 간주될 수 있을 것이다.

3. 여러분 생각으로 각각의 요소가 연구프로젝트에 영향력을 미치는 정도에 따라서 높은 영향력, 중간 영향력, 낮은 영향력으로 분류해 보자.

바로 위 2번의 '긍정적', '부정적' 요소 분류는 인간으로서 우리 자신에 대해 평가를 하는 것이 목적은 아니다. 사람의 경우, '외향적이냐', '내향적이냐'는 근본적으로 좋고 나쁘고의 문제가 전혀 아니다. 이 분류는 여러분이 구상하는 프로젝트와 인간으로서 여러분이 함께 공존할 수 있을지를 판단하는 것을 목적으로 한다. 그 궁극적인 목표는 여러분의 프로젝트의 틀을 구축하는 다양한 요소에 대해 솔직하고 진정성 있는 개괄적 모습을 보여주는 꼼꼼한 점검과 조사라고 할 수 있다.

[표 7] 결정 매트릭스 표 만들기

높은 영향력	요소 1	요소 2	요소 3	요소 4
긍정적 요소				
부정적 요소				
중간 영향력	**요소 1**	**요소 2**	**요소 3**	**요소 4**
긍정적 요소				
부정적 요소				
낮은 영향력	**요소 1**	**요소 2**	**요소 3**	**요소 4**
긍정적 요소				
부정적 요소				

이 외에도 다른 요소들을 추가해도 되고, 필요하다면 표에서 세로 단을 추가해도 된다. 도움이 된다면 이 요소들에 대한 대략적인 개요나 목록, 그리고 상황 설명을 제공해도 된다.

어떤 접근법을 택하든 여러분의 프로젝트를 수행하는 데 필요한 것을 계획하고 준비하는 과정에서 최대한 구체적인 것을 포함하면서, 여러분 자신의 능력과 한계에 대해서는 자신에게 최대한 솔직해질 필요가 있다. 어떤 요소들이 가장 결정적으로 작동했는지, 어떤 요소들이 가장 미미하게 작동했는지 각각 명확하게 표시해보자. 이렇게 작성한 우선순위 표를 활용해서 연구프로젝트의 다양한 유형 중에서 여러분이 성공할 확률이 높은 것을 찾아보도록 하자. 그런 다음에 여러분의 연구 질문들을 조정해보자.

✣ 자주 범하는 실수 ✣

1. 프로젝트를 완성하는데 걸리는 시간의 양을 과소평가하기
2. 연구 진행 과정에 실질적인 영향을 주는 개인적인 요소들은 배제하고, 단지 연구프로젝트 관련 전문적 요소들만 나열하기
3. 설문 조사나 자료 조사 과정에서 참가자들에게 영향을 미치는 '인간 대상 실험과 연구'와 같은 윤리적 요소들을 소홀히 하기

자문 그룹의 한 마디

"여러분의 결정 매트릭스는 완성되었나요?"

다양한 연구 시나리오들의 실현 가능성에 대한 여러분의 검토와 평가가 끝나고 이를 여러분의 결정 매트릭스 표 안에 적어놓은 다음에는, 이를 가지고 여러분의 자문 그룹과 상의해보자. 자문 그룹은 여러분이 미처 알지 못했던 자료들이나 연구 수단, 방법, 또는 예상되는 제약 등을 지적하거나, 여러분이 방문하기를 원하는 아카이브를 직접 이용해 보았던 전문가들을 소개해 줄 수도 있을 것이다. 여러분의 멘토와의 대화는 여러분의 연구 범주를 정교하게 다듬는데 효과적인 계기가 될 수 있다.

5. 플랜B의 두 가지 유형을 살펴보자.

당연히 우리는 모든 상황이 연구자 여러분에게 유리하게 진행되기를 바라며, 여러분이 수행하고 있는 연구도 순조롭게 진행되기를 기원한다. 하지만 그 과정에 문제가 발생하는 상황에 대비해서 플랜B의 대안을 준비해 놓는 것도 필요하다. 사실 연구자로서 우리가 하는 일의 많은 부분은 나중에 뒤돌아보면 의외로 플랜B로 진행되었음을 깨닫는 경우가 많다. 연구자의 유연성이 연구의 본질 중의 한 부분이라는 것을 가능하면 일찍 깨달을수록 좋다. 실제로 연구의 큰 즐거움 중 하나는 연구자가 목표를 이루는 여정에서 만나는 다양한 난관을 민첩하게 피해가거나 다양한 도전을 하나씩 극복해 가는 순간들이다. 아래 두 가지 시나리오를 염두에 두자.

1) 첫 번째 상황: 동일한 문제이지만 다른 사례

만약 여러분이 제대로 된 문제는 찾았는데 여러분이 구상하는 연구프로젝트가 현실적으로 실행 가능성이 없으면 어떻게 해야 할까?

이 책의 저자인 스탠퍼드대 토머스 멀레이니 교수가 개설한 '정보의 역사' 수업을 듣는 학생 한 명이 기말페이퍼 주제와 관련한 상담을 하려고 교수 연구실을 방문한 적이 있었다고 한다. 그 학생은 사회운동과 저항, 그리고 SNS로 활동하는 단체들과 예전 방식으로 활동하는 단체들 사이의 관계에 관심이 많았다. 이 두 그룹의 단체들의 관계는 어떻게 만들어질까? 해당 학생은 2012년 흑인 범죄자에 대한 경찰의 과잉 진압에 항의하면서 시작된 운동인 '흑인 목숨도 소중하다.'(BLM: Black Lives Matter) 운동과 이 운동에서 제기하는 문제들이 어떻게 구축되었는지에 특별한 관심이 있었다. 예를 들어, 'BLM 운동은 어떻게 온라인 조직 운영과 홍보 전략을 활용해서 실제로 현장에서 이루어지는 거리 시위나 저항 운동을 지원하고 있었을까?' 등과 같은 질문이었다.

그런 주제나 문제 제기는 상당히 뛰어나지만, 방법론적 접근법에 난관이 많다는 문제에 직면했다. 즉, 이 학생이 앞으로 몇 달 동안 BLM 운동에 참여하는 사람들을 인터뷰하고, 참여하는 사람들의 인종적 배경을 조사하고 사람들의 신뢰를 얻어서 그들로부터 개인적인 이야기를 이메일로 받고 활동 자료나 기록도 받을 수 있다면 더할 나위 없이 뛰어난 연구프로젝트가 될 수 있을 것이다. 그러나 이 학생의 기말페이퍼 마감이 고작 몇 주 밖에 안 남은 데다, 관련한 개인적인 자료에 접근할 수 있는 방법도 없고, 신뢰할만한 연구 기반 확보를 위해 현장에 나가 다양한 배경 조사를 수행할 시간도 충분하지 않은 상황이었다. 학생이 가지고 있던 질문들은 정말 뛰어나고 유용했지만, 학생이 구상했던 연구를 수행하기에는 여러 가지 현실적인 상황이 따라주지 못했다. 아무리 경험이 풍부한 연구자라고 하더라도 이 같은 연구프로젝트 주제의 깊이와 무게감을 제대로 살리면서 몇 주 만에 연구를 완성하는 것은 거의 불가능할 것이다.

그렇다며 어떻게 해야 할까?

이 기말페이퍼 주제를 포기하는 대신, 그 학생과 멀레이니 교수는 계속해서 상담을 이어가면서 이 주제의 근본에 자리 잡고 있는 본질적인 문제를 다루어보려고 노력했다. 'SNS'나 '온라인 사회운동 조직' 등의 용어에 지나치게 집착하지 않으면서 두 사람은 그 기저에 놓여있는 현안을 확인하려고 했다. 즉, 'SNS'나 '온라인 사회운동 조직' 같은 용어가 구체적으로 가리키는 것은 무엇일까? 그 학생의 관심은 근본적으로 트위터나 페이스북과 관련이 있는 것일까? (반드시 그런 것은 아닐 수 있을 것이다) 그렇다면, 예를 들어 1910년대나 1960년대에 'BLM' 운동이 일어났다고 가정한다면, 전화나 전보 같은 당시 통신기술도 이 연구의 흥미로운 분석 대상이 될 수 있을까? (아마 그럴 가능성은 있을 것 같다.)

그럼 그보다 더 초창기의 시민 인권운동은 어떠했을까? 여전히 초점은 '흑인 목숨도 소중하다.'(BLM) 운동에 놓였을까, 아니면 역사적으로 거슬러 올라가서 그보다 더 이전의 인권운동도 유효할까? (그럴 수 있다. 그러나 그 당시의 인권운동도 인종차별의 문제를 구체적으로 다룬 경우에만 해당할 것이다.)

이런 연습은 학생들이 자신의 질문의 기저에 놓여있는 핵심적인 '문제'를 매우 빨리 확인하는 데 큰 도움이 된다. 이렇게 되면 이제 연구자는 자신의 핵심 '문제'는 훼손하지 않으면서도, 고려해야 하는 수만 가지의 다양한 사례의 판도라 상자를 여는 것과 다를 바 없게 된다. 그중 몇 가지 예시를 보면, '1960년대 미국 흑인 인권운동인 '프리덤 라이더스'(Freedom Riders)나 마틴 루터 킹 주니어(Martin Luther King Jr.) 목사, '비폭력 학생 협력위원회'(Student Nonviolent Coordinating Committee) 등이 자신들의 활동 과정에 통신기술을 어떤 방식으로 활용했는지?' 아니면, '20세기 초 인도의 민족해방운동 지도자인 마흐트마 간디(Mahatma Gandhi)나 1962년 '전국농장노동자협회'(NFWA)를 결성한 세자르 차베스(Cesar

Chavez)는 어떻게 했는지?', '특히 이들 조직은 시위나 데모 같은 단체 행동을 미리 연락하고 조율하는 차원을 넘어서 현실에서 발생하는 다양한 긴급상황에 대처하는 과정에서 어떤 방식으로 통신기술을 활용했는지?', '예를 들어, 조직 간부들의 체포나 물리적 비상상황에 대한 대처나, 계속해서 변하는 소통 환경에서 언론들과의 연락이나 보도 협조 등은 어떻게 대응했을지?' 그 시절에 비하면 오늘날 인터넷 세상에서 이런 활동들은 아주 기본적인 절차가 되었다.

그런 관점에서 보면 이 연구프로젝트를 수행하는 것은 수년에 걸쳐서 인종적 배경에 관한 연구를 진행하거나 인권 운동가들의 개인 일기를 구하느냐 마느냐에 달린 것은 아니라는 것을 알게 된다. 이미 이 학생은 연구의 기저에 놓여있는 본질적 문제를 인지했기 때문에, 이 문제를 다른 방식으로 접근하는 것이 가능할 수 있었다. 그래서 연구자가 주제와 관련 있는 1차 핵심 자료를 도서관 부근의 아카이브나 박물관, 대학 캠퍼스 안의 아날로그 형태의 자료이든, 아니면 아예 온라인 아카이브에 있는 자료이든 어쨌든 찾을 가능성이 상당히 커진다.

연구자가 연구 문제의 사례 하나보다는 연구 문제의 본질적 핵심이 무엇인지를 파악하는 것은, 연구자가 연구의 중심을 잊어버리거나 내려놓지 않으면서도 모든 지역과 시간, 그 어떤 커뮤니티이든 마음대로 돌아다닐 수 있는 만능여권을 확보하는 것과 같다. 더욱이 학생이 멀레이니 교수와 상담한 이후에, 'BLM' 운동과 관련되어 있음에도 지금까지 거의 알려지지 않았던 1차 핵심 자료들을 우연히 발견하게 되었더라도 이 같은 내적 성찰의 과정을 통해 학생은 이 주제에 통찰력 있게 접근할 수 있게 된다. 그리고 이 통찰력은 연구 질문에서 가장 핵심적인 관건이 무엇인지를 깨달아야만 얻을 수 있다. 예를 들어, 'BLM'의 조직 전략이 근본적으로 이전에 유사한 사례가 없는 경우라고 하더라도, 온라인 SNS와 다양한 소셜미디어의 등장 덕분에 이제 그 학생은 '온라인'과 '오프라인' 소통의 방법을 보다 폭넓은 역사적 맥락, 즉, 첨단 네트워크 기술로 중재되는 새로운 소통 방식과 현장 중심의 사회운동 조직의 맥락에 놓을 수 있게 된다. 이 둘 중에 어느 방향으로 가든 학생의 연구는 문제의 핵심을 이해하는 데 큰 도움이 될 수 있을 것이다.

요약하자면, 연구에서 현실적이어야 한다는 것이 반드시 여러분의 이상적인 목표를 포기해야 한다는 것은 아니다. 때로는 비현실적인 사고가 오히려 실행 가능한 연구프로젝트로 이어지는 경우도 많다. 여러분의 연구 열정과 목표가 여러분의 물리적 연구 자료의 현실을 너무 앞서가더라도 결코 희망을 포기하지는 말자. 그냥 여러분의 연구프로젝트와 핵심 질문의 기저를 이루고 있는 본질적인 문제로 돌아가서 여러분이 탐구하고 도전할 수 있는 또 다른 연구 사례를 찾아보면 된다.

2) 두 번째 상황: 동일한 주제이지만 다른 프로젝트

만약 여러분이 구상하는 연구프로젝트가 이론적으로는 마무리되었는데 그것이 여러분이 아닌 다른 사람에 의해서라면 어떻게 해야 할까?

'흑인 목숨도 소중하다.'(BLM) 운동의 사례에서 볼 수 있듯이, 핵심 문제를 알고 있다는 것은 연구자가 다른 연구 사례에서도 핵심 문제를 정확하게 찾아낼 수 있다는 것이기도 하다. 예를 들어, 여러분이 전적으로 브라질이나 여성 문학에만 관심이 있다고 생각하고 있었는데, 여러분의 연구 문제를 찾아가는 과정에서 '브라질'과 '여성 문학' 두 가지 모두가 여러분이 찾고 있는 문제의 사례에 해당한다는 것을 깨닫게 된다. 이 같은 깨달음을 통해 여러분의 연구프로젝트를 처음에 생각했던 것과는 다른 다양한 방법으로 접근하고 찾을 수 있는 유연성을 얻게 된다.

그러나 여러분이 선택한 사례들에서도 자료의 문제나 시간의 문제를 뛰어넘는 다른 종류의 한계에 직면할 수 있다. 여러분의 연구 문제에 관한 올바른 사례를 선택하는 것 또한 개인적인 성향이나 기질의 문제이기 때문에, 연구자로서가 아니라 여러분의 개인적인 성향에 잘 맞는 사례를 찾아야 할 필요도 있다. 예를 들어, 현대 사회의 주변부에 사는 사람들의 내적 삶을 여러분이 이해하려고 한다고 가정해 보자. 여러분이 거주하는 도시에서 노숙자들의 집단거주지에 사는 사람들이나, 미국 중서부 자동차 산업의 중심지였던 디트로이트부터 북동부 철강산업의 메카인 피츠버그에 걸쳐있는 '러스트 벨트'(Rust Belt) 지역의 청년 실직자들, 정신 건강의 어려움을 겪고 있는 사람들이나 불법 이민자들이 이에 해당한다. 사회적으로 소외된 약자들이다 보니 우리가 그들을 이해하는 것과는 달리, 이들은 자신들의 이야기를 스스로 만들어낼 힘이 부족하거나 거의 없는데, 여러분은 이 점을 감정적으로나 학문적으로 매우 안타까워할 것이다.

그러나 또 한편으로 여러분이 사회적 염려나 불안감에 시달리는 매우 내성적인 사람이라고 가정해 보자. 그렇다면 오랜 기간 상당한 규모의 현장 조사와 많은 사람과 인터뷰도 해야 하는 그런 사례 연구를 수행할 수 있는 준비가 되어 있을까? 여러분이 상당히 오랜 기간 사랑하는 가족들로부터도 떨어져 있고 여러분의 일상생활로부터도 벗어나야 할 뿐만 아니라 여러분이 도움을 받을 수 있는 환경과도 단절된 곳에서 일해야 한다면 여러분은 감당할 수 있을까? 이런 식으로 새로운 일에 몰두해야 하는 상황에서 스스로 잘 버티어낼 수 있을까?

만약 여러분의 대답이 긍정적이라면 이 사례 연구는 여러분에게 잘 맞을 수 있다. 그렇다고 여러분의 대답이 명확하게 긍정적이지 않다고 해서 상처받을 필요는 전혀 없다. 그보다 더 중요한 것은, 자기 자신을 부정하지 말아야 한다는 것이다. 물론 걱정은 될 수 있다. 만약 이 사례 연구를 포기한다면 어쩌면 여러분의 연구 문제 자체를 포기하는 것 같은 두려움이 엄습하겠지만, 실상은 전혀 그렇지 않다. 여러분이 연구 문제와 계속해서 발맞춰 나아간다면, 그리고 연구 문제가 정확하게 무엇인지 이해하고 있다면, 여러분을 흥분시키기도 하고 절망하게도 하는 본질적인 연구 문제를 제대로 파악하는 것을 포기하지 않으면서도 상당한 정도로 여러분의 연구 사례를 다른 것으로 바꾸는 것도 충분히 가능하다. 혹시라도 그것을 어떻게 해낼 수 있을지 자신이 없다면, 여러분의 연구 문제의 핵심을 이해하는 데 도움이 되는 내적 성찰의 노력을 조금 더 다시 시작해보자. 여러분의 연구에 동기를 부여하는 요소에 대해 조금 더 통찰력을 가지고 생각하다 보면 강렬하고 적절한 또 다른 사례를 의외로 쉽게 찾을 수도 있을 것이다.

자, 지금까지 연구프로젝트가 정상 궤도에서 벗어날 수 있는 흔한 경우와, 또 한편으로 문제의 중심을 잘 잡는 방법 몇 가지를 살펴보았는데, 이제 제대로 작동하는 연구 프로젝트를 만드는 데 필요하고 중요한, 실질적이고 세밀한 준비 과정을 검토해보자. 대표적인 준비로는 여러분의 연구 공간을 설정하고, 여러분 연구에 꼭 맞는 도구를 고르고, 여러분의 필요성에 부합하는 연구프로젝트 진행 일정을 계획하는 것 등이 있다.

6. 적절한 연구 공간을 만들자.

연구는 일종의 공예 작업과 같다. 그래서 공예가로서 연구자는 자신의 연구 공간을 자신이 좋아하는 방식으로 준비하는 것이 중요하다. 혹시 여러분 친구 중에 전문 예술가나 음악가가 있다면 이런 사람들이 얼마나 자신의 악기나 도구, 작업 패턴이나 습관에 관해 이야기하는 것을 좋아하는지 여러분도 잘 알고 있을 것이다. 화가들은 완벽한 붓 하나를 구하는데 온 정성을 기울이고, 바이올린 연주자는 완벽한 바이올린 줄 조율에 목숨을 걸며, 오보에 연주자에게 완벽한 리드는 실과 바늘의 존재이며, 요리사에게는 완벽한 주방용 칼이, 낚시꾼에게는 미끼가, 그리고 정비공에게는 정비 도구가 그런 존재일 것이다.

시간을 가지고 여러분의 연구 환경의 구성과 디자인을 한번 꼼꼼히 살펴보다 보면 분명 여러분 자신에게 고마워할 것이다. 여러분은 이 연구 공간에서 다양한 도구들을 사용하면서 상당히 많은 시간을 보내고 있는데, 우리가 앞의 1장에서 논의했던 이야기 중에, 질문과 관련해서라면 작은 것으로 시작하는 것이 제일 좋다는 이야기를 여기서 다시 한번 떠올려보자. 예를 들어, 가게를 개업할 때는 세부적인 디테일이 중요한 경우가 많다. 몇 가지 소소한 소품을 제대로 갖추는 것만으로도 효과적인 동기부여와 생산성, 그리고 행복감으로 이어지면서 만족스러운 결과를 거두는 경우가 많다. 가게나 연구 공간이나 자신이 일하는 물리적 환경에 적절한 관심과 애정을 가지는 데에는 피상적인 것은 없다. 왜냐하면, 적절한 작업 환경은 여러분의 건강과 연구에 실질적으로 영향을 주기 때문이다.

여러분이 가용할 수 있는 자료들과 여러분이 이루고자 하는 목적을 감안해서, 어떤 연구 도구들이 비용을 투자하면서까지 갖출 만한 가치가 있는지 검토해보자. 여러분의 연구에 상당한 분량의 인터뷰가 필요한 상황이라면 마이크와 녹음기, 파일 저장 메모리, 그리고 저장 파일을 불러올 수 있는 노트북 등은 꼭 필요할 것이다. 현장에 나가서 필기가 아니라 구술 방식으로 기록을 남길 예정이라면 여러분이 녹음한 내용을 텍스트로 바꾸어 주는 성능 좋은 음성-텍스트 전환 소프트웨어와 사용 시간이 긴 보조 배터리도 구입하고 싶을 것이다. 전문 피아니스트라고 하면 우리 대부분이 자동차 구입에 투자하는 비용보다 훨씬 더 큰 비용을 지불하면서까지 좋은 피아노를 구입하려고 할 것이다. 왜냐하면, 피아니스트에게 좋은 피아노는 결코 사치가 아니기 때문이다. 연구지원금을 많이 수주한 연구자라면 더 많은 조교와 연구원을 채용해서 더 큰 결과를 만들어낼 수 있겠지만 이는 모든 연구자가 누릴 수 있는 조건은 아니다. 여러분이 원하는 것보다 여러분에게 필요한 것이 무엇인지를 고려해보도록 하자. 그렇게 해야만 지금 여기서 여러분에게 가장 완벽한 연구 공간을 만들어 낼 수 있을 것이다.

요리용 명품 칼이나 서예에 필요한 고급 붓이 정말 필요한 사람을 만나게 되면, 음식 준비나 예술 작품 창작이 점점 더 즐겁고 매력적인 과정이 될 뿐만 아니라 때로는 보기에도 꽤 수월한 작업이 될 수 있다. 이 같은 특성은 연구자인 여러분에게도 마찬가지이기 때문에 여러분의 연구 도구와 연구 공간에 대해서도 곰곰이 생각해보면서, 연구 공간이 제대로 작동할 수 있도록 만드는데 필요한 몇 가지 조건들을 살펴보자.

1) 적절한 연구 도구

여러분이 논문을 손으로 집필한다면 볼펜이나 연필이 중요한 도구가 될 것이다. 연필심의 흑연 진하기 정도가 여러분에게 맞는지? 연필심이 너무 흐리거나 쉽게 부러지지는 않는지? 여러분의 볼펜이나 연필 겉면에는 여러분이 깨물었던 치아 자국은 있는지? 혹은 잉크가 흘러서 묻은 자국은 있는지? 그리고 그런 것도 여러분에게 신경 쓰이는 조건인지? 글쓰기를 하는 여러분의 손은 어느 정도 시간이 지나야 피로감을 느끼는지? 여러분은 가죽 표지로 된 25불짜리 고급 공책이 있어야만 글쓰기에 몰두하는 타입인지, 아니면 동네 문방구에서 파는 비닐 커버로 된 2불짜리 싸구려 공책만 있어도 글을 잘 쓰는 타입인지? 그런데 이런 종류의 판단과 결정이 실제로는 큰 차이의 결과를 초래할 수 있다. 이 공책 하나가 여러분의 집필 작업에 더 많은 의미를 부여하는 동기부여가 된다면, 한 권의 공책은 실제 여러분의 집필 과정에도 상당한 에너지 원천이 될 수 있다. 이 공책은 여러분이 지나치게 속도를 내지 않도록 하면서, 여러분이 시간을 가지고 자신의 연구 아이디어를 곰곰이 씹어볼 수 있도록 하는 영감의 순간이다. 그러나 이와는 대조적으로 가죽 표지에다 책처럼 제본이 된 고급 공책이라면 살짝 부담스럽거나 두려울 수도 있다. 왜냐하면, 여러분이 고급스러운 공책에 필기하려고 할 때마다 마치 공책의 비싼 가격이나 고급스러운 디자인에 여러분이 주눅이 들 수도 있기 때문이다. '나쁘기만 해 봐라.'라는 짜증스러운 생각이 머릿속을 스쳐 지나가는 것 같다. 머릿속에 스쳐 지나가는 생각은 학술지에 실릴 만한 가치는 없다고 여러분 스스로 믿으며, 나중에 진정 가치 있는 이야기를 하는 순간을 위해 빈 페이지를 깨끗하게 그냥 남겨놓아야 한다고 생각한다. 모든 생각은 완벽해야 하고, 문장 하나하나는 모두 반짝여야 한다. 초안이나 파편적인 생각이 논문에게 민폐를 끼쳐서는 절대 안 된다. 종이 선택도 정말 조심해야 한다. 그런데, 글을 쓰거나 메모를 기록하는 것은 이미 그 자체로 힘든 일이기 때문에 집필하는데 이런 식의 금지사항이나 강제사항이 늘어나는 것은 좋지 않다. 아마 책상 위의 필기용 작업대도 최대한 편한 것을 선택하는 것 정도는 고려할 수 있을 것이다.

이 모든 것은 어쩌면 별로 중요하지 않아 보일 수 있겠지만, 사실 여러분의 연구 공간은 모든 면에서 여러분의 집필 의욕이나 동기부여에 영향을 주며, 여러분이 열정을 조금씩 잃어버리는 속도에도 영향이 있고, 여러분의 글의 수준이나 어조에도 영향을 준다. 그리고 손바닥만 한 수첩 같은 것을 사용하면 아무래도 무의식적으로 답답한 느낌에 시달릴 수도 있어서 분명 여러분의 연구도 영향을 받게 된다. 여러분의 아이디어가 날개를 펼칠 공간이 좁으면 결국 여러분 스스로 자기 생각을 계속해서 제어하거나 잘라낼 수밖에 없다. 그리고, 들고 다니기 불편한 큰 스케치북이나 와이파이 연결이 항상 필요한 스마트폰의 음성-텍스트 전환 앱 같은 것도 자칫 불편하고 번거로우면 오히려 글을 쓰려는 횟수 자체가 줄어들 수도 있다. 결론적으로, 다른 예술가나 음악가, 공예가들처럼 여러분도 연구에 필요한 도구를 선택할 때는 최대한 까다로워도 될 권리가 충분히 있다.

2) 적절한 집필 시간

집필 작업은 언제 하는 것이 좋을까? 구체적으로 말하자면 오전, 오후, 저녁 중 언제쯤 어떤 종류의 집필 작업에 집중하는 것이 좋을까? 이에 대한 답은 연구자마다 다르겠지만 공통적인 대원칙이 하나 있다. 여러분 머릿속이 맑고 집중력이 강할 때는 힘들고 어려운 집필에 도전하고, 피곤하고 집중력이 떨어질 때는 가능한 머리를 쓸 일이 없는 내용을 집필하도록 하자. 아침이나 늦은 밤 정신이 초롱초롱할 때는 새로운 문장이나 문단을 쓰기 시작해도 좋다. 이외의 나머지 시간대에는 우리 대부분 피로해지거나 집중력이 방해받게 되는데, 바로 이럴 때는 논문의 각주를 정리하거나 철자오류를 확인하는 작업처럼 창의적이지 않아도 되는 작업을 하면 좋다.

논문 집필도 나름대로 사계절의 리듬을 가지고 있기 때문에, 마치 토양이 재생될 수 있도록 일정 기간 농사짓지 않고 그냥 놔두는 휴한지처럼 연구프로젝트도 그냥 아무것도 하지 않고 시간을 흘려보내야 하는 경우가 있다. 여러분도 잠시 멈추고 밖으로 나가 산책이라도 해보자. 영화를 보거나 운동을 하는 것도 방법이고, 간식을 먹거나 잠시 낮잠을 자는 것도 나쁘지 않다. 이렇게 하면 여러분은 마치 연구할 소중한 시간을 낭비하는 것처럼 느낄 수 있고 실제로도 그렇게 보일 수 있겠지만, 여기서 진실은 그렇게 하더라도 여러분의 마음은 여전히 논문 집필이라는 그림 맞추기 퍼즐 게임을 풀고 있는 중이라는 것이다. 게다가, 더 중요한 점은 이 과정에서 여러분이 의식적으로 노력한 것이 전혀 아닌데도 불구하고 연구 관련해서 복잡한 매듭을 자연스럽게 푸는 방법을 문득 깨달을 수도 있다. 이런 상황은 실제로 종종 경험하게 되는데 연구자는 마치 다른 사람이 문제를 대신 풀어주거나 아니면 복잡한 네트워크의 비밀번호를 해킹해서 알려준 것 같은 느낌으로 다시 자신의 논문 집필로 돌아갈 수 있게 된다. 연구자를 압도할 만큼 복잡하거나 설명하기조차 어려웠던 문제가 갑자기 막힘없이 자연스럽게 흘러내려 가는 그런 느낌이라고 할 수 있다.

논문 초안 작성이 끝나면 다른 사람이나 첨단 기술을 활용해서 논문 초안을 대신 읽어달라고 부탁할 수 있다. 여러분이 쓴 원고를 처음부터 끝까지 다시 읽을 엄두가 나지 않는다면 친구에게 여러분이 들을 수 있는 정도의 목소리로 원고를 한번 읽어달라고 부탁해

보자. 아니면 아무리 친한 친구 사이라 하더라도 그런 부탁이 부담스럽다면, 텍스트 파일을 입력하면 오디오로 변환해서 읽어주는 컴퓨터 프로그램을 활용해보는 것도 나쁘지 않다. 소파에 몸을 맡기고 앉아서나 아니면 편한 자세로 서서 여러분의 초고 원고를 누군가가 읽어주거나 때로는 웃길 정도로 어색한 컴퓨터 목소리로 읽어 내려가는 것을 한 번 들어보자. 이 과정에서 여러분이 그동안 자신의 초고 원고에 너무나도 익숙해져서 스스로 읽을 때는 전혀 발견하지 못했던 오타나 어색한 표현을 귀로 들으면서 의외로 쉽게 찾아낼 수 있다. 원고를 듣다 보면 분명 뭔가 느낌이 어색하거나 흐름이 어색한 부분이 여러분의 귀에 걸리게 되어, 다시 원고 앞에 앉아서 해당 부분을 찾아내고 수정할 수 있게 된다.

여러분이 원고를 읽을 때의 어조도 한번 주의 깊게 살펴보자. 원고의 어조가 서정적이고 침착한지, 아니면 서두르고 성급한 느낌이 드는 부분이 있는지? 아니면 저자의 자아도취로 인해 제멋대로 같은 문장이 계속 이어지는 부분은 없는지? 필요 이상으로 장황하게 설명을 나열하는 부분이나 다음 문장과 연결이 어색할 정도로 긴 문장은 없는지? 또는 문단 하나에 거의 비슷한 길이의 문장이 너무 많이 들어가는 바람에 흐름의 단조로움이 생기는지, 그래서 변화가 절실히 필요한 것은 아닌지? 등을 확인하도록 하자.

만약 다른 사람이 여러분의 원고를 읽어준다고 하더라도 마치 파일을 컴퓨터 저장 드라이브에 내려받는 것처럼 그 사람이 여러분의 원고를 자동으로 자신의 마음속에 받아들이는 것은 결코 아니라는 점을 명심하자. 글을 읽는다는 것은 하나의 경험이며, 그 글을 읽는 사람의 경험이 보람되고 알찬 경험이 되도록 하는 것은 결국 글을 쓴 여러분에게 달려 있다.

연습 과제 사소한 준비로 대박 나기 (연구계획서 준비하기)

목표: 여러분이 지금까지 열심히 쌓아 올린 잠재적 에너지 전체를 한 방에 효과적으로 터뜨리기 : 여러분의 연구 취지에 동의하고 응원할 수 있도록 다른 사람을 설득시키기 위해, 여러분이 진행 중인 연구프로젝트에 대한 공식적이고 미래지향적인 연구계획서를 작성한다. 이 단계에서 작성하는 연구계획서는, 여러분의 연구에 관해 다른 사람들이 과연 어떤 부분에 주목할지를 예상하는 여러분의 전제를 더욱더 정확하고 구체적으로 다듬어 줄 것이다. 지금 이 단계에서 이렇게 하는 것이 약간 성급하다는 생각이 들 수도 있겠지만 우리를 한번 믿고 따라 해보기 바란다. 연구 과정에서 아주 자연스러운 한 부분이다.

지금까지 이 책에서는 논문 저자의 내적 성찰의 중요성을 강조하고, 다른 사람들이 여러분의 연구를 어떻게 생각할지는 신경 쓰지 말라고 조언하면서, 그 대신 여러분의 본능과 직감을 확인하고 믿어야 한다고 강조했다. 그러나 자료 검색 결과를 보면서 1차 핵심 자료를 분석하는 동안에도 여러분의 목표는 연구프로젝트를 여러분 내면에서 외부를 바라볼 뿐, 외부에서 여러분 내면으로 접근하게 되지는 않는다.

그래서 이번에 잠깐이라도 연습할 내용은 여러분이 외향적인 사람이 되어 보는 것이다. 내성적인 여러분이 지금까지 해온 자신의 내면과의 대화를 밖으로 끄집어낸다고 가정을 하고, 가상의 독자들에게 연구프로젝트를 지금 여러분이 할 수 있는 한 최대한 일관되고 설득력 있게 설명하는 연습을 해보자. 여기서 중요한 것은 여러분이 충분히 준비되기 전에 해보는 것이다.

- 여러분의 연구프로젝트의 제목은 무엇인가?
- 여러분의 핵심 연구 질문은 무엇인가?
- 왜 다른 학자들은 자신의 연구에서 여러분의 핵심 연구 질문을 제기하지 않았거나 이에 대한 답을 찾지 못했을까?
- 여러분의 연구 질문에 대답하고 연구 문제를 설명하는 데 필요한 1차 핵심 자료들은 무엇인가?

여기서 조심해야 할 것은, 여러분이 이 질문들에 대답할 준비가 되었다고 아직은 느끼면 안 된다는 점이다. 그래서 오히려 작은 위안이 되기도 한다. 사실 대답할 준비가 되어서는 안 된다. 아직까지 완성하지 못하고 여전히 만들고 있는 연구프로젝트의 핵심을 어떻게 설명해야 할지를 벌써 안다는 것은 말이 안 된다. 하지만 이런 것에 조바심을 낼만큼 시간적 여유가 많은 것은 아니다. 이런 상황을 한번 상상해보자. 인생에서 아주 중요한 시험이나 정말 가고 싶은 회사의 면접 날 아침인데, 하필 바로 전날 밤에 정전이 되면서 여러분의 전자 알람시계가 꺼졌거나 여러분의 스마트폰 배터리가 이미 방전되었다고 가정해 보자. 여러분이 침대에서 눈을 뜨고 창밖의 햇빛을 보자마자 마치 큰 쓰나미 파도 같은 현실 자각이 훅 들어온다. '빨리 나가야 해!'

지금 연구프로젝트의 제목이 없다면 하나 만들면 된다. 필요한 1차 핵심 자료 중 최종적으로 사용할 목록을 아직 확정하지 않았다면 이제 결정하면 된다. 여러분의 연구가 후속 연구에 어떤 영향을 줄 수 있는지에 대한 생각을 아직 정리하지 못했다면 그냥 입을 열고 이야기를 시작하면 된다. 이미 무대의 커튼은 올라갔고, 여러분은 무대 위에 서 있고, 관객석에 앉아있는 관객들은 여러분을 기다리고 있다. 결론적으로 말하자면, 여러분이 연구 과정에서 실제보다 훨씬 많은 진척을 이루었다고 잠시 상상을 해보자. 그리고 연구비를 지원하는 기관 관계자들이 매년 신청받아 심사하는 우수한 수많은 신청서 중에서 여러분의 연구프로젝트를 지원 대상으로 선정할 수 있도록 그들을 설득시켜 보자.

그렇다면 우리는 도대체 왜 이런 노력을 추천할까? 원래 이 책의 핵심은 결국 내적 성찰과 인내, 집중, 이런 거 아니었던가? 틀린 말은 아니지만, 다음 두 가지 중요한 핵심을 놓치지 않도록 하자.

첫째, 연구는 상상력이 필요하다. 물론 연구에는 뛰어난 능력과 끈기, 정직함 같은 다른 역량도 중요하다. 그리고 필기해야 할 내용도 엄청나게 많으며, 많은 것을 꼼꼼하게 기록하고 관리해야 하며, 사실 확인이나 인용 등도 간과해서는 안 된다. 하지만 그렇다고 연구가 단순히 글로 옮기거나 속기사처럼 속기로 남기거나 기존의 아이디어를 정확하게 복제하는 것은 결코 아니다. 연구의 성패는 결국 아직 존재하지 않는 현실과 아이디어를 마음속으로 그려낼 수 있는 연구자의 역량에 달려 있다. 그리고 이 현실이나 아이디어가 아직 존재하는 것은 아니기 때문에, 아무리 열심히 준비한다고 하더라도 연구자를 100% 완벽하게 준비시켜 주지는 못한다.

결론적으로, 그 어떤 연구자도 연구를 시작하기 충분할 정도로 이미 지식을 갖춘 사람은 없다. 아래 속담은 앞으로 몇 년에 걸쳐서 연구를 마무리해야 하는 연구자나 몇 주 안에 연구를 마무리해야 하는 연구자 모두에게 똑같이 적용될 수 있을 것이다. “여러분이 아직 시작조차 하지 않았다면, 끝내는 것은 불가능할 것이다.” 이는 반직관적인 맥락이기도 하다.

여러분이 구상하는 책의 한 페이지라도 쓰기 전에 먼저 제목부터 정해 보자. 여러분이 찍는 다큐멘터리 영화의 한 장면이라도 촬영하기 전에 먼저 제목부터 만들어 보자. 한 걸음 더 나아가서, 아직 여러분이 완성하지도 않은 책의 서평을 먼저 써 보자. 그리고 여러분 책 뒤표지에 들어갈 책의 짧은 소개 글도 한번 써보자. 그리고 이를 반박하는 글도 한번 써보자.

혹시 여러분은 앞서 우리가 논의했던 이야기 중에, "알지는 못하지만 말하는 여러분 마음속의 '실천적인' 부분"과 "알고는 있지만 말하지 못하는 여러분 마음속의 '직관적인' 부분"에 대한 논의를 기억하는지 궁금하다. 이 책에서 지금까지는 연구자의 직관적인 측면에 집중해 왔는데, 앞서 '풍수'를 연구 주제로 삼으려는 학생과 관련한 논의처럼 여러분이 직감을 무시하거나 의식적으로 억누르려고 하면 제대로 연구를 시작조차 못 하거나 어긋난 계획을 무리하게 추진하는 위험성이 발생한다. 그렇지만 여러분이 '직관적인' 측면에 먼저 귀를 기울이면 오히려 '실천적인' 측면의 일은 훨씬 수월해질 수 있다. 왜냐하면, 결과적으로 통찰력이 풍부해지기 때문이다.

이제 여러분은 무엇을 해야 할지 파악했기 때문에 여러분의 실천적인 측면은 뒤에서 잠시 휴식을 취하도록 하자. 거대하고 심각한 담론을 앞에 내세우면서 여러분의 직관적인 측면의 목소리를 억누르거나 짓밟아 버리는 대신, 여러분의 실천적인 측면이 여러분의 직관적인 측면과 협업하고 지원하는 역할을 수행하도록 하자.

그리고 나면 뭔가 깜짝 놀랄만한 일이 생길 것이다. 처음에는 여러분이 명확한 개념을 내세우는 문장을 쓸 때마다 위축될 수 있다. 왜냐하면, 여러분 마음속 저 깊은 곳에서는 아직 이 모든 게 제대로 정리되지 않은 상태라는 것을 누구보다도 잘 알기 때문이다. 이런 상황에서 여러분 스스로가 자신에게 확신을 강요하다 보면 어느 순간, 마치 자신이 사기꾼 같은 느낌도 들 것이다.

바로 그때, 여러분은 자신을 잠시 멈추게 한 다음, 생각하게 만드는 문장 한두 개를 쓰기 시작한다. 그리고 나서 '잠깐, 이거 그리 나쁘지 않은

데?'라는 생각이 머릿속에 번쩍일 것이다. 논문의 모든 문장이 빛나는 스타급 문장일 필요는 없으며, 여러분이 쓴 이 문장들도 그리 나쁘지 않다는 걸 깨닫게 된다. 그리고 여러분이 쓴 문장을 다시 읽다 보면, '어라, 이 생각은 미처 못 했던 거네. 이건 새로운 것 같은데? 이걸 좀 더 파고 들어가 봐야겠어.'라는 생각으로도 이어진다. 여러분이 쓴 이 문장이 마치 다른 사람이 쓴 것 같은 그런 낯선 느낌으로 다가올 수 있다.

여기서 일어나는 일이 바로 이것이다. 이제 시작 단계이고 아직 제대로 다듬어지지도 않은 상태의 아이디어를 제대로 설명하고 전달해야 한다는 바로 그 부담 속에서, 여러분의 실천적인 지적 역량은 마치 비행기의 자동 조종장치 모드처럼 작동하면서 똑똑하고 설득력 있는 문장들을 차례로 하나씩 만들어내기 시작할 것이다. 주름살도 펴게 만들고 어색한 틈새도 말끔하게 채우고, 최소한 일반인들의 눈에는 글을 쓰는 저자가 자신이 무슨 말을 하는지 제대로 알고 있는 느낌을 주는 그런 확신과 설득력이 가득한 문장들을 쌓아가게 될 것이다.

둘째, 이 연습은 여전히 여러분의 내적 성찰 과정 중의 일부가 된다. 즉, 여전히 조심스럽고 비밀스럽게 자신의 내면과 나누는 이야기의 공간이다. 왜냐하면, 이 단계에서는 연구계획서를 공적인 평가나 검증을 받는 용도로 공개해서는 안 되기 때문이다. 이런 식으로 여러분 마음속에서만 연구 계획의 그림을 그리는 이유는 아직 제대로 다듬어지지 않고 거친 아이디어들로 이루어진 상태에서만 끄집어낼 수 있는 그런 '자명화' 과정을 만들어내기 위해서이다. 이 단계는 여러분의 주제와 관련해서 이미 어떤 선행연구가 이루어졌는지를 학문적 양심에 근거해서 열심히 알아보는 노력을 아직 끝내기도 전의 상황이다. 그렇지 않고, 매번 여러분이 '딱 한 가지 자료만 더 찾아보고 시작해야지.'라고 연구의 시작을 계속 미루다 보면, 여러분 내면의 아직 다듬어지지 않고 거친 아이디어들이 마치 모래 종이로 닦은 것처럼 매끈해져 버리고, 신선하고 도전적이었던 여러분의 마음가짐도 기존의 격식과 전문성을 갖춘 것에 천천히 밀려나게 될 것이다.

다듬는 작업은 나중에 해도 된다. 지금 이 단계에서 여러분에게 가장 필요한 것은 주제에 대한 여러분의 가장 어설프고 설익은 생각들을 글로 남겨놓는 것이다. 이것이 여러분의 연구 아젠다가 된다.

연구자로서 여러분이 절대로 하면 안 되는 후회 중 하나는, '이 연구를 시작하면서 신선하고 도전적인 마음가짐을 가졌던 그 당시에 나는 연구 주제와 관련해서 처음에 어떤 생각을 하고 있었는지가 도무지 기억이 나지 않는데? 그때 그 생각들을 좀 적어놓을 걸 그랬네. 그때는 내가 아직 준비가 제대로 안 되었다고 생각해서 내 생각에 별로 신경을 쓰지 않았거든.' 같은 것이다.

이 같은 연습 과정을 마무리하면, 앞으로는 연구 초기의 생각들을 기록할 수 있을 뿐만 아니라 연구자가 자기주도적인 기반을 단단히 마련할 수 있게 되며, 더 넓은 학문 세계로 뛰어 들어갈 수 있는 더 큰 도전을 준비하는 데도 도움이 된다. 그런 믿음을 가지고 아래 과정을 꼭 한번 수행해보자.

여러분의 연구 질문을 명확하게 설명하면서 재단이나 기관으로부터 연구비를 받아야 할 이유와 연구 의의를 강조하는 가상의 연구비 지원신청서를 준비해보자. 아래와 같이 더욱 엄격한 포맷에 맞추어서 최대한 명확하고 간결하게 연구비 지원신청서를 작성해보자.

- 줄 간격: 200% (더블스페이스)
- 여백: 양쪽 25 mm (1인치)
- 글자체: 영문 Times New Roman
- 글자 크기: 12포인트

- 총 매수: 4~6장
- 마감: 1주일 이내
- 제출처: 본인

여기서 여러분의 연구비 지원신청서에 최대한 자신감을 부여할 필요가 있다. 특히 여러분의 아이디어의 많은 부분이 아직은 잠정적이라는 점은 굳이 밝힐 필요는 없다. 지금은 여러분의 질문의 존재감이 드러나도록 큰 소리로 강조하면서 여러분의 연구 문제를 분명하게 보여줄 때이다. 아직 조금 성급하게 느껴지더라도 지금은 당당해야 한다.

연구비 지원신청서에는 다음 네 가지 항목이 꼭 들어가야 한다. (특히, 여러분의 연구비 지원신청서 작성에 실질적인 도움이 될 샘플 신청서는 whereresearchbegins.com에서 확인할 수 있다.)

1) 맥락적 구성

여러분의 논문을 읽을 독자를 잠시 동안 시간과 공간적 맥락에 한 번 위치시켜 보자. 여러분은 지금까지 한 번도 만난 적도 없을 뿐만 아니라 여러분의 주제에 관해 여러분이 알고 있는 만큼은 알지 못할 수 있는 심사위원들을 독자로 가정해서 논문을 쓴다고 상상해보자. 이런 상황이라면 여러분은 심사위원들이 연구프로젝트의 기본적인 사실을 이해하고 프로젝트의 중요성과 의의를 존중하는데 필요한 핵심적인 지식과 선행연구 활용의 구조를 간단명료하면서도 꼼꼼하게 설명하는 방식으로 심사위원들을 교육할 필요가 있다.

2) 목표와 목적

여러분이 1차 핵심 자료의 아카이브를 활용해서 답을 할 수 있는 질문들을 제시해 보자. 여러분이 여러 개 질문을 제시하는 것은 전혀 문제가 안 될 뿐만 아니라 매우 중요할 수 있는데, 질문들이 하나씩 모이다 보면 구체적이고 중요하며 실제로 연구할 수 있는 그런 질문을 고민하고 찾아내는 데 도움이 된다. 지금 준비하는 것은 가상의 연구비 지원신청서나 앞으로 수행할 연구계획서이기 때문에, 여러분은 다양한 가능성이 열려 있는 질문들을 만들어냄으로써 이 연구프로젝트를 최대한 탐구적인 연구로 만들 필요가 있다. 또한, 이와 함께, 책에서 지금 다루고 있는 이 부분은 이 책의 후반부인 제2부에서 연구결과물의 의의와 중요성에 관해 여러분이 구축해 갈 논지를 독자들이 미리 인지할 수 있도록 하는 역할도 해야 한다.

3) 의의

여러분이 선택한 주제나 분야에 대한 여러분의 현재의 이해도에 기반해서, 여러분이 제시한 연구 질문의 중요성을 설명해보도록 하자. 여러분의 연구 주제에 대해 이미 우리가 알고 있는 것을 전제로 해서 이런 질문을 던질 수 있다. '여러분의 연구 주제에 대한 우리의 이해도가 어떤 근거로, 왜 여러분의 연구프로젝트 덕분에 상당히 올라갈 것이라고 주장할 수 있을까?' 한 가지 명심할 점은, 지금 이 계획서는 완성된 연구결과물이 아니라 앞으로 수행할 연구의 계획서 성격을 가지고 있기 때문에, 연구자가 연구를 통해 기대하는 희망 결과에 근거해서 이 연구의 중요성을 내세우거나 정당화해서는 안 된다. 이 말은, 즉, 여러분이 제안하는 연구 질문의 중요성이 실제 연구 결과가 아니라 이처럼 희망하는 결과와 같은 예상 답에 전적으로 근거해서는 안 된다는 점이다. 그렇지 않으면 자칫 여러분의 연구가 이미 나와 있는 기존 연구의 결론을 향해 갈 수 있기 때문이다. 그래서 여러분의 연구계획서의 중요성은, 1차 핵심 자료와 2차 보조 자료 연구를 통해 만들어낼 수 있는, 그렇기 때문에 중요한 의미를 가지고 제대로 설명하면서도 결론이 열려 있는, 그런 문제에 반드시 기반해야 한다.

4) 프로젝트 계획

이 연구프로젝트를 수행하기 위해 여러분은 어떤 종류의 특정 1차 핵심 자료를 활용할 계획이며, 이런 자료들은 어디에서 찾을 수 있을까? 또한, 여러분의 연구계획서가 통과되고 승인을 받아 여러분이 연구비로 출장을 갈 수 있게 된다면 어떤 현장을 방문할 예정이며 어떤 인터뷰를 진행할 계획이며, 어떤 데이터 집합을 참고할 것이며, 어떤 아카이브 데이터베이스를 사용할 것인가? 이 질문들에 대한 대답은 최대한 구체적일 필요가 있다. 예를 들어, 인터뷰할 대상자의 이름이나 특정 아카이브 DB의 명칭도 적어두면 좋다. 여러분의 연구프로젝트 목표를 달성하는 데 도움이 되는 구체적인 연구 방법도 제시해 보자. 여러분의 연구 질문에 대답하기 위해서는 어떤 교재나 관찰, 또는 1차 핵심 자료가 필요할까? 이 같은 자료들을 이해하고 해석하기 위해 어떤 분석 틀을 활용할 것인가? 그리고 이 연구프로젝트를 진행하는 과정에서 중요한 단계와 지점, 일정 등을 포함하는 논리적이고 합리적인 계획을 준비해보자.

✣ 자주 범하는 실수 ✣

1. 이 책에 나오는 가장 오래된 꾸물거림 핑계 중 하나를 대면서 연구계획서 작성 미루기:
   '아직은 조금 연구를 더 해야 할 것 같아.' 이런 핑계는 나중에 사용하도록 하고, 지금은 여러분이 서 있는 그 자리에서 그 순간의 아이디어만 가지고 논문 집필을 시작하자.

2. 방어적으로 논문 쓰기:
   여러분의 논문을 읽을 독자들이 물어보거나 문제를 제기할 부분을 미리 예상하거나 염려할 수는 있지만, 그런 예상이나 염려도 여러분의 연구프로젝트가 어떤 기여를 할 것인지에 대한 관심을 끌어내는 방식으로 하자. 너무 방어적인 자세로 우리가 무엇을 배우지 못할 것인지를 말하려고 하지 말고, 우리가 무엇을 배울 수 있을지를 이야기하자. 지금은 긍정적인 사고가 필요한 시간이다.

3. 머뭇거리고 불확실하며 사과하는 어조로 글쓰기.
여러분의 미래의 이상적인 연구를 마음속에 그릴 때는 더욱 자신감을 실어주는 것이 필요하다. 예를 들어, '...을 시도하고자 한다.'라는 표현보다는 '...을 할 것이다.'라는 표현을 추천한다.

자문 그룹의 한 마디

"연구계획서의 부족함을 이해하는 멘토와 공유하세요."

여러분 자신의 연구계획서를 꼼꼼히 읽어보자. 연구계획서가 설득력이 있는지? 누군가가 이 연구계획서를 읽고 여러분의 연구 목표나 연구 자료, 방법론, 가설 등과 관련해서 어떤 질문을 할 수 있을까? 이런 질문들을 한번 예상해 보면서 여러분의 연구계획서를 수정해보자. 그리고 이것은 강제사항은 아니고 전적으로 연구자의 선택의 문제인데, 여러분이 신뢰하는 누군가에게 이 연구계획서를 보여주고 피드백을 요청해 보자. 아직 연습단계라고 할 수 있는 이 연구계획서 작성 연습의 목적을 앞에서 우리가 논의했던 방식으로 설명해보자. '연구프로젝트의 설득력과 중요성을 과연 이 연구계획서가 효과적으로 입증할 수 있을까?', '만약 여러분의 멘토가 이 연구계획서의 저자가 여러분이라는 사실을 알지 못한 채 심사한다면, 과연 그들은 이 연구계획서를 선정해서 연구비를 지급하려고 할까?' '선정을 한다면 그 이유는 무엇이며, 선정을 안 한다면 그 이유는 무엇일까?', '여러분의 멘토 생각으로는 이 연구계획서의 어떤 부분에 아직 개선의 여지가 있을까?' 피드백은 구두로 표현할 수 있고 글로 표현할 수도 있어서 둘 다 괜찮지만, 가능하다면 멘토와 약속을 하고 만나서 직접 들어보는 것이 낫다. 멘토의 피드백을 적어놓고 그중에서 여러분이 동의하는 부분을 반영해서 연구계획서를 수정해보자. 이 연습은 제2부로 넘어가기 전에 지금 꼭 해보자. 끝으로 멘토에게 꼭 감사 문자나 카드를 보내도록 하자.

7. 드디어 연구프로젝트를 시작하자.

이제 모든 것이 준비되었다. 그리고 여러분 자신의 동기부여와 관심 분야를 확인하고 명확하게 정리하고, 연구 질문을 정하고 연구 질문의 바탕을 이루고 있는 문제를 확인한다. 여러분을 여기까지 오게 만든 연구의 전제나 가정을 확인하고 이것들을 여러분이 확실하게 장악하도록 한다.

혹시 여러분에게 여전히 의심의 여운이 남아있다면 그 부분도 간과하지 말고 글로 기록해 두자. 명심해야 할 점은 여러분은 아직도 연구계획서 초안을 작성하는 단계라는 사실이다. 이 단계에서 불확실성은 아주 자연스러운 상황이다. 사실 연구가 마무리될 때까지 모든 것은 임시적일 수밖에 없다. 그래서 연구자는 반드시 항상 열린 마음으로 접근해야 하며, 연구자가 다루고 있는 사실이나 자료의 입증 여부에 따라서 여러분의 관점도 바꿀 준비를 해야 한다. 이 단계에서 혹시 일이 진행되는 방향과 관련해서 여러분에게 심각한 염려가 생긴다면, 여러분이 이 책을 읽으면서 가장 유용했다고 생각되는 연습으로 돌아가서, 연구자들이 흔히 범하기 쉬운 실수를 어떻게 해서든 피하도록 하자. 그러나 걱정할 필요는 없다. 이 책의 제2부에서 여러분의 연구 문제를 설명하고 평가하고 검증하고 다시 생각하는 유용한 기법과 전략을 더 많이 접하게 될 것이다. 자기 성찰은 끝난 것이 아니라 계속해서 필요하다.

지금은 일단 잠시 시간을 가지고 그동안 여러분이 이루어놓은 것들을 살펴보도록 하자. 이 시점에서 여러분은 이 연구의 이해관계가 여러분에게 어떤 중요성을 가지는지, 이 연구의 결과가 왜 의미가 있는지도 잘 알고 있어야 한다. 그리고 여러분은 지금까지 다음과 같은 좀 더 실용적인 접근도 수행해 왔다. 1차 핵심 자료에 대한 초기 검토도 해 봤고, 여러분의 역량과 한계에 대해서도 꼼꼼히 살펴보았고, 필요한 경우에는 여러분의 자문 그룹으로부터 조언도 구했고, 여러분의 성격이나 기질에 가장 잘 어울리는 종류의 연구프로젝트도 선택해 보았다. 그리고 여러분의 프로젝트와 관련해서 좀 더 공식적인 포맷과 표현으로 연구계획서의 초안도 작성해보았다. 그 사이에 여러분은 계속해서 논문도 집필해왔다.

자, 이제 여러분의 연구프로젝트를 본격적으로 시작할 시간이다.

제2부

자신의 한계 뛰어넘기

연구 주제에서 연구 질문으로, 연구 질문에서 연구 문제로, 연구 문제에서 아직 초기 단계이지만 연구프로젝트의 시작으로 진행하며 여러분은 연구의 아젠다와 계획을 구축하고 있다. 여러분은 연구의 전제나 가정을 구체화했고, 연구 문제와 관련된 당면과제들을 파악했다. 또한, 여러분은 연구프로젝트가 컴퓨터와 같은 기계 상자 속의 두뇌가 아니라 한 사람의 주체적인 인간으로서 여러분에게 적합한지를 평가하는 현실적 판단도 마쳤다. 그리고 그동안 여러분은 무엇인가를 마음속으로만 구상한 것이 아니라, 마음속에 떠오르는 생각들을 계속해서 글로 기록해 놓으면서 연구프로젝트를 발전시키는 여러분만의 연구 여정을 잘 수행해 왔다. 어쩌면 연구에서 가장 어려운 과정을 성공적으로 완수했다고도 할 수 있다.

여러분의 연구프로젝트는 분명 여러분에게는 중요하지만, 그렇다면 그것이 우리 세상에도 중요한 것일까? 이 질문에 대한 대답을 찾는 것이 연구자로서 여러분이 도전해야 할 두 번째 중요한 과제가 된다. 즉, 자신의 한계를 뛰어넘는 도전이다.

여러분은 여러분의 연구에 추진력을 제공하는 연구 질문과 문제를 파악하고 여러분의 예상이나 염려, 역량과 제약 조건 등을 확인하는 방식으로 여러분 내면을 들여다보기 위해 노력해 왔다. 이제 여러분은 자신을 넘어서는 도전을 준비해야 하고, 이러한 모든 질문과 문제를 다른 사람들도 이해할 수 있는 그런 방식으로 전환해 놓아야 한다. 여러분이 이 준비를 성공적으로 마무리하게 되면 '여러분의' 문제도 '그들의' 문제가 될 수 있을 것이다. 이 책의 제2부에서는 이 작업을 위해 필요한 몇 가지 방법을 공유하고자 한다. 여러분이 이 방법을 잘 수행한다면, 다른 사람들도 여러분만큼 여러분의 연구 질문에 대해 고민을 하게 될 것이다. 그렇게 함으로써 여러분의 연구 열정을 그들의 열정으로 전환할 수 있을 것이다.

아마도 이 시점에서 여러분도 궁금할 수 있다. '자기 자신을 '넘어서야' 한다면 왜 자기 자신을 탐구하는 데 그렇게 많은 시간을 보내야 했을까? 이제 마침내 내 소명을 찾았는데, 왜 이제 와서 내게 그것을 포기하라고 할까?'

이에 대한 대답은, 여러분은 그 어느 것도 포기하지 않는다는 것이다. '자기 자신을 넘어선다.'라는 것은 자기 성찰을 통해 여러분이 구축한 모든 통찰력에 등을 돌리는 것을 말하는 것이 아니다. 오히려 그와 반대로, 여러분은 그 같은 자기 성찰은 계속하면서 이제는 다른 사람들의 아이디어와 관련된 성찰도 함께 하는 것이다. 결국 '자기 자신을 넘어선다.'라는 것은 자신에 대한 좁은 이해에서 더 광범위한 이해로의 확장을 의미한다.

이러한 탐색과 발견, 축적 과정은 무엇보다도 참여를 기반으로 한다. 여러분은 새로운 어휘와 문법을 배운다. 또한, 서로 다른 언어 사이에서 단어가 다른 경우에도 공통의 문법을 발견한다. 다른 언어를 배운다고 해서 자신의 감각을 잃어버리는 것이 아니라, 자기 생각을 다른 사람들의 생각과 연결시켜서 살펴봄으로써 오히려 자기 자신에 대해 더 많이 알아가는 데 큰 도움을 얻을 수 있다. 그래서 여러분은 모국어를 잊어버리지 않은 채 제2의, 제3의 새로운 언어도 배울 수 있게 되는 것이다.

'자기 자신을 넘어서야 하는' 또 다른 이유는 매우 실용적인 맥락이다. 우리가 혼자서 많은 연구를 수행할 때조차도 우리 중 그 누구도 하나의 연구 공동체에만 속하는 경우는 거의 없다. 우리가 그것을 인지하는지 그 여부와 상관없이 연구프로젝트를 시작할 때 우리는 자연스럽게 여러 개의 진행 중인 대화에 참여하게 되는데, 어떤 대화는 특정 유형의 문제에 대한 공통의 관심사로 정의되고, 또 어떤 대화는 문제 해결을 위한 접근 방식에 의해 정의되거나 지식의 특정한 영역과의 접점으로 정의된다. 즉, 새로운 연구를 시작할 때 우리는 우리보다 앞서갔던 선행 연구자들이나 동료 연구자들의 아이디어에 의지하게 된다.

그런데 여러분이 참여하게 될 가장 중요한 대화 중 하나는 여러분과 동일한 주제에 관해 연구하는 광범위한 연구자 공동체, 즉 일반적으로 '전공 분야'로 규정할 수 있는 연구 공동체와 함께 하는 대화이다. 예를 들어 이 책의 공동저자인 캐나다 브리티시컬럼비아대 아시아학과 크리스토퍼 레아 교수는 문학 분야 중에서도 현대 중국문학 전공으로 박사 학위를 취득했으며, 이후에는 영화 연구 분야 쪽으로 자신의 연구와 강의의 영역을 확장했다. 레아 교수와 공동으로 이 책을 집필한 스탠퍼드대 멀레이니 교수의 '전공 분야'는 역사 분야 중에서도 현대 중국의 역사와 과학기술의 역사이다. 이 책의 5장에서는 여러분의 전공 분야를 탐색하고 전공 분야 자체의 개념을 다시 생각해 보는 방법에 대해 논의하도록 한다. 그러나 중요한 사실은 우리가 각자의 전공 분야에서 벗어나지 않았다면 이 책은 결코 집필되지 못했을 것이라는 점이다.

여러분이 참여하게 될 또 다른 대화는 여러분이 연구하는 문제와 동일한 문제를 연구하는 동료 연구자 공동체와의 소통이다. 여기에는 우리가 연구를 수행하는 방식에 관한 더 큰 발상의 전환이 필요하다. '자기주도적' 연구방법론의 핵심에 놓여있는 것은 결국 연구 주제가 아니라 연구 문제이기 때문에, 이 책의 제2부는 4장에서 '동일 문제 연구자 공동체'의 개념을 소개하는 것으로 시작한다.

이 책의 제2부의 가장 중요한 목표는 다른 사람들의 연구 아젠다와 질문이 여러분의 아젠다와 질문과 어떻게 교차하는지를 인식하고 이러한 관계를 최대한 활용하는 것이다. 연구는 결코 혼자 하는 독백이 아니며, 여러분의 연구 정체성은 정적이지 않다. 여러분의 전공 분야를 탐색해야 하고, 필요하다면 분야를 변경하거나 추가할 수도 있다. 이러한 탐색은 동일한 주제를 연구하는 다른 연구자 공동체와 상호 소통하는 것도 포함하는데, 그렇게 하려면 무엇보다도 유연하고 유동적이며 열린 마음을 유지해야 한다. 그러나 다른 사람의 아이디어와 교차하고 접점을 만드는 데 필요한 가장 중요한 역량은 자신의 중심 감각을 유지하는 것이다.

이 책의 제2부에서는 다른 사람의 아이디어와 더 넓고 깊게 교차하고 접점을 만드는 방향으로 연구 여정을 이어가도록 한다. 이 여정에서 여러분은 설득력 있고 비판적이며 여러분의 연구에도 관련된 사상가들을 찾게 될 것이다. 다시 한번 여러분은 여러분의 아이디어와 가설, 전제, 이론 등을 검증하게 되는데, 이번에는 다른 사람의 아이디어와 전제, 가설, 이론을 사용해서 검증할 것이다. 그렇게 해서 여러분은 다른 사람들의 아이디어를 여러분의 것으로 만들 뿐만 아니라, 결과적으로 여러분은 다른 사람들이 여러분의 아이디어를 그들의 것으로 만들 수 있도록 도울 것이다.

이 모든 것은 변화의 수용을 전제로 한다. 기존 권위 앞에서 자신감을 잃지 않고 다른 사람이 여러분의 아젠다를 자신들의 아젠다로 대체하지 않도록 하면서도, 모범 사례와 공통 목표, 새로운 자료 및 통찰력을 찾는 균형 잡힌 도전에 참여하게 된다. 여러분은 자신감과 자아의식이 넘치는 자세를 취하지만, 또 한편으로는 다른 사람이 하는 말에도 호기심을 가지고 열린 마음으로 대해야 한다. 이 과정은 생각보다 의외로 유쾌할 수 있다.

이제 자신을 넘어설 준비를 하자.

제 4 장

동일한 문제를 연구하는 동료 연구자 공동체 찾기

1. 자신과 동일한 문제를 공유하는 연구 동료를 찾아보자.

여러분의 연구 문제를 고민하는 사람이 여러분 혼자일 가능성은 거의 없다. 그 연구 문제는 다른 사람들에게도 고민의 대상이 된다. 여러분처럼 궁금함을 참을 수 없는 이 연구 문제 때문에 누군가는 지금 이 순간 자신이 궁금해하는 질문을 하고, 자신들의 자료를 수집하고 자신들의 사례를 확인하고, 자신들의 연구프로젝트를 만들어가느라 정신없이 바쁜 연구자들이 있을 것이다. 그들은 역사가일 수도 있고, 철학자나 고고학자, 경제학자, 인류학자, 공연 연구 학자, 고전학자, 문학연구자, 예술가일 수도 있다. 그리고 그들의 연구 대상은 1800년대일 수도 있고 고대 세계일 수도 있으며, 그들이 거주하는 지역도 남미 콜롬비아의 보고타일 수도 있고, 미국의 볼티모어나 이스라엘의 베이루트일 수도 있다.

어쩌면 이들 연구자 중 일부는 이미 사망했을 수도 있다. 여러분의 '연구 문제'라고 생각했던 것이 어쩌면 오래전 이들 연구자의 문제였던 경우도 있다. 그래서 여러분도 그들로부터 배울 것이 있을 것이다. 같은 맥락에서, 아직 살아 있거나 아니면 아직 태어나지 않은 미래의 연구자들도 어쩌면 여러분으로부터 배울 것이 있을 수 있다. 이들 연구자가 누구이든, 어디에 거주하고 있든, 여러분은 그들을 찾아야 한다. 그렇다면 어떻게 찾을 수 있을까?

만약 도서관이나 서점에 있는 책들이 주제가 아닌 문제별로 분류되었다고 가정한다면, 책장에는 아예 지금과 같은 '시사', '동화책', '역사' 등의 주제 분류 라벨은 붙지 않았을 것이다. 대신 도서관이나 서점의 각 코너는 장르에 상관없이 일련의 저자들이 공통으로 고민하는 근본적인 연구 문제의 제목으로 분류되었을 것이다. 그래서 여러분이 도서관이나 서점 문을 열고 들어가서 이런 이야기를 하는 장면을 상상해보자.

여러분: 실례합니다. '자아의 예술적 표현이 작품의 소비를 전제로 하는 문학작품을 판매함으로써 이윤을 추구하는 기관이나 조직에 의해 지배되는 세상에서 과연 진정한 자아의 예술적 표현이라는 것이 가능한지를 고민하는 작가' 코너가 어디에 있을까요?

서점 직원: 그 코너는 왼쪽 뒤 통로에 있는데, '겉보기에 엄연한 기만의 보편적인 개념이 과연 유럽 중심주의적 틀에 종속되는 대신, 보다 문화적으로 구체적인 해석적 틀을

통해 분석 가능한지를 고민하는 작가' 코너 바로 옆에 있습니다.

여러분: 감사합니다!

모두 아는 바와 같이, 현실에서 서점은 이러한 방식으로 도서를 분류하지 않는다. 도서관이나 대학 부서, 정부 기관, 기업 또는 박물관 등도 마찬가지이다. 여러분은 '주제' 영역에서 벗어나 '질문'과 '문제'의 영역으로 이동하기 위해 상당한 노력을 기울였지만, 결국 매우 불편한 진실에 도달하고 말았다. 여러분도 짐작했겠지만, 우리가 사는 세상은 대체로 '주제'에 의해 구성되어 있다. 끔찍하게 들릴지 모르지만, 이제 여러분은 여러분이 시작했던 모호하고 너무나 익숙한 '주제'의 세계로 되돌아가고 말았다.

여러분은 다시 '주제'의 세계로 돌아왔다.

무엇을 해야 할까? 지금쯤 여러분은 무엇이 여러분을 고민하게 만드는지에 대해 명확하게 인식하고 있지만, 여러분 주변의 모든 것을 이루고 있는 주류 논리는 여러분의 '문제'와는 직접적인 연관이 없는 포괄적이고 강력한 '주제'로 여러분을 돌려 놓는다. 그렇다면 '주제' 중심의 세계에서 여러분의 '문제'와 동일한 문제를 고민하는 연구자 공동체를 찾는 방법은 무엇일까? 연구 문제를 공유하는 연구 동료 집단은 어떻게 찾을 수 있을까?

'동일 주제 연구자 공동체'는 연구 과정에서 발견하고 만들어낼 수 있는 다양한 '문제' 중심의 학문적 연결이나 관련 연구 공동체를 구상하는 개념이다.

여기서 '공동체'라는 것은 동일한 관심을 가지는 개인이나 기업을 묶는 연결망이다. '동일한 문제를 연구하는 동료 연구자 공동체'는 함께 또는 독립적으로 동일한 연구 문제를 해결하기 위해 연구하는 개인들의 집단이다. 사람들은 그것을 '연구팀'이나 '연구 공동체', 또는 '연구 커뮤니티'라고 부르기도 하는데, 어떻게 은유적으로 표현하느냐는 별로 중요하지 않다. 여기서 중요한 것은, 이 공동체가 각자 자신만의 '중심'을 가지고 있는 개인으로 구성되어 있으며 구성원들이 서로의 존재를 모를 정도로 분산되고 탈중심화되어 있다는 것을 이해하는 것이다. 이 연구자 공동체는 자신들이 공유하는 신조에 얽매인 이념적 분파가 아니며, 무슨 민병대나 종교 숭배집단과는 완전히 다르다.

'동일한 문제를 연구하는 동료 연구자 공동체'는 직업이나 부서, 분야 또는 학문의 명칭과는 다른 것이다. 역사학이나 정치학 같은 분야에도 동일한 문제를 연구하는 다양한 동료 연구자 공동체가 있지만 (구체적인 내용은 5장에서 논의) 이들이 우리가 여기서 말하는 '동일한 문제를 연구하는 동료 연구자 공동체' 자체는 아니다. 학문이나 전공 분야의 구성원들은 많은 공통점을 공유하지만, 그렇다고 학문이나 전공 분야가 이 같은 공통적인 문제로 정의되는 것은 아니다. 여러분과 '동일한 문제를 연구하는 동료 연구자 공동체'를 발견하는 한 가지 큰 장점은, 학문적 지하 저장창고나 학문 분야의 정체성, 그리고 연구자의 연구 아젠다는 반드시 해당 학문 분야의 경계를 벗어나서는 안 된다고 강력하게 주장하는 방어적인 보수주의로부터 벗어날 수 있다는 것이다.

'동일한 문제를 연구하는 동료 연구자 공동체'는 배경이나 전공 분야 또는 학문과 상관없이, 집단의 구성원들이 공통적이고 심오한 문제에 강력한 동기부여를 받는 학문 커뮤니티이다. 이 '문제'는 일반적으로 단일 시기나 단일 장소에 국한된 문제로 축소될 수 없는 성질의 것이다. 상실이나 자유, 평등 또는 의미의 문제에 관해 관심과 염려가 있는 사람은 해당 문제의 거의 모든 사례를 연구 대상으로 삼을 수 있는데, 아마 철학 서적이나 어린이 팝업 그림책도 쉽게 집필할 수 있을 것이다. 특히, 보편적인 주제를 다루는 문제들은 거의 모든 성향의 사람들과 모든 세계관, 정치 및 온갖 계층 출신 사람들을 귀찮게 할 수 있다.

'동일한 문제를 연구하는 동료 연구자 공동체'는 규모가 클 수도 있고 작을 수도 있다. 여기에는 물론 여러분을 포함해서 여러분 학문 분야의 구성원뿐만 아니라 잠재적으로 다른 많은 분야의 구성원도 포함된다. (다음 장에서 다양한 분야에 대해 더 자세히 설명하도록 한다.) 여러분과 '동일한 문제를 연구하는 동료 연구자 공동체' 구성원은 곳곳에 널리 퍼져 있고, 각자 이름표를 달고 다니는 것도 아니라서 그들을 찾는 일은 현실적으로 버거운 일이 될 수 있다. 4장에서는 이처럼 버거운 일을 해낼 수 있는 몇 가지 유용한 전략을 제시하고자 한다.

그런데 왜 그런 연구자 공동체를 찾기 위해 노력해야 할까? 혼자서 연구하면 안 되는 이유는? 아니면 그냥 자신의 분야에만 국한해서 충실하면 무슨 문제가 있을까?

여러분과 '동일한 문제를 연구하는 동료 연구자 공동체'를 찾으면 다음과 같은 것을 얻을 수 있다.

- 이전에 전혀 생각해 본 적이 없는 질문
- 여러분이 잘 모르고 있었던 어휘
- 여러분도 존재하는지 몰랐던 관점이나 시점
- 여러분이 전혀 알지 못했던 방법들
- 타당성과 공동체 의식

'동일한 문제를 연구하는 동료 연구자 공동체'는 여러분에게, 아마 지금까지 여러분만 혼자서 다루고 있었다고 생각했던 문제에 대해 여러 사람이 집중적으로 고민하는 것도 괜찮다는 것을 일깨워준다. 더욱이 이 같은 연구자 공동체를 찾는 것은 여러분에게 힘을 북돋아 주는 효과뿐만 아니라, 여러분이 분야나 학문에 얽매이지 않는 일련의 학문적 탐구를 계속해 나갈 수 있는 권한도 부여한다. 여러분과 똑같은 고민으로 씨름하고 있는 현재 생존해 있거나 과거에 이미 사망한 연구자들과도 소통할 수 있도록 함으로써 여러분은 매우 뛰어난 역사적인 사상가들의 저서나 업적도 제대로 접하고 탐구할 수 있는 모든 특권을 누리게 된다. 즉, 여러분은 여러분과 똑같은 문제에 관심을 가지고 연구에 몰두하고 있는 그 누구와도 모두 소통할 수 있게 될 것이다.

'동일한 문제를 연구하는 동료 연구자 공동체'가 여러분에게 도전장을 내는 것은 단순히 여러분이 내는 시험문제를 잘 풀기 위해서도 아니며, 똑똑해 보이려고 하는 것도 아니고, 여러분의 생각을 뭔가 모호한 방식으로라도 넓혀보려고 하는 것이 아니라, 어쩌면 아마도, 이들 역사적인 사상가 중 누군가가 여러분의 문제를 해결하는데 중요한 열쇠를 쥐고 있기 때문일 것이다.

그렇다고 해서 이름만 대면 누구나 다 아는 유명한 사상가들의 책 앞에서 여러분이 겁먹을 이유는 하나도 없다. 또한, 여러분은 이론과 방법론에 대한 고민을 약간 경멸적인 맥락으로 '학문적'이라고 무시하는 사람들의 편견에도 개의치 않게 된다. 이는 '마음의 삶'에 대해 이야기하는 사람들을 마치 그들이 진짜 삶에서 동떨어져 공허한 이야기만 하는 사람들인 것처럼 폄하하는 그런 편견을 우리가 신경 쓰지 않는 것과 마찬가지이다. 이제 여러분은 그 같은 인위적인 구분은 거부할 수 있는데, 왜냐하면 그런 '문제' 만큼이나 그 문제를 풀고자 하는 여러분의 의지나 노력이 바로 진짜 삶의 일부분이기 때문이다.

그러나 이에 대해 좀 더 솔직해질 필요도 있다. 여러분이 던지는 많은 질문의 근간이 되는 문제를 파악하고 이와 관련해서 동일한 문제를 연구하는 동료 연구자 공동체의 구성원을 찾는 데는 몇 달이나 심지어는 몇 년의 시간이 걸릴 수 있다. 그리고 이미 세상에 나와 있는 수많은 뛰어난 아이디어와 설득력 있는 연구 아젠다들이 실린 선행 연구의 결과물들 속에서 여러분이 길을 잃어버릴 수도 있다. 그래서 여기 4장에 소개된 다양한 방법과 전략을 사용해서, 비록 다른 연구자의 연구나 결과물에 여러분이 더 많은 시간을 할애하더라도 어떻게 해서든 여러분의 연구 문제에 집중하는 방법을 모색해보자.

여러분과 '동일한 문제를 연구하는 동료 연구자 공동체'의 구성원을 찾기 위해서는 먼저 연구에서 가장 어려운 퍼즐 중 하나에 직면해야 한다. 그것은 바로, '세상은 여러분의 연구 문제를 무엇이라고 할까?'라는 물음이다.

연습 과제 연구 문제의 변수 용어 한 가지 바꾸기

목표: 연구 문제와 연구 문제의 사례 구분하기

연구 질문의 어떤 구성 요소가 해당 연구 문제에 '필수 불가결한지', 그래서 여러분이 해결하려는 근본적인 연구 문제를 가장 잘 표출하는지 찾아내도록 하자. 이를 통해 여러분은 여러분의 연구 문제를 공유하는 다른 연구들을 제대로 찾아낼 수 있을 것이다.

우연한 발견을 강제로 발생하게 할 수는 없겠지만, 그래도 앞으로 일어날 일을 최소한 조금 더 빨리 일어나게 하는 가능성을 높이는 방법이 있을까?

이에 대한 대답은 '방법이 있다.'이다. 이 방법은 여러분이 관심 있는 연구 '문제'와 해당 문제의 '사례'들을 구분하는 데 도움이 될 것이다. 이 같은 구분을 할 수 있다면, 특히 여러분의 분야에 속하지는 않으면서도 여러분과 동일한 문제를 연구하는 동료 연구자 중에서, 그들의 연구 문제의 '사례'가 얼핏 여러분의 연구와 전혀 관련 없어 보이는 그런 연구에서도 여러분 자신의 연구 문제를 찾아내는 데 큰 도움이 될 수 있다.

일단, 여러분의 연구 질문을 비록 완성된 상태가 아니더라도 지금 상황에서 최대한 구체적으로 적어보는 것부터 시작해보자. 각각의 질문에는 다음과 같은 변수 용어가 최대한 많이 포함되어야 한다.

- 시기

- 장소
- 주체
- 대상
- 가설

아래 가설을 같이 살펴보자.

> "1966년 결성된 미국의 급진적인 흑인운동 단체인 '블랙팬서' 또는 '흑표범단'(Black Panther Party)은 1970년대 미국의 대중문화에 어떤 영향을 미쳤을까? 그렇다면 이러한 영향력이나 영향력의 부재는 그 시대의 대중문화에 관해 무엇을 드러내 보여 주고 있을까?"

우리가 앞서 논의한 것처럼 이 가설에서 '영향'이라는 애매한 단어의 모호성에도 불구하고, 전반적으로 이 가설은 위의 다섯 가지 변수 용어에 대한 세부 사항을 포함하기 때문에 상당히 탄탄한 질문이라고 할 수 있다.

- 시기: 1970년대
- 장소: 미국
- 주체: 블랙 팬서 또는 '흑표범단'
- 대상: (미국의) 대중문화
- 가설: 해당 '주체'인 '블랙팬서' 또는 '흑표범단'은 해당 '시기'에 '대상'인 미국 대중문화에 다양한 문화적 영향을 미쳤는데, 그중에서 가장 중요한 것은 무엇일까?

그러나 동시에 이 연구 질문을 유발하는 문제가 무엇인지, 그리고 연구자가 동일한 문제를 연구하는 동료 연구자 공동체의 구성원을 찾음으로써 얻을 수 있는 장점이 무엇인지는 명확하지 않다. 그리고 지역사회 활동가나, 비교문학 이론가 또는 미디어 연구 학자가 이런 질문을 제기하는 것도 쉽게 상상해 볼 수 있다. 여기서 근본적인 '문제'는 미디어나 인종의 문제나, 아마 '대중' 예술문화와 '순수' 예술문화 사이의 구분에 관한 질문과 더 관련성이 있을 것이다. 여기서는 실제 문제가 무엇인지에 따라 다양한 연구자 그룹이 '동일한 문제를 연구하는 동료 연구자 공동체'가 될 수 있다.

이 질문을 만들어내는 것으로부터 시작해서 우리는 한 번에 하나의 변수 용어를 바꿈으로써 체계적으로 질문을 수정하고 바꾸는 기술을 활용할 수 있다. 그렇게 함으로써 문제에 대한 우리의 호기심이나 염려가 어떻게 강화되거나 감소하거나 때로는 전혀 변하지 않는지를 확인하기 위해 각각의 변수 용어의 차이에 대한 우리 자신의 정신적, 정서적 반응에 세심한 주의를 기울이게 된다.

먼저 '장소'라는 변수 용어를 바꾸는 것으로부터 시작해보자.

> "1966년 결성된 미국의 급진적인 흑인운동 단체인 '블랙팬서' 또는 '흑표범단'(Black Panther Party)은 1970년대 남아프리카의 대중문화에 어떤 영향을 미쳤을까? 그렇다면 이러한 영향력이나 영향력의 부재는 그 시대의 남아프리카 대중문화에 관해 무엇을 드러내 보여주고 있을까?"

'장소'의 변수 용어 하나를 바꾸었을 때 여러분의 마음속에 어떤 변화가 있었을까? 아래 표현은 어떠한지 살펴보자.

> "1966년 결성된 미국의 급진적인 흑인운동 단체인 '블랙팬서' 또는 '흑표범단'(Black Panther Party)은 1970년대 유럽의 대중문화에 어떤 영향을 미쳤을까? 그렇다면 이러한 영향력이나 영향력의 부재는 그 시대의 유럽 대중문화에 관해 무엇을 드러내 보여주고 있을까?"

이번에는 마음속에 어떤 변화가 생겼을까? 아래 표현도 살펴보자.

> "1966년 결성된 미국의 급진적인 흑인운동 단체인 '블랙팬서' 또는 '흑표범단'(Black Panther Party)은 1970년대 구 소련 연방의 대중문화에 어떤 영향을 미쳤을까? 그렇다면 이러한 영향력이나 영향력의 부재는 그 시대의 구 소련 연방의 대중문화에 관해 무엇을 드러내 보여주고 있을까?"

이 하나의 변수 용어를 변경했을 때 여러분의 마음속에 어떤 변화가 생겼을까? 질문에 대한 여러분의 열정이 증가할 수도 있고 사라질 수도 있을 것이다. 어쩌면 비슷한 수준에서 머물 수도 있을 것이다. 그러면 이때 가장 중요한 질문인, '그렇다면 왜 그럴까?'라는 질문이 등장한다. 예를 들어, 미국에서 '블랙팬서' 또는 '흑표범단'의 역사는 여러분에게 강력한 끌림을 발휘하지만, 구 소련 연방이나 유럽 또는 남아프리카에서 '블랙팬서'나 '흑표범단'의 역사에 대한 똑같은 질문은 그 정도의 마음의 끌림을 만들어내지 못하는 이유는 무엇일까? 그 이유는 결국 미국이라는 지역에 대한 여러분의 관심이 '블랙팬서'나 '흑표범단' 자체에 대한 관심보다 더 크다는 것을 의미한다. 그렇다면, 혹시 여러분의 처음 질문에 아직 명확하게 표현하지 못했던 부분은 없는지 살펴보자. 혹시 여러분의 질문에 누락된 부분은 없을까? 그렇다면 여러분의 실제 관심사를 보다 정확하고 구체적으로 표현하기 위해 여러분의 질문에 뭔가를 더 추가해야 할 수도 있다. 여러분이 명심해야 할 것 중의 하나는 이런 질문들에 대한 여러분의 모든 대답은 연구의 방향을 설정하는 데 유용한 내적 '자명화' 과정을 만들어낸다는 사실이다.

이제 '장소' 변수 용어를 원래 설정으로 되돌려 놓고 그 대신 '대상' 주제어를 변경해 보자.

> "1966년 결성된 미국의 급진적인 흑인운동 단체인 '블랙팬서' 또는 '흑표범단'(Black Panther Party)은 1970년대 미국의 페미니스트 운동에 어떤 영향을 미쳤을까? 그렇다면 이러한 영향력이나 영향력의 부재는 그 시대의 페미니스트 운동에 관해 무엇을 드러내 보여주고 있을까?"

마음속에 어떤 변화가 생겼을까? 아래 표현도 살펴보자.

> "1966년 결성된 미국의 급진적인 흑인운동 단체인 '블랙팬서' 또는 '흑표범단'(Black Panther Party)은 1970년대 미국의 영화 제작에 어떤 영향을 미쳤을까? 그렇다면 이러한 영향력이나 영향력의 부재는 그 시대의 영화에 관해 무엇을 드러내 보여주고 있을까?"

이번에는 마음속에 어떤 변화가 생겼을까? 그렇다면 아래 표현도 살펴보자.

> "1966년 결성된 미국의 급진적인 흑인운동 단체인 '블랙팬서' 또는 '흑표범단'(Black Panther Party)은 1970년대 총기 규제에 관한 미국 사람들의 생각에 어떤 영향을 미쳤을까? 그렇다면 이러한 영향력이나 영향력의 부재는 그 시대의 총기 규제 논쟁에 관해 무엇을 드러내 보여주고 있을까?"

한 번에 한 가지 변수 용어를 변경할 때마다 검토하는 과정은 이전과 동일하다. 즉, 자신에게 질문을 던져보자. 더 나은지, 더 나쁜지, 아니면 비슷한지, 그리고 그 이유는 무엇인지를 고민해보자.

이렇게 변수 용어를 변경할 때는 항상 상식적으로 접근하도록 하자. 예를 들어, '블랙팬서' 또는 '흑표범단'은 1966년에 설립되었기 때문에 1950

년대 미국 대중문화에 대한 '블랙팬서' 또는 '흑표범단'의 영향에 대해 질문하는 것은 의미가 없을 것이다. 이처럼 각각의 변수 용어의 변경은 의미 있고 설득력이 있는 질문을 만들어내야 한다. 상식적으로 터무니없거나 옹호하기 어려워 보이는 것은 고민하지 말고 그냥 건너뛰는 것이 낫다. 그러나 '블랙팬서' 또는 '흑표범단'처럼 변경할 수 없는 주제어도 있는데, 예를 들어, 1950년대에 흑인 정치 운동이 미국 대중문화에 미친 영향에 대해 궁금하다면 연구 질문을 '블랙팬서' 또는 '흑표범단'에 초점을 맞출 것이 아니라 '블랙팬서' 또는 '흑표범단' 이전의 흑인운동 단체에 초점을 맞추어야 할 것이다.

하나의 변수 용어를 변경하고 나서는 다음과 같이 질문을 여러분 자신에게 물어보자.

- 변경함으로써 더 많이 신경이 쓰이는지, 덜 신경이 쓰이는지?
- 변경함으로써 잃어버리거나 얻은 것은 있는지?
- 굳이 추측을 하자면, 왜 상황이 바뀌게 되었을까? 아니면 바뀌지 않게 되었을까?
- 여러분이 질문을 만드는 방식이 최대한 정직하고 포괄적인지? 이 질문들은 가장 완벽한 상태인지, 아니면 빠진 변수 용어가 있는지?

각각의 '변경된' 변수 용어 옆에는 여러분 마음속의 느낌을 정확하게 포착하는 몇 마디를 적어놓도록 하자. 사실 분량은 많든 적든 중요하지 않다. 어쨌든 변수 용어 하나가 변경될 때마다 여러분의 관심사에 어떤 변화가 생겼는지를 반드시 기록해 두자.

항상 여러분 마음에 솔직하도록 노력하자. 변수 용어를 변경한 후에 더 이상 관심이 가지 않거나 무엇인가를 잃어버린 느낌이라면, 관심이 없는데도 마치 관심이 있는 척하지 않도록 하자. 예를 들어, 스페인에서의 성 불평등 역사에는 관심이 있지만, 캐나다의 성 불평등 역사에는 관심이 없다면 자신에게 솔직하도록 관심 있는 방향으로 연구 노력을 기울이는 것이 맞다.

그러나, 반대로 스페인과 캐나다 두 나라 모두의 성 불평등에 관심이 생기거나 흥분할 만큼 큰 열정을 가질 수도 있다. 이런 사례에서 알 수 있는 것은 여러분이 관심을 가지는 연구 문제가 아마도 지리적으로 국한되지는 않을 것 같아서 오히려 여러분의 선택 폭이 넓어질 수 있다는 것이다.

또 다른 예를 들자면, 여러분의 첫 번째 질문이 2차 세계대전 이후 시애틀에서 발생한 아동 학대의 역사에 초점을 맞추고 있다고 가정해보자. 여기서 연구의 변수 용어인 '아동' 학대를 '노인' 학대로 바꾸는 순간, 주제에 대한 여러분의 관심이 사라진다면 어떻게 해야 할까? 이건 여러분에게 무슨 문제가 있는 걸까? 여러분은 나쁜 사람일까? 대답은, 그렇지 않을 것이다. 사실 정직함은 불편하고 많이 부담스러울 수 있다. 한 사람의 인간이자 세계 시민으로서 여러분은 노인 학대에 대해 우려하는 것은 당연하고 자연스럽겠지만, 여러분의 연구 문제를 찾고 있는 연구자로서는 이 주제에는 별로 관심이 없을 수도 있다는 점을 자신에게나 여러분의 자문 그룹에게 털어놓을 필요가 있다. 여러 가지 이유로 여러분의 머릿속을 떠나지 않고 계속 맴돌면서 귀찮게 하는 문제가 있다면 이는 분명 특별하고 구체적일 것이기에 아무 문제가 없다. 이 같은 내적 '자명화' 과정을 기록해 놓고, 새로운 변수 용어를 변경해 보자.

이와는 대조적으로, 만약 여러분이 아동 학대와 노인 학대의 역사에 똑같이 관심이 있다는 것을 깨닫게 된다면, 이것은 결국 여러분의 주된 관심사가 유년기나 성년기 같은 우리 삶의 특정 시기에 놓여있는 것이 아니라, 오히려 일반적으로 취약하다고 여겨지는 보통 사람들이나 공동체의 생생한 경험과 관련되었다는 것을 보여주는 중요한 단서가 된다.

이 가능성을 검증하기 위해, 우리는 여러분이 필요하다면 새로운 변수 용어를 만들어서 이미 있는 다른 질문과 함께 수정된 연구 질문에 삽입하거나, 이미 있는 변수 용어를 대체할 수 있는 새로운 변수 용어를 만들 것을 권장한다. 만약에 어린이나 노인처럼 인생의 여러 단계에서 우리가 경험하는 변수 용어가 잠재적으로 연구 문제에 아무 영향이 없는 것으로 드러난다면, 이번에는 '취약한', '안정적인', '안전한' 등과 같이 우리 '삶의 조건'이나 '안전도 레벨'에 관련된 변수 용어로 치환해서 시도할 수도 있다.

여러분이 아동/노인 학대의 역사를 연구한다고 할 때, 예를 들어 건장한 몸의 중년 피해자나 그 나라의 주류를 차지하는 지배적인 종족 출신의 피해자와 관련된 학대 사례에도 똑같이 관심이 있을까? 만약 그렇지 않다면 이것은 위험에 노출된 '취약성' 개념이 여러분에게는 단지 '흥미로운' 대상이 아니라 연구 문제의 본질이자 핵심이라는 점을 재확인시켜 준다. 다시 말해, 여러분이 연구 과정에서 만족감과 동기부여를 확실히 얻기 위해서는 여러분이 제기하는 모든 질문에 반드시 포함되어야 하는 가치라는 점을 인식해야 한다.

기존 변수 용어를 변경하거나 새 변수 용어를 추가하고 일련의 수정 과정을 실행한 후에는 모든 변수 용어를 아래 두 가지 카테고리로 범주화해서 검토하자. 항상 그렇듯이 이 과정도 글로 기록해 두도록 하자.

- **협상 가능하거나 대체 가능한 변수 용어**: 이러한 변수 용어들은 여러분의 관심 수준이나 정도에는 영향을 주지 않으면서 변경될 수 있다. 아마도 여러분에게 있어서, 지역이나 기간, 또는 이와 관련된 구체적인 주체 등은 타협 가능한 대상이다.
- **협상 불가능한 변수 용어**: 이러한 변수 용어들이 변경되어 버리면 표면상으로는 여러분의 주제는 여전히 남아있겠지만 이에 대한 여러분의 관심은 모두 사라져 버린다. 이런 변수 용어들은 변경되지

않고 그대로 남아있어야 한다.

이제 내적 '자명화' 과정을 구축하는 핵심 단계로 간다. 즉, 우리가 하는 이 모든 연습이 여러분들에게 생각하고 고민하면서 글로 기록하도록 하는 매우 중요한 자기 성찰의 순간을 제공한다. 여러분 자신에게 아래와 같은 질문을 해보자.

- 협상 가능한 변수 용어 vs 협상 불가능한 변수 용어의 목록을 살펴보다 보면 여러분의 연구 문제는 과연 여러분에게 어떻게 보일까?
- 일부 변수 용어가 변경되면 다른 사람들은 걱정하는데 오히려 여러분은 아무 관심도 없어 보이는 이유는 무엇일까?
- 두 개 이상의 '협상 불가능한 변수 용어'가 남아 있을 때는 어느 것이 지배적인 것일까?
- 어느 것이 문제이고 어느 것이 문제의 사례일까? 다시 말해, X는 Y의 사례일까? 아니면 Y가 X의 사례일까?
- 여러분이 처음 제기한 질문은 진정으로 여러분의 연구 문제를 포착하고 있을까? 아니면 그것도 단지 여러분의 연구 문제의 한 가지 사례에 불과할까?
- 후자의 경우, 처음 여러분의 연구 질문의 구체성은 최대한 유지하면서도 연구의 핵심 주제를 최대한 정확하게 표출할 수 있도록 연구 질문을 다시 쓰는 방법은 있을까?

하지만 이 과정들이 순식간에 이루어지는 것은 아니므로 걱정할 필요는 없다. 그리고 여러분이 이 경험을 통해 연구 문제를 바로 발견하지 못할 수도 있다. 애당초 자신의 마음을 억지로 움직인다고 해서 그런 심오한 발견을 할 수 있는 것은 아니다. 그러나 이번 장에서 우리가 하게 될 연습 과제를 통해 앞서 2장에서 수행했던 〈연구 질문들을 연결하는 연구 문제 확인하기〉 연습 과제의 목적과 맥락을 더욱 명확하게 이해할 수 있을 것이다.

여기서 중요한 핵심은 여러분의 연구 질문에서 어떤 변수 용어가 가장 중요한 역할을 하는지를 평가하는 습관을 만드는 것이다. 이런 습관을 지니게 되면 여러분의 마음이 무의식적으로 여러분을 도와주기 시작할 것이다. 이 책에 실린 〈연구 문제의 변수 용어 한 가지 바꾸기〉 연습 과제를 한 번 수행한 다음 오랜 시간이 지나고 나면, 어쩌면 화장실에서 이를 닦는 동안이나, 수업을 들으러 학교에 가거나 직장 출퇴근 길이나, 심지어 잠자는 동안에도 여러분의 마음은 스스로 이 연구 문제의 '변수 용어'를 새로운 것으로 계속해서 바꿀 수도 있을 것이다. 아마 이 새로운 발견이 이전보다 훨씬 빨리 일어나고 훨씬 더 명확하게 일어나는 것을 알게 될 것이다.

그 발견 과정의 다음 단계는 여러분 마음 밖으로 나가 다른 연구자들의 연구에서 여러분의 연구 문제를 찾는 것이다. 이제 여러분은 문제와 문제의 사례를 구분할 수 있으므로, 다른 분야에서도 관심사가 비슷한 연구자들을 알아볼 수 있게 된다. 여러분의 연구 문제가 지역에 국한되지 않는다는 것을 알게 되면서, 여러분은 전 세계 다른 지역에서 활동하는 연구자들에게로 여러분의 검색을 확장하게 된다. 지역뿐만 아니라, 기간, 학문도 마찬가지이다. '동일한 문제를 연구하는 동료 연구자 공동체'를 찾는 과정에서 대부분의 사람은 서점의 한쪽 코너에 있는 자료로만 검색을 한정하기도 하는데, 여러분은 키워드 검색 및 카테고리 검색을 사용하여 '동일한 문제를 연구하는 동료 연구자 공동체'의 구성원을 찾아 나서보자. 그래서 '동일한 문제를 연구하는 동료 연구자 공동체'의 구성원을 찾게 된다면 반드시 그들 연구의 참고문헌을 꼭 확인해봐야 한다. 여기서 여러분은 더 많은 구성원을 찾을 수 있는 기회를 발견할 것이다.

❖ 자주 범하는 실수 ❖

1. 여러분의 연구 관심 주제에 대한 변수 용어의 중요성을 점검하기 위해 새로운 변수 용어이지만 너무 작은 변수 용어로 대체하거나, 너무 유사한 새로운 변수 용어를 선택하기
2. '협상 가능한' 변수 용어 (즉, 새로운 변수 용어로 수정된 질문이 원래 질문과 비슷하거나 더 큰 관심을 가지는 경우)와 '협상 불가능한' 변수 용어 (즉, 질문의 변수 용어를 바꾸면 연구 질문 자체에 관한 관심이 떨어지거나 사라지는 경우)를 평가하는 과정을 생략하기
3. 불가능하거나 시대착오적으로 비논리적이거나 사실에 의해 뒷받침되지 않기 때문에 옹호하기 어려운 변수 용어 대체를 시도하기
4. '협상 가능한' 변수 용어나 '협상 불가능한' 변수 용어에 대한 여러분의 평가를 기록으로 남기지 않기
5. 문제와 문제의 사례 구분을 여러분의 연구에만 적용하고 다른 분야에서 '동일한 문제를 연구하는 동료 연구자 공동체'의 구성원을 식별하는 데는 사용하지 않기

연습 과제 연구의 전후 맥락 파악하기

목표: 문제 중심의 더 큰 맥락 내에서 연구프로젝트를 구상함으로써 여러분에게 가장 관심 있는 주제 내의 문제를 식별한 다음 그 맥락에 기여하는 '동일한 문제를 연구하는 동료 연구자 공동체'의 다른 구성원 찾기.

여러분의 연구 문제와 '동일한 문제를 연구하는 동료 연구자 공동체'를 찾아내는 과정을 발전시킬 수 있는 또 다른 방법이 있다. 우리는 그것을

“연구의 전후 맥락 파악하기’ 게임이라고 부른다.

실제 분량이나 범위에 상관없이 지금 여러분이 매달리고 있는 연구가 책의 한 챕터라고 가정해 보자. 해당 챕터 바로 전에 나오는 챕터는 무엇에 관한 것일까? 그다음의 챕터는 어떤 내용일까? 그리고 이 책의 제목은 어떻게 될까?

다음은 이 게임이 실제로 어떻게 보이는지에 대한 사례이다.

멀레이니 교수의 ‘중국 현대사’ 수업을 듣는 학생이 어느 날 오후 학교 아카이브에 갔다가 수십 년 동안 역사가들을 사로잡은 20세기 초 중국의 복잡하고 격동적이며 폭력적인 사건인 ‘중국 의화단 봉기 사건’에 관한 흥미로운 자료들을 발견해서 돌아왔다. 그 자료들은 당시 중국에서 폭력으로부터 도망쳐 여기저기에 숨어다니다가 결국 도중에 자신의 어린 자녀까지 죽음에 처하게 된 어느 외국인 선교사 가족의 비참한 이야기를 생생하게 들려주고 있었다.

그 학생은 “저는 이 사건에 대해 정말 설득력 있는 이야기를 하고 싶어요,” 라고 멀레이니 교수에게 말했다.

당연히 이 학생과 멀레이니 교수의 대화는 중국 역사와 관련된 단어들로 가득 차 있었다. 그런데 두 사람이 더 많은 대화를 나눌수록 중국 역사와 관련되지 않은 많은 단어가 쏟아져 나오기 시작했는데, 이 단어들도 동일한 자료에서 나왔지만 대부분 해당 학생의 호기심과 질문들을 암시하는 단어들로서, ‘의화단 봉기 사건’ 자체나 심지어 중국 관련성도 뛰어넘는 단어들이었다. 예를 들면, ‘은닉’, ‘은신처’, ‘도주’ 및 ‘위기 시 정보 유포’와 같은 용어와 표현이었다.

멀레이니 교수는 그 학생을 연습 과제인 〈연구의 전후 맥락 파악하기〉 게임에 초대했다. 처음에 두 사람은 가장 확실한 가능성을 시도했다. 즉, 학생이 앞으로 집필할 가상의 책은 '의화단 봉기'라는 주제 자체에 관한 것이었다. 이런 생각에서 그 학생이 집필하고 있는 챕터는 더욱이 '선교사'에 관한 것이었다. 따라서 해당 챕터의 바로 앞과 뒤의 챕터는 '의화단 봉기 중의 중국인 노동자'나 '의화단 봉기 중의 외국 외교관'에 초점을 맞출 수 있다. "이것이 학생이 염두에 두고 있는 것일까요?"라고 멀레이니 교수가 학생에게 물었다. 그리고 교수는 학생에게 "내가 이 가상의 책의 목차를 설명할 때, 학생의 마음은 어땠을까요? 뭔가 더 흥분되었나요, 아니면 흥분이 가라앉았을까요? 목차를 듣다 보니 학생에게 힘이 더 생기는 것 같았나요, 아니면 오히려 기운이 빠지는 것 같았나요?"라고 질문을 했다.

"기운이 빠지는 것 같았어요."라고 학생은 망설임 없이 대답했다. 즉, 이 주제는 학생과 교수가 납득할 수 있는 그런 핵심 문제는 결국 아니었다.

그래서 학생과 교수는 새로운 시도를 했다. 만약 이 책의 제목이 "중국 안에 숨어 버리기: 문화사"와 같은 제목이라면 그것은 어떤 느낌일지 멀레이니 교수는 속으로 생각해 보았다. 그렇게 되면 아마 이 챕터의 앞이나 뒤의 챕터는 분명 '의화단 봉기'에 관한 것이 아니라 어쩌면 중국 현대사에서 찾아볼 수 있는 위기나 피난, 도피의 또 다른 사례에 관한 것일 수 있다. 그래서 앞 챕터의 제목은 19세기 중반 중국 내전인 '태평천국 농민 혁명'동안 피난과 도피에 초점을 맞춘 '태평천국 반군으로부터의 은신'이라고 정할 수 있으며, 다음 챕터의 제목은 '한반도에 숨어 버리기: 1894~1895년 1차 청일 전쟁의 전쟁 피난민'이 될 수 있을 것이다.

이런 설명에 대해서 학생은 아까보다 조금 나아졌다고 대답했다. 그래도 여전히 망설임은 남아있었다.

책 제목에 '중국'이라는 단어가 아예 등장하지 않아도 괜찮을까? 이 책이 전쟁과 내란 시기에 초점을 맞춘 도피와 은신의 문화적 역사에 관한 것이긴 하지만 만약 지리적으로 아시아나 세계의 어떤 특정 지역에 국한되지 않는다면 어떻게 될까? 그런 가상의 세상에서, 다음 챕터는 19세기 말 남아프리카에서 발발한 대영제국과 당시 남아프리카지역에 거주하던 네덜란드계 보어족 사이에 일어난 '보어 전쟁'에 관한 것이거나 또 다른 지역에서 발발한 전쟁에 관한 내용일 수도 있다.

"맞아요!" 갑자기 그 학생의 얼굴에 생기가 돌았다. 즉, 우리는 학생의 핵심 문제에 점점 가까워지고 있었다.

〈연구의 전후 맥락 파악하기〉 연습 과제의 핵심은, 연구 문제는 여러분의 자문 그룹에서 권장하는 문제가 되어야 하는 것이 아니라는 것이다. 오히려 그런 경우는 자칫 여러분에게 치명적일 수 있다. 아무리 좋은 의미의 제안이라 할지라도 그런 제안에 쉽게 안주해서는 안 된다. 복잡한 사례 연구를 엄청나게 많이 추가해서 연구프로젝트의 범주를 극단적으로 확장하려는 것은 결코 이런 연습의 궁극적인 목표가 아니다.

오히려 진짜 목표는 연구자가 다양한 관점과 차원에서 자신의 질문을 검토하고 또 검토하는 사고 과정에 시동을 거는 것이다. 연구자가 자신의 멘토나 자문단과 굳이 상의하지 않고도 스스로 이 연습을 수행하는 방법을 익히게 되면 연구자는 독립적으로 브레인스토밍 과정을 주관하고 감독할 수 있는 능력을 갖추고, 수 많은 상상 속의 책의 목차와 책 제목을 반복적으로 생각해보게 될 것이다. 결국, 이 많은 아이디어 중 하나가 '걸리면서', 연구자는 그 아이디어가 진정으로 추구하는 것이 무엇인지를 이해하게 될 것이다.

이제 여러분이 시도할 차례이다. 아래 단계를 잘 따라가 보자.

1. 여러분의 연구를 여러분의 연구 문제를 주제로 하는 연구서의 한 챕터라고 상상해보자.
2. 여러분의 연구를 가장 잘 요약하는 문장 하나를 최선을 다해 만들어

보자. 여러분이 지금 작업 중인 프로젝트인 현재 챕터의 임시 제목으로 이것을 사용해보자.

3. 이제 여러분의 연구 문제를 다루고 있는 연구서 한 권 만큼의 광범위한 작업의 논리적 진행을 상상해보자. 지금 챕터의 앞뒤로 오는 각각의 챕터의 제목은 무엇일까? 각각의 챕터의 제목을 적어보자. 여기서 한 걸음 더 나아가서, 이 가상의 연구서의 나머지 챕터들은 어떤 내용에 초점을 맞출지 생각해 보자.
4. 그 연구서에 설득력 있고 책의 내용을 설명해줄 수 있는 적절한 제목을 붙여보자.
5. 이제 최소한 두 가지 또는 그 이상의 대안 시나리오를 생각해 보자. 위의 단계를 반복해서 현재 챕터와 이전 챕터, 그리고 다음 챕터뿐만 아니라 전체 연구서의 제목까지도 작성해보자.
6. 각각의 가상의 연구서에 대해 아래 [표 8]에 표시된 내용을 작성해보자.

[표 8] 연구의 전후 맥락 파악하기

연구서 제목		
이전 챕터		
현재 챕터		
다음 챕터		
반응 정도		(상/중/하 표기)
*반응의 배경이나 이유		

[*〈반응의 배경이나 이유〉는 여러분이 위의 상상의 시나리오에 어떻게 반응했는지, 왜 그런 반응을 보였는지에 대해 설명하고 추측하고 평가하는 칸이기 때문에 여러분의 느낌을 최대한 많이 적어보자.]

여러분이 수업의 기말페이퍼를 몇 주에 걸쳐 작성해야 하는 상황이거나, 대학원 졸업논문이나 연구서와 같은 훨씬 더 큰 연구프로젝트를 진행하는 상황이든 간에 이 연습을 통해 큰 도움을 받을 수 있다. 왜냐하면, 이 연습은 넓고 넓은 광활한 '주제'의 세계 속에서 여러분이 앞으로 나아가야 할 방향에 대해 고민하도록 하고, 여러분의 연구 문제가 여러분의 접근 방식을 주도하고 이끌어줄 수 있도록 하기 때문이다.

이 책에서 계속 강조하듯이, 이 같은 시나리오에 여러분 자신이 어떻게 반응하는지에 세심한 주의를 기울이면서 여러분의 생각을 글로 적어보자. 상상의 심박측정기를 다시 꺼내어 몸에 연결하자. 위의 가상의 연구서 중에서 특히 여러분의 관심을 끄는 책은 있는지? 왜 이 책이 여러분의 관심을 끄는지? 어떤 이유에서든 여러분 마음에 와닿지 않는 '확실한' 책 제목이 있는지? 왜 그럴까? 이 과정이 다른 사람이나 여러분 자신에게 여러분의 연구프로젝트를 설명하는 방식을 수정하거나 다듬는데 어떻게 도움이 될까?

이러한 질문에 답을 찾다 보면 여러분은 다시 한번 여러분의 연구 문제에 더 가까이 다가설 수 있게 된다. 또한, 현재 여러분이 진행하고 있는 연구프로젝트가 다른 논의들과 어떻게 연구 문제 중심적인 방법으로 공통적인 접점을 만들어낼지 상상하는 데도 도움이 된다. 앞서 우리가 논의한 '전쟁 중 은신 문화의 역사'의 사례에서 1차 핵심 자료만 놓고 보면 분명 중국과 관련된 내용이었지만, 연구 문제는 반드시 중국과 관련된 것은 아니었는데, 이는 많은 것을 시사하면서 많은 가능성을 열어놓았다. 여러분과 '동일한 문제를 연구하는 동료 연구자 공동체'의 연구자들을 찾기 위해 여러분의 연구 분야를 뛰어넘어 나아갈 수 있는 방향에 대해 생각해 볼 수 있도록 위의 〈연구의 전후 맥락 파악하기〉 연습 과제의 결과를 이용해 보자. 그 내용을 적어놓고 검색을 시작해보자.

✣ 자주 범하는 실수 ✣

1. 멘토가 제안했다는 이유로, 아니면 여러분의 주제와 관련이 있는 '명백한' 선택이라는 이유로 여러분의 가상의 연구프로젝트를 스스로 좋아하도록 설득하기 :
   다른 사람들의 설득이나 압력의 부담을 이겨내고 여러분의 본능을 믿도록 하자. 여러분이 망설이는 상황이라면 그 상황과 느낌, 이유를 글로 적어놓자.

2. 가상 연구프로젝트에 대한 여러분의 본능적인 무관심이나 지루함의 느낌을 무시하거나, 이런 프로젝트를 선택한 것에 대해 왜 여러분이 극도로 싫어하게 되었는지 전혀 고민하지 않기 :
   실제 연구 과정에서 여러분이 싫어하는 것이 무엇인지를 파악하는 것은 큰 도움이 된다.

3. 마음속으로 큰 그림을 그리는 연습 과정에서, 여러분이 현실적으로 성취할 수 있는 범위를 훨씬 뛰어넘는 큰 프로젝트를 수행해야 한다는 느낌에 빠지기 :
   중요한 것은 여기서 목표는 여러분과 '동일한 문제를 연구하는 동료 연구자 공동체'의 다른 연구자들을 찾을 수 있도록 여러분을 흥분시키는 연구 문제를 정확히 찾아내는 것이다. 다시 한번 강조하지만, '쓰고 검색하고 또 쓰기'가 핵심이다.

연습 과제 '동일한 문제를 연구하는 동료 연구자 공동체'의 연구 파악하기 (2차 보조 자료 검색하기)

목표: '동일한 문제를 연구하는 동료 연구자 공동체'에서 나온 2차 보조 자료를 활용해서 더 많은 '동일한 문제를 연구하는 동료 연구자 공동체' 관련 자료 찾기

이제 〈연구 문제의 변수 용어 한 가지 바꾸기〉와 〈연구의 전후 맥락 파악하기〉의 연습 과제를 완수했는데, 드디어 자신과 '동일한 문제를 연구하는 동료 연구자 공동체'를 적극적으로 탐색하고 검색할 수 있는 환경이 마련되었다. 〈연구 문제의 변수 용어 한 가지 바꾸기〉에서는 여러분 연구 질문에서 어떤 변수 용어가 선택적이고 협상 가능하며 대체 가능한지, 그리고 어떤 변수 용어가 절대적으로 필수적이고 협상 불가능한지를 확인할 수 있었다. 마찬가지로, 비록 지금 현재 상태의 질문으로부터 자극을 받더라도 〈연구 문제의 변수 용어 한 가지 바꾸기〉 연습 과제를 통해, 아직 여러분의 연구가 끝나지 않았을지라도 여러분에게 자극이 될 수 있는 다른 확실한 변수 용어들이 있다는 것을 보여주었다. 즉, 여러분의 연구 문제의 범위가 연구 질문이 제시하는 것보다 더 넓을 수 있다는 것을 암시한다.

이제 이렇게 힘들게 얻은 '자기인식'을 새로운 키워드 검색의 실행을 통해 작동시킬 때이다. 이번에는 2차 보조 자료 검색이다. 만약 여러분의 질문이 우리가 앞서 활용한 사례에서는 미국 시애틀의 아동 학대 역사에 초점을 맞추고 있지만, 여러분이 시애틀뿐만 아니라 토론토나 앙카라 또는 텔아비브에서의 동일한 주제를 연구하는 데에도 똑같이 관심이 있다면 다른 지역에서 수행된 연구를 찾아보도록 하자. 그 연구 자료들을 읽으면서 여러분의 마음속에 어떤 생각이 들었는지 살펴보자. 여러분을 뭔가 깨우치게 하는 효과가 있는지? 아니면 여러분의 심박측정기의 숫자가 갑자기 빨리 올라가는지?

그리고 〈연구 문제의 변수 용어 한 가지 바꾸기〉 연습 과제를 통해 여러분이 아동 학대뿐만 아니라 노인 학대에 관한 연구를 수행하는 것도 상상해 본다면 고민하지 말고 계속해서 이 주제에 대한 검색을 진행해 보자. 그래서 이 주제를 다루는 책이나 논문, 기록물, 예술 작품 등을 최대한 확보하고 나서 이 자료를 읽다 보면 어떤 생각이 들까?

이 책의 첫 번째 연습 과제인 〈여러분 자신 찾기〉와 마찬가지로 여기서 여러분의 목표는 아래 두 가지이다.

1. '동일한 문제를 연구하는 동료 연구자 공동체'의 책과 논문들을 읽고 그들의 논지를 이해하고 내용을 기록하기
2. '동일한 문제를 연구하는 동료 연구자 공동체'의 자료들을 읽으면서 이들 자료가 여러분에게 어떤 종류의 영향을 미치는지 살펴보기

이 자료들이 여러분 마음에 아무런 영향을 미치지 않는다면, 그들의 연구가 아무리 흥미롭더라도 이 연구의 저자는 여러분이 찾고 있는 '동일한 문제를 연구하는 동료 연구자 공동체'의 연구자는 아닐 수 있다는 단서를 제공한다. 그러나 만약 여러분의 맥박이 빨라지고 곧이어서 새로운 질문들로 인해 여러분의 정신이 요동치는 것을 느낀다면, 아마도 여러분이 결국 제대로 찾았다는 것을 의미하는 것이기도 하다. 비록 여러분의 손에 있는 책이나 논문이 여러분이 연구하는 사례와는 전혀 관련이 없는 것처럼 보일지라도 말이다.

여기서 우리는 이런 발견이 언제 발생할지, 얼마나 걸릴지, 그리고 과연 실제로 일어났는지 알 수는 없다. 오직 여러분만이 이 질문에 대한 답을 알고 있을 것이다. 그러나 우리는 여러분에게 한 가지는 말할 수 있다. 여러분이 지금까지 이 책의 모든 연습 과제를 풀어보았고 필요한 모든 자명화 과정을 만들어내고 분석했다면, 이 시점에서 여러분은 자기 성찰과 자기인

식의 필수적인 역량을 확보했을 가능성이 크다. 그래서, 여러분 자신을 주목하고, 자신을 신뢰하고, 종이에 '자명화' 과정을 적고, 분석하고, 여러분의 새로운 통찰력에 기반해서 그다음 단계에 무엇을 할지를 결정하는 '자기인식' 작업은 여러분과 '동일한 문제를 연구하는 동료 연구자 공동체'를 발견하는 과정에 큰 도움이 될 것이다.

여기서 한 가지 기억할 것은, 책 한 권이나 논문 한 편, 또는 기사 한 개나 기록물 하나, 강의 하나 찾는 것만으로도 여러분은 새로운 가능성의 문을 활짝 열 수 있다는 것이다. 진짜 여러분이 '동일한 문제를 연구하는 동료 연구자 공동체'의 연구자 한 사람이 쓴 글을 하나라도 찾게 된다면 거기서부터 수십, 수백 명의 다른 연구자들을 발견하는 과정은 훨씬 더 쉽고 빨라진다. 여러분의 연구 문제를 다루는 모든 새로운 연구에는 각주, 미주 및 참고문헌이 있는데 여기에서 새로운 추가 자료의 출처 정보를 확인할 수 있다. 새로운 연구의 목차와 초록, 서론, 결론을 우선적으로 읽어보자. 새로운 연구의 본문은 건너뛰어도 된다. 그리고 각주와 참고문헌도 꼼꼼히 살펴보자. 겉으로 보기에 여러분의 연구 사례와 조금이라도 관련이 있는지 없는지와는 상관없이 일단 여러분의 시선을 사로잡는 제목들은 기록해 두자. 사실, 이 연구서들이나 논문들은 여러분의 연구와 똑같은 주제나 문제, 즉 동일한 장소나 사람, 시대를 다루고 있지는 않다는 사실이 바로 핵심이다. 동일하지 않기 때문에 발생하는 바로 그 거리감이나 간극이, 여러분이 그토록 열정적으로 매달리는 연구 문제가 특정 시기나 장소에만 국한된 것이 아니라 오히려 매우 다른 주제를 연구하는 연구자들과도 함께 공유하고 있다는 것을 명확하고 효과적으로 밝혀준다.

이 모든 자료를 여러분 자신의 연구 참고문헌에 일단 추가한 다음, 가능한 모든 출처를 하나씩 구해서 각각의 새로운 자료에 대해 바로 위에서 설명한 확인 과정을 동일하게 진행해 보자. 가장 관련성이 커 보이는 자료의 검토부터 시작해서, 시간을 가지고 꼼꼼하게 읽을만한 가치가 있고 중요한 연결고리가 있는 자료들을 찾을 때까지 이 과정을 반복하자. 그리고 이 자료들을 꼼꼼하게 읽으면서 여러분이 연구하는 문제와 동일한 문제를 다루고 있는 것으로 보이는 자료들을 발견할 때마다 여러분 자신에게 다음 질문을 반복해보자.

- 이 연구자는 여러분의 연구 문제를 어떻게 이야기하는지?
- 자료에서 여러분의 마음을 불편하게 하는 것에 대해 이 연구자는 어떻게 설명하는지?
- 여러분이 고민하는 똑같은 문제를 고민하며 밤잠을 설치고 있는 이 연구자는 전문가로서, 연구자로서, 아니면 또 다른 방식으로든 이런 문제를 표현하는데 어떤 용어들을 사용하고 있는지?

이 질문들에 대한 여러분의 답을 적어보자. 일단 여러분의 머릿속에 떠오르는 것이 있으면 무엇이든 적어놓자. 연구 과정에서 결코 흔하지 않은 드물고 즐거운 순간일 것이다. 왜냐하면, 여러분의 연구 여정의 동반자를 찾는 순간이 바로 지금이기 때문이다. 바로 이 동료 연구자들이 결국 여러분을 도와주고, 여러분에게 영감을 주고, 여러분의 연구를 검증해주고, 여러분에게 도전하고, 여러분이 자신의 목소리를 찾을 수 있게 해 주는 사람들이다.

✣ 자주 범하는 실수 ✣

1. 여러분의 키워드 검색 과정에서 〈연구 문제의 변수 용어 한 가지 바꾸기〉 연습 과제의 결과를 활용하지 않기
2. 표면적으로는 여러분의 연구 사례와 직접적인 관련이 없는 것처럼 보인다는 이유로 2차 보조 자료에 대한 여러분의 본능적인 관심이

나 이끌림의 감정을 무시하기

3. 여러분이 찾은 2차 보조 자료가 어떻게 여러분의 연구 문제를 설명하거나 정의하는 지를 물어보는 앞의 세 가지 질문에 대해서 여러분의 답을 쓰지 않기
4. 다양한 2차 보조 자료에 대해서 연구자가 분석이나 내적 고민의 과정을 반복하지 않거나 일찍 포기해버리기
5. 여러분의 연구 분야에 있는 2차 보조 자료만 검토하기. 즉, 〈연구 문제의 변수 용어 한 가지 바꾸기〉 연습 과제에서 여러분의 주제에 관련된 다양한 변수 용어를 적극적으로 바꾸지 않기

2. '동일한 문제를 연구하는 동료 연구자 공동체'를 위해 다시 쓰자.

이제 여러분과 '동일한 문제를 연구하는 동료 연구자 공동체'를 찾았으므로 그다음에 할 작업은 그들을 위해 글을 쓰는 것이다. 보다 정확하게 말하자면, 실제로는 그들을 위해 '다시 쓰는' 작업이다. 이 책의 3장에서 연구계획서 초안 작성 연습 때 이 같은 시도를 해볼 것을 권장했는데, 동일한 연습과 방법을 연구계획서뿐만 아니라 에세이나 논문 초록, 학술대회 발표문, 학술논문, 또는 연구지원금 신청서나 심지어는 연설문이나 일반적인 발표문 작성에도 충분히 적용해 볼 수 있다. 이 과정은 다음 두 단계로 시작한다.

1) 여러분의 연구 문제를 설명하기 위해 현재 의식적으로나 무의식적으로라도 사용하고 있는 여러분 학문 분야의 전문 용어 파악하기
2) 여러분의 학문 분야 밖에 있는 사람들도 쉽게 이해할 수 있도록, 여러분의 연구 문제에 대한 설명에서 여러분 분야 내의 전문가들이나 이해할 수 있는 전문 용어들을 모두 제거하기

여러분과 '동일한 문제를 연구하는 동료 연구자 공동체'를 위해 다시 쓰는 작업은 생각보다 간단하지 않은데, 그 이유는 크게 다음 세 가지이다.

첫째, '동일한 문제를 연구하는 동료 연구자 공동체'의 연구자들은 여러분의 연구 주제에 대해 거의 또는 전혀 알지 못할 수 있다. 그들은 여러분 연구가 다루는 시대나 주제, 지역에 대해서도 아무것도 모를 수 있다. 어쩌면 여러분의 학문 분야에 대해 완전히 무지할 수도 있으며, 여러분이 사용하는 전문 용어 자체를 아예 이해하지 못할 수 있다. 이 문제는 조금 뒤에 다시 논의하도록 하자.

둘째, 여러분의 학문 분야에 큰 영향을 주는 업적들이 의외로 여러분과 '동일한 문제를 연구하는 동료 연구자 공동체'에게는 별다른 감흥을 주지 못할 수도 있다. 어쩌면 동료 연구자 공동체 분야에서는 여러분의 연구 질문에 대한 답을 이미 찾았을 수도 있다. 예를 들어, 어쩌면 동료 연구자들은 인간의 자유의지가 민주주의 사회에서 어떻게 작동하는지, 또는 우리가 살고 있는 지구에 대한 어떤 구체적인 환경 위협이 가장 시급한 문제인지에 대해서 다른 종류의

합의점을 가지고 있을 수도 있다. 그리고 학자 X의 연구가 여러분의 학문 분야에서는 수천 편의 후속 논문을 이끌어냈지만 정작 여러분의 학문 분야 밖에서 여러분과 '동일한 문제를 연구하는 동료 연구자 공동체'에서는 거의 알려지지 않았을 가능성도 있다. 아니면, 여러분과 '동일한 문제를 연구하는 동료 연구자 공동체'의 연구자들이 그 어떤 이유로든 여러분의 학문 분야의 고민이나 문제의식이 별문제가 아니라고 판단할 가능성도 있다.

셋째, 여러분의 학문 분야에서 연구가 중단되었거나 금기시되는 논란의 문제들이 정작 여러분과 '동일한 문제를 연구하는 동료 연구자 공동체'의 관심의 대상이 되지 않을 수도 있다. 예를 들어, 여러분 학문 분야의 일부 학자들은 독립투사들의 투쟁이 정권 교체를 가져왔다고 주장하는 반면, 또 다른 편의 학자들은 정권을 무너뜨린 이들이 테러리스트들이라고 주장할 수도 있다. 여러분의 학문 분야는 'Y 이론'의 타당성에 대해서는 의문을 제기해서는 안 되며, 'Z 주제'를 언급할 때는 항상 특정한 명명법을 사용해야 한다는데 동의하지만, 여러분과 '동일한 문제를 연구하는 동료 연구자 공동체'에는 그러한 금지 사항이나 전제 조건이 없을 수 있다. 그리고 여러분과 '동일한 문제를 연구하는 동료 연구자 공동체'의 연구자들이 여러분과는 다른 종류의 부담이나 염려에 짓눌리고 있다는 것을 나중에 알게 될 수도 있다. 그렇기 때문에 어쨌든, 여러분과 '동일한 문제를 연구하는 동료 연구자 공동체'를 위해 글을 쓸 때는, 여러분의 학문 분야에서 글을 쓰는 과정에서는 굳이 생각하지 않아도 되는 부분까지 고려하고 배려해서 써야 한다.

여러분과 '동일한 문제를 연구하는 동료 연구자 공동체'가 요구하는 것은 여러분의 연구 문제를 항상 글의 중심과 전면에 명확하게 위치시키는 것이다. 여러분 연구 분야에서는 누구나 알고 있는 단골 골칫거리로부터 벗어나서 여러분이 해결하려고 하는 문제들에 집중해야 한다. 이 같은 집중력이 여러분의 글의 흐름과 여러분이 내세우는 주장의 구조, 그리고 여러분이 사용하는 단어를 이끌고 나아갈 수 있어야 한다.

모든 학문 분야에는 줄여서 부르는 약어, 즉 외부인을 움츠러들거나 머릿속을 하얗게 만들어버리는 전문 용어들이 있다. 여러분의 학문 분야 밖에서 '동일한 문제를 연구하는 동료 연구자 공동체'에게 이런 전문 용어들을 사용할 수는 없다. 왜냐하면, 이렇게 해서는 여러분의 연구 문제나 주제를 제대로 그들에게 설명할 수조차 없기 때문이다. 그래서 여러분과 '동일한 문제를 연구하는 동료 연구자 공동체'를 찾는 것이 매우 중요해진다. 그들과 연결하기 위해서는 여러분은 자신의 학문 분야의 꽉막힌 방에서 한 걸음 밖으로 나와야만 한다.

예를 들어, 어느 날 여러분이 미술 수업을 빠져야 하는 상황이 발생해서 친구에게 그날 수업을 비디오 녹화해 달라고 요청하는 상황을 가정해 보자. 그런데 실수로 친구는 오디오만 녹음해버렸는데, 그 오디오 녹음 파일에서 선생님이 아래와 같은 상황 설명을 하고 있다:

> "이 그림의 왼쪽에서 볼 수 있듯이 두 번째 인물은 여기 있는 인물을 위협적으로 바라보고 있지요. 하지만 우리는 여기 있

는 인물의 표정은 차분한 것을 볼 수 있습니다. 다시 이 부분으로 돌아와서 이야기할 테니 이 점에 주목해 보세요."

여러분은 여기서 이야기의 흐름을 놓쳐버리고 마는데, 여기에는 그럴만한 이유가 있다. 수업의 교실 안에 있는 학생들에게는, 사물을 가리키며 이에 관해 이야기하는 것은 자연스럽고 효과적인 소통 방법이 된다. 그러나 아무리 똑똑하다고 하더라도 그날 수업을 듣지 않았던 사람들이 오디오 설명만으로 그날 수업을 이해하기는 결코 쉽지 않다. 도대체 오디오 설명에서 선생님이 가리키고 있는 그림은 어떤 그림인지? 그림의 왼쪽에 있는 사람은 누구인지? 그리고 선생님이 말한 '여기 있는'이라는 지시어는 어디를 가리키는지?

'말하면서 가리키기'는 본질적으로 마치 우리 학문 분야 안에 있는 연구자들에게 이야기할 때나 활용하는 소통 행위이다. 아래 문장을 고민해보자.

"GMD와 CCP 사이의 잔혹한 내전에서 결국 후자가 승리를 거두고 PRC를 탄생시켰다."

위의 문장은 현대 중국 역사학자에게는 완벽하게 명확해진다. 그러나 중국 역사와 관련 없는 모든 사람에게는 이 문장은 마치 비밀 암호처럼 들릴 수 있는데, 그 이유는 이 문장에는 보여주는 것보다 감추고 있는 것이 훨씬 많기 때문이다.

그래서 여러분의 학문 분야 밖에서 '동일한 문제를 연구하는 동료 연구자 공동체'를 위해 글을 쓸 때는 여러분이 평소에 사용하던 약어나 축약어는 최대한 배제해야 한다.

"중국 국민당(GMD)과 중국 공산당(CCP) 사이의 잔혹한 내전에서 결국 후자가 승리를 거두고 중화인민공화국(PRC)을 탄생시켰다."

아마 여러분과 동일한 학문 분야의 일부 연구자들을 포함해서 여러분의 학문 분야 밖의 모든 사람을 소외시키는 또 다른 학문적 글쓰기 예시를 하나 더 살펴보자.

"파크(Park)와 윌리암스(Williams)의 발견은 웬델(Wendell)의 영향력 있는 가설을 반박한다."

이 문장으로 여러분의 학문 분야 밖에서 '동일한 문제를 연구하는 동료 연구자 공동체'의 관심을 이끌어 내기 위해서는 아래와 같이 다시 쓸 수 있을 것이다.

"혹등고래 뼈와 함께 칼과 포크가 묻혀 있던 10세기 노르웨이 무덤의 발굴은 예전 바이킹들이 새우만 먹었다고 주장한 어느 학자의 영향력 있는 가설을 반박한다."

바로 이것이 여러분이 이야기하고자 했던 핵심일 것이다!

학문 분야의 '전공자의 전문 용어'는 물론 특정 상황에서는 중요하며 심지어 필수적이기도 하다. 전문가들 사이에서는 이런 전문 용어를 사용함으로써 불필요한 중복을 제거하고 소통의 속도도 높여서 자신들 연구의 중요하고 복잡한 측면을 더 깊이 탐구할 수 있는 시간을 확보할 수 있다. 흉부외과 의사가 수술을 앞두고 자신이 사용하는 모든 전문 용어를 환자인 여러분에게 하나씩 모두 설명해

주는 것을 원하지는 않을 것이다. 또한, 여러분이 수술을 받는 응급실에 있는 의사와 간호사들이 전문 용어를 알아듣지 못해 누군가가 일일이 일반용어로 그들에게 설명해야 하는 상황도 원하지 않을 것이다.

그럼에도 불구하고, '전공자의 전문 용어'는 연구 과정의 초기 단계에서는 마치 저주와도 같다. 생사가 달린 수술에 관한 결정을 빠르고 효율적으로 내리면서 신속히 진행해야 하는 응급실과는 달리, 연구의 초기 단계에서는 오히려 진행 속도를 늦추고 전문 용어의 압축을 풀어내는 선택이 훨씬 도움이 되는 경우가 많다. 전문 용어를 일반 언어로 '번역'하는 것은 여러분의 학문 분야 밖에서 '동일한 문제를 연구하는 동료 연구자 공동체'를 위한 글쓰기의 필수 부분이다.

이유는 간단하다. 이미 알고 있듯이 '동일한 문제를 연구하는 동료 연구자 공동체'의 연구자들은 여러분과 동일한 학문 분야 출신이 아니거나 여러분과 동일한 연구 주제를 공유하지는 않을 것이기 때문이다. 그들은 여러분의 연구에 동기를 부여하는 근본적인 문제나 학문적 자극을 공유하는 것뿐이지, 여러분 학문 분야의 특정 용어나 약어가 무엇을 의미하는지는 전혀 알지 못할 것이다. 여기에는 명사형 표현뿐만 아니라, 특히 은유적인 의미로 사용될 때 정확히 무엇을 의미하는지에 대한 구체적인 설명과 맥락이 필요한 '개입하다'(intervene)나 '협상하다'(negotiate) 등과 같은 동사형도 포함된다. 이러한 용어들은 용어를 그대로 쓰는 대신에 완벽하게 설명하는 방식으로 표현하는 것이 좋다. 그렇게 해서 여러분 학문 분야 밖에서 '동일한 문제를 연구하는 동료 연구자'들이 여러분의 연구 방향을 제대로 이해하는데 필요한 기본적인 정보를 확보할 수 있도록 하자. 이들 동료 연구자가 여러분의 질문을 이해하고 여러분을 '동일한 문제를 연구하는 동료 연구자 공동체'의 일부라고 인식하도록 도움을 제공하자. 그래서 가능하면 모호한 표현 대신에 특정 장소나 시기, 저명인사 또는 기관과 관련된 연구 질문이나 연구 문제, 학문적 자극이나 염려 등을 구체적으로 표현하도록 하자.

여러분의 학문 영역 밖의 동료 연구자에게 상황의 맥락을 제공하면 동료 연구자들이 여러분의 연구를 발전시키는 데 도움을 줄 수도 있을 것이다. 그래서 '동일한 문제를 연구하는 동료 연구자'가 여러분의 연구 가설의 완성도를 높이고 난관을 헤쳐나가는 데 도움이 되는 그런 아이디어를 여러분과 공유하고 여러분에게 문제를 제기할 수 있도록, 여러분은 글을 쓸 때 단어의 앞글자만 따와서 만드는 약어나 축약 표현, 약칭 등은 최대한 제거하도록 하자.

연습 과제 '전공자 전문 용어' 찾아서 바꾸기

목표: 여러분의 학문 분야의 전공자들에게만 이해될 수 있는 논문의 용어들을 찾아서 여러분의 학문 분야 밖에서 '동일한 문제를 연구하는 동료 연구자'와도 소통할 수 있도록 다시 쓰기

컴퓨터 화면에 입력하는 것이 아니라 최소한 5가지 색상의 형광펜을 사용해서 종이에 직접 쓰는 방식으로 이 연습을 수행하면 좋다. 이 연습은 다음 세 단계로 구성된다.

1단계: 여러분의 학문 분야 밖에서 '동일한 문제를 연구하는 동료 연구자 공동체'의 눈으로 여러분 학문 분야의 논문 읽기

연구계획서 초안을 출력한 다음, 여러분이 발견할 수 있는 '전공자의 전문 용어'에 해당하는 모든 사례를 형광펜으로 표시하자. 예를 들어 다음과 같이 '전공자의 전문 용어'의 유형에 따라 다른 색상의 형광펜을 사용하도록 한다.

- 파란색: 인물의 성과 이름이 함께 적혀 있지 않고 성만 언급되거나, 처음 언급될 때 인물 소개가 없는 경우
- 빨간색: 용어의 정의나 설명 없이 사용된 전문 용어나 기술 용어의 경우
- 주황색: 내용을 설명하기보다는 더 모호하게 만드는 형용사나 부사의 경우
- 녹색: 본문에서 언급은 되지만 정확하게 명시되지 않거나 간략하게라도 설명되지 않는 모든 사건이나 일의 경우
- 노란색: 약어로 표기하는 두음문자

물론 여기서 여러분은 자신만의 고유한 카테고리를 만들 수도 있다.

만약 굳이 컴퓨터 화면에서 이 연습을 하는 경우라면, 텍스트 강조 기능을 사용하여 색상 코드를 지정할 수 있다. 다양한 색상을 사용하면 해당 언어의 패턴이 한눈에 명확해지기 때문에 가능하면 검정색 이외의 다양한 색상을 사용하도록 권장한다. 그렇게 되면 텍스트에 노란색이 너무 많아지는 경우에는 분명히 단어의 앞글자만 따와서 만드는 두음문자 약어를 남용하고 있다는 것을 한눈에 바로 확인할 수 있게 된다. 물론 다양한 색상 대신에, 다른 글꼴이나 표기법(숫자, 문자, 기호) 또는 연구자가 선호하는 고유한 활자 코드를 사용해서 구분할 수도 있다.

다음 그림은 흑백으로 된 예시를 제공한다. 위에 있는 페이지가 '전공자

Lorem ipsum dolor sit amet, consectetuer adipiscing elit, sed diam nonummy nibh euismod tincidunt ut laoreet dolore magna aliquam erat volutpat. Ut wisi enim ad minim veniam, quis nostrud exerci tation ullamcorper suscipit lobortis nisl ut aliquip ex ea commodo consequat. Duis autem vel eum iriure dolor in hendrerit in vulputate velit esse molestie consequat, vel illum dolore eu feugiat nulla facilisis at vero eros et accumsan et iusto odio dignissim qui blandit praesent luptatum zzril delenit augue duis dolore te feugait nulla facilisi.
Lorem ipsum dolor sit amet, cons ectetuer adipiscing elit, sed diam nonummy nibh euismod tincidunt ut laoreet dolore magna aliquam erat volutpat. Ut wisi enim ad minim veniam, quis nostrud exerci tation ullamcorper suscipit lobortis nisl ut aliquip ex ea commodo consequat.
Lorem ipsum dolor sit amet, consectetuer adipiscing elit, sed diam nonummy nibh euismod tincidunt ut laoreet dolore magna aliquam erat volutpat. Ut wisi enim ad minim veniam, quis nostrud exerci tation ullamcorper suscipit lobortis nisl ut aliquip ex ea commodo consequat. Duis autem vel eum iriure dolor in hendrerit in vulputate velit esse molestie consequat, vel illum dolore eu feugiat nulla facilisis at vero eros et accumsan et iusto odio dignissim qui blandit praesent luptatum zzril delenit augue duis dolore te feugait nulla facilisi.
Lorem ipsum dolor sit amet, cons ectetuer adipiscing elit, sed diam nonummy nibh euismod tincidunt ut laoreet dolore magna aliquam erat volutpat. Ut wisi enim ad minim veniam, quis nostrud exerci tation ullamcorper suscipit lobortis nisl ut aliquip ex ea commodo consequat.
Lorem ipsum dolor sit amet, consectetuer adipiscing elit, sed diam nonummy nibh euismod tincidunt ut laoreet dolore magna aliquam erat volutpat. Ut wisi enim ad minim veniam, quis nostrud exerci tation ullamcorper suscipit lobortis nisl ut

표기 전

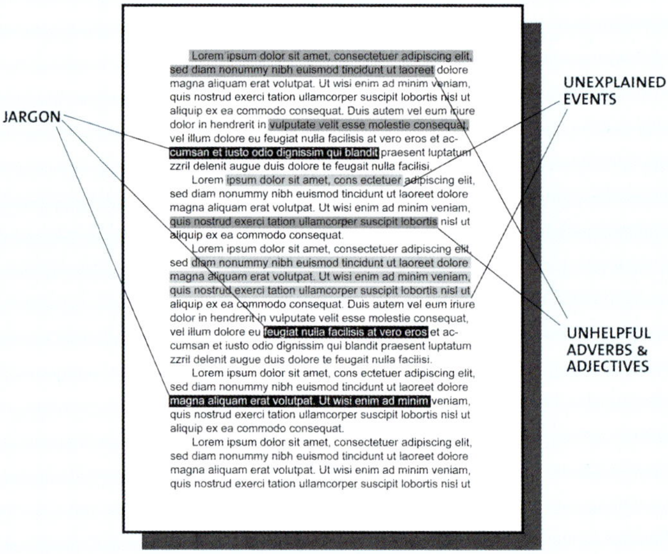
JARGON
UNEXPLAINED EVENTS
UNHELPFUL ADVERBS & ADJECTIVES
Lorem ipsum dolor sit amet, consectetuer adipiscing elit, sed diam nonummy nibh euismod tincidunt ut laoreet dolore magna aliquam erat volutpat. Ut wisi enim ad minim veniam, quis nostrud exerci tation ullamcorper suscipit lobortis nisl ut aliquip ex ea commodo consequat. Duis autem vel eum iriure dolor in hendrerit in vulputate velit esse molestie consequat, vel illum dolore eu feugiat nulla facilisis at vero eros et accumsan et iusto odio dignissim qui blandit praesent luptatum zzril delenit augue duis dolore te feugait nulla facilisi.
Lorem ipsum dolor sit amet, cons ectetuer adipiscing elit, sed diam nonummy nibh euismod tincidunt ut laoreet dolore magna aliquam erat volutpat. Ut wisi enim ad minim veniam, quis nostrud exerci tation ullamcorper suscipit lobortis nisl ut aliquip ex ea commodo consequat.
Lorem ipsum dolor sit amet, consectetuer adipiscing elit, sed diam nonummy nibh euismod tincidunt ut laoreet dolore magna aliquam erat volutpat. Ut wisi enim ad minim veniam, quis nostrud exerci tation ullamcorper suscipit lobortis nisl ut aliquip ex ea commodo consequat. Duis autem vel eum iriure dolor in hendrerit in vulputate velit esse molestie consequat, vel illum dolore eu feugiat nulla facilisis at vero eros et accumsan et iusto odio dignissim qui blandit praesent luptatum zzril delenit augue duis dolore te feugait nulla facilisi.
Lorem ipsum dolor sit amet, cons ectetuer adipiscing elit, sed diam nonummy nibh euismod tincidunt ut laoreet dolore magna aliquam erat volutpat. Ut wisi enim ad minim veniam, quis nostrud exerci tation ullamcorper suscipit lobortis nisl ut aliquip ex ea commodo consequat.
Lorem ipsum dolor sit amet, consectetuer adipiscing elit, sed diam nonummy nibh euismod tincidunt ut laoreet dolore magna aliquam erat volutpat. Ut wisi enim ad minim veniam, quis nostrud exerci tation ullamcorper suscipit lobortis nisl ut

표기 후

의 전문 용어' 교체 과정을 거쳐서 아래에 있는 페이지로 마무리가 된다.

'전공자의 전문 용어'가 깔끔하게 제거된 가장 깨끗한 페이지를 만들어 냈다고 해서 누가 상이라도 주는 것은 아니지만, 이 '전공자의 전문 용어'를 최대한 많이 찾아서 깃발을 달아서 표시하도록 하자. 그렇게 함으로써 여러분과 '동일한 문제를 연구하는 동료 연구자'들과 더 효과적으로 소통하는 방법에 관한 여러분의 고민을 정교하게 다듬어갈 수 있을 것이다.

2단계: 여러분의 전공 분야에서 한 걸음 벗어나서 다시 쓰기

이제 여러분은 텍스트에 '전공자의 전문 용어' 관련 표시를 끝냈기에 다양한 색상으로 표시한 부분만 다시 쓰도록 하자. 각각의 표기에 대해서는 앞서 언급했던 대로 아래와 같이 진행하자.

1. 개인: 성과 이름 전체를 표기할 때는 될 수 있으면 간단한 약력 설명도 함께 제공하자.
2. 기관: 기관의 성격을 충분히 자세히 기술하자.
3. 기술 용어: 기술 용어는 삭제하고, 현상이나 원리에 대한 설명으로 대체하자. 만약 용어를 유지해야 하는 경우에는 용어의 정의를 제시하자.
4. 형용사와 부사: '전통적으로', '평범한', '명백한', '과학적으로', '명확한', '비합리적인' 등과 같이 은연중에 판단을 유도하는 형용사나 부사는 보다 구체적이고 개방적이며 투명한 용어로 대체하자.
5. 사건이나 일: 발생한 일을 간략하게 설명하고 관련된 맥락을 설명하자.
6. 두음문자: 두음문자 약어는 제거하고 전체 이름이나 간단한 설명으로 대체하자.

여기서 가장 중요한 목표는 단순히 모호한 것을 피하는 것에 그치지 않고, 반드시 표현하고 전달해야 할 내용을 명확하게 보여주는 것임을 명심

하자. 연구자로서 여러분의 노력은 긍정적인 결과를 도출한다는 것을 믿어야 한다.

✣ 자주 범하는 실수 ✣

1. 명사 이외에는, 모호하거나 특정 분야의 형용사나 부사, 동사 등은 '전공자의 전문 용어'로 표시하지 않기
2. '전공자의 전문 용어'를 사용하는 여러분의 글쓰기 습관을 보다 체계적으로 정확하고 효과적으로 찾아내는 데 도움이 되도록 여러 가지 색상으로 강조 표기를 하는 대신에, 한 가지 색상이나 한 가지 글꼴, 표기법만 사용하기
3. 여러분 학문 분야의 전문 용어를 일반인들도 이해할 수 있는 용어로 대체하는 대신에, 오히려 또 다른 학문 분야의 전문 용어로 대체하기

자문 그룹의 한 마디

"쉽게 읽을 수 있는 여러분의 연구계획서는 이제 제대로 이해되나요?"

이제 여러분은 연구계획서에서 다양한 유형의 '전공자의 전문 용어'를 모두 체계적으로 정확하게 찾아낸 다음, 해당 전문 용어를 비전문가인 일반 독자들도 이해할 수 있는 용어로 대체해 놓았다. 그런 다음에는 해당 연구 주제의 전

문가가 아닌 사람, 즉, 해당 주제에 대한 전문 지식이 없는 사람에게 여러분 연구계획서의 수정본을 읽어보고 이해되지 않는 부분을 형광펜이나 밑줄로 표시해 달라고 부탁하자. 아마 여러분은 여기서 놀랄 수도 있을 것이다. 사실 우리는 연구 주제에 가까워지면 질수록 객관적인 관점을 잃어버리기 쉬워서 우리가 볼 수 없는 것들을 일반인들은 금방 찾을 수도 있다. 그들에게는 어떤 단어나 문구가 혼란스러운지? 그들은 연구계획서의 글의 논리를 잘 따라오고 있는지? 어떤 문장이나 문단이 그들을 당황스럽게 만드는지? 이 모든 것들이 명확해질 때까지 해당 부분을 계속해서 다시 써보자. 여러분의 자문 그룹은 여러분의 연구 문제를 더 정확하고 명확하게 표현하는 데 도움을 줄 수 있을 것이다.

3. 자신의 분야 밖에서 '동일한 문제를 연구하는 동료 연구자 공동체'와 함께 가자.

우리는 여러분과 '동일한 문제를 연구하는 동료 연구자 공동체'를 '해결 공동체'(Solution Collective)라고는 부르지 않는다. 왜냐하면 '동일한 문제를 연구하는 동료 연구자 공동체'의 연구자들도 문제를 해결할 수 있는 방안이나 해결되어야 한다고 생각하는 방식이 근본적으로 다를 수 있기 때문이다. 빈곤의 해결책은 무엇인지? 이상적인 유치원 교육은 무엇인지? 테러를 억제하는 가장 좋은 방법은 무엇인지? 이에 대한 제안은 다양하지만, 자기주도적 연구자는 자신과 '동일한 문제를 연구하는 동료 연구자 공동체' 내에서 다양한 의견 차이를 당연한 일로 받아들일 수 있다. 여러분은 '동일한 문제를 연구하는 동료 연구자 공동체' 내 모든 연구자가 여러분과 똑같이 생각하지는 않는다는 것을 굳이 방어하려고 하기보다는 그냥 차분하게 받아들여야 한다. 그리고, 동료 연구자 모두가 여러분의 친구가 되거나 앞으로 친구가 될 가능성도 거의 없다. 그런데 이것은 사실 좋은 일이기도 하다. 지금 여러분은 자신의 기존 아이디어를 누군가가 인정해 주기를 바라는 것이 아니며, 누군가의 동정심을 구하려는 것도 아니다. 오히려 여러분은 자신에게 동기를 부여하는 연구 문제에 대한 새로운 관점을 찾는 중이다. 그래서 자기주도적 연구자는 열린 마음으로 비판적인 초연함을 가지고, 다양한 해결책뿐만 아니라 그 해결책을 찾는 방법들까지도 고민할 수 있을 것이다.

연구자는 결코 안주해서는 안 된다. 여러분과 '동일한 문제를 연구하는 동료 연구자 공동체'는 아이디어의 집합체이며, 그 아이디어들은 끊임없이 유연하게 움직이고 있다. 그래서 이런 학문 공동체는 새로운 아이디어를 찾거나 재충전이나 재개를 위해 계속해서 진화하는 공간이다. 이 공동체는 결코 여러분의 학문 분야로부터 도망치거나 다른 사람들의 검증을 받기 위한 피난처가 아니다. 그리고 여러분과 '동일한 문제를 연구하는 동료 연구자 공동체'를 찾으려는 목적은 여러분의 뛰어난 학문적 깊이나 학제간 연구 역량을 다른 연구자에게 자랑하기 위한 것도 결코 아니다. 그러한 자만심은 오히려 자기주도적 연구에 대한 저주가 될 수 있다. 아이디어는 원래 검색을 위해 존재하는 것이다. 여러분은 다른 지역이나 다른 범주, 다른 시기 등으로 계속 이동하면서 지속적으로 여러분과 '동일한 문제를 연구하는 동료 연구자 공동체'를 벗어나려고 하면서, 또 한편으로는 자주 다시 돌아오려고 노력해야 한다. 그리고 이것은 이제 시작에 불과하다는 점을 잊지 말아야 한다. 여러분은 분명 하나 이상의 '동일한 문제를 연구하는 동료 연구자 공동체'에 속할 수 있는데, 각각의 공동체에 대한 여러분의 충성도는 연구 과제의 성격이나 특성에 따라서 달라질 수도 있다.

제 5 장

연구 분야 탐색하기

여러분과 '동일한 문제를 연구하는 동료 연구자 공동체'를 찾기는 쉽지 않다. 하지만 여러분의 연구 분야를 찾는 것은 의외로 간단하다. 왜냐하면, 여러분의 연구 분야가 여러분을 찾기 때문이다.

그 주된 이유는, 일반적으로 연구 분야는 가장 넓은 의미에서 연구 주제에 연결되어 있고, 오히려 연구 주제의 카테고리가 연구자 여러분을 끌어들이기 때문이다. 여러분의 연구 분야는 여러분을 다시 '주제의 세계'로 이끌어 간다.

각각의 연구 분야에는 그 분야만의 학술지와 전문 학회, 뉴스레터와, 관련 이해 관계자들이 소속되어 있는 대학을 포함한 수많은 기관이나 조직들이 있다. 대학은 다양한 학과로 구성되어 있는데, 학과는 화학, 경제학, 컴퓨터과학, 고전학, 영어학 또는 아시아 연구학과 같은 해당 분야의 이름을 따서 학과명이 정해진다. 인구학 단과대학 또는 젠더학과는 '동일한 문제를 연구하는 동료 연구자 공동체'로 구성될 수는 있지만 이러한 구성 방식은 대부분의 대학 학제 현실에서는 결코 일반적이지 않다. 이처럼 '연구 분야'와 '연구 공동체'의 역학관계는 오늘날 대학에서 학문적 활동의 방향을 계속해서 밀고 당기는 원동력이기도 하다.

연구 분야는 활동 범주나 연구 대상에 의해 정의된다는 점에서 '동일한 문제를 연구하는 동료 연구자 공동체'와는 다르다. 학문 '공동체'는 공유되는 학문적 아젠다나 일련의 학문적 관심사에 의해 정의된다. 만약 여러분의 연구프로젝트가 뻐꾸기시계의 역사에 관한 것이라면, 여러분은 그 시계가 독일 남서부의 슈바르츠발트(Schwarbald), 즉, '검은 숲'(Black Forest)과 연결되어 있다는 점에서 어쩔 수 없이 '독일학' 연구 분야의 일부가 되지만, 여러분과 '동일한 문제를 연구하는 동료 연구자 공동체'의 연구자는 아마 물질문화나 기술의 역사를 연구하는 학자일 수도 있을 것이다.

또는 예를 들어, 현재 대학의 미술사학과에 재학 중인 여러분이, 4,000자가 넘는 '가짜' 한자로 인쇄된 두루마리로 이루어진 설치 작품 "천서"(天書 · 하늘이 선물한 책, Book from the Sky)로 유명한, 중국 현대 미술의 나침반과도 같은 예술가 쉬빙(Xu Bing)에 대한 글을 쓰고 싶다고 가정해 보자. 이를 위해 아마 여러분은 언어학자와 큐레이터, 서예가, 그래픽 아티스트, 컴퓨터과학자, 목판 인쇄 기술의 역사학자, 활자 문화의 학자 또는 시 연구자들과도 대화를 나누어봐야 할 수도 있다. 그 중에서 여러분과 지적으로 소통할 수 있는 사람들은, 왜 예술가들이 미학과 명료성에 대한 보편적 기대치에 도전하기 위해 친숙한 문화적 형식을 사용하고, 어떤 방식으로 사용하는 지가 궁금한 사람들일 것이다.

여러분과 '동일한 문제를 연구하는 동료 연구자 공동체'의 연구자는 친구와도 같다. 친구처럼 여러분은 이들 동료 연구자와 관심사를 공유하고 함께 시간을 보내려고 한다. 그래서 여러분과 '동일한 문제를 연구하는 동료 연구자 공동체'를 찾는 것은 자기-연합의 과정이기도 하다. 여러분의 연구 분야는 여러분의 가족에 가깝다고 할 수 있다. 왜냐하면, 여러분의 연구 선배들은 이 세상에 여러분보다 먼저 존재했고, 그들은 여러분을 자신의 연구 공동체의 일원이라고 주장할 것이다. 여러분이 좋아하든 말든 여러분은 그들과 함께 많은 시간을 보내야 한다. 학문 공동체에서 여러분의 소속 회원자격은 사실 전적으로 여러분이 선택하는 것이 아니라, 해당 분야에서 연구자로 활동하는 여러분에게 일부는 자동으로 주어지는 것이기도 하다. 물론 해당 학문 분야를 포기하고, 그 학문 분야의 가치와 관습을 저버릴 수 있지만, 사람들은 여전히 그 분야와의 관계성에 관해 이야기할 것이다.

사람들은 자신의 정체성을 통해 가족을 바라보는 경향이 있다. 그런데 어떤 사람들은 자신의 가족 구성원이 자신과 함께 속해 있는 가족 구성원 이외의 또 다른 정체성을 가질 수도 있다는 사실을 전혀 깨닫지 못하는 경우가 많다. 즉, 가족인 동시에 또 다른 공동체의 구성원일 수도 있다는 사실이다. 예를 들어, 아이들은 부모가 자신들의 부모이면서도 동시에 부모 직업과 관련된 또 다른 공동체에 소속되어 있다는 생각을 하지는 못한다. 아이들은 부모가 일하러 갔다가 아이들의 학교가 끝날 시간에 학교에서 데리고 집에 와서 함께 노는 것을 당연하게 여긴다. 그러나 부모는 하루의 많은 시간이나 대부분을 자녀와 관련이 없는 일을 하거나 문제를 해결하는 데 보내곤 한다. 또한 부모들은 사회의 다양한 조직 문화나 단체, 자원봉사 기구, 이익 단체, 또는 아이들이 전혀 인식하지 못하는 문제를 해결하는 것을 목적으로 하는 기타 단체의 활동에도 참여하기도 한다. 우리는 부모가 우리를 키우는 일 외에 지금까지 다른 일에도 상당히 많은 시간을 할애해 왔다는 것을 알게 되면, 우리는 부모를 새로운 시각으로 바라보면서 다음과 같이 자신에게 물어보게 된다. "도대체 이분들은 진짜 어떤 사람들인가요?"

5장의 핵심 질문 중 하나는, '여러분은 여러분의 연구 분야의 연구자들이 가지고 있는 다른 연구 문제나 관심사에 대해서는 어떤 방식으로 반응하고 대처하는지?'이다.

여러분의 학문 분야에 속한 연구자들은 연구할 때 왜 여러분을 위한 글은 굳이 쓰지 않을까? 여러분이 방금 깨달은 것처럼, 이들 연구자는 그들과 '동일한 문제를 연구하는 동료 연구자 공동체'를 위해 글을 쓰고 있을 가능성이 크다. 만약 여러분의 학문 분야에 속한 연구자들이 여러분의 연구 문제가 무엇인지를 알기 위해 여러분만의 방식으로 여러분을 이해하려고 노력해주기를 바란다면, 여러분에게 이런 질문을 해보자. "그렇다면 과연 그들의 문제는 무엇일까?". 결국, 대학에 있어서 가장 앞에 내세우는 것은 학문 '분야'이다. 그런데 대학에서 어느 특정 학문 분야를 구성하는 학자들에게 가장 먼저 다가오는 것은 학문 분야가 아니라 그들의 연구 '문제'일 것이다. 이 같은 차이가 학문 분야를 역동적이면서도 불만스러운 공간으로 만드는 내부 모순 중 하나이다.

- 여러분과 '동일한 문제를 연구하는 동료 연구자 공동체'는 궁극적으로 여러분이 자신을 알아가는데 도움이 된다.
- 여러분의 학문 '분야'는 여러분이 자신을 뛰어넘는 데 도움이 된다.

여러분의 학문 분야 내에서의 다양한 '동일한 문제를 연구하는 동료 연구자 공동체'를 찾아내면 여러분의 분야가 어떻게 작동하는지, 그리고 어떻게 여러분의 분야가 여러분에게 도움이 될 수 있는지 더 잘 이해할 수 있을 것이다. 어느 특정 학문 공동체의 일원이 된다는 것은 단지 회원카드를 받고, 그 공동체의 가치와 관습을 수동적으로 전달하는 역할이 아니다. 여러분은 그 학문 분야의 발전에 기여하는 역할을 하는 것이다.

1. 자신의 학문 분야에서 연구 문제를 찾아보자.

학문 분야는 주제의 일관성을 포함해서 여러 가지 다양한 특징과 장점이 있으며, 학술지, 학회, 협회, 서지 정보, 특정 분야의 연구와 학습을 지원하는 기금 운용과 같은 다양한 제도적 구조를 갖추고 있다. 이러한 제도적 구조를 통해 연구 주제와 관련된 출처나 정보 및 관련 주제를 연구하는 다른 연구자들을 쉽게 찾을 수 있다. 이들 학회 조직이나 기구는 지속적으로 지식을 생산하고 지식을 규범화하고, 학문적 제도를 수립하고 다듬을 뿐만 아니라, 동료 평가를 통해 학회 소속 연구자들의 연구 결과에 대한 품질 관리도 수행한다. 그러나 여러분과 '동일한 문제를 연구하는 동료 연구자 공동체'는 이러한 제도적 지원이 부족하기 때문에, 동료 연구자를 찾아내고 이 연구자들과 연결하는 작업이 훨씬 더 어려울 수밖에 없다.

또한, 학문 분야가 연구자에게 미치는 영향의 정도는 단순한 불편함부터 해당 학문 분야의 쇠퇴와 소멸에 이르기까지 매우 다양하다는 한계가 있다. 학문적 관습을 발전시키다 보면 사각지대도 커지는 것을 알 수 있다. 받아들인 지식이나 지혜가 엉터리로 변질되어 오히려 혁신과 발전을 방해하는 경우도 있다. 게다가 학문적 권위에 대한 지나친 존중이나 때로는 학문적 권위의 자기 자랑으로 인해 심지어는 일종의 교조적인 교리가 등장할 수도 있다. 그러다 보면 신진 연구자들은 자신들보다 앞에 있는 무리를 따라가야 할 것 같은 부담감에 직면하면서 반사적으로 자신의 고유한 관심이나 생각은 억누를 수도 있다.

자기주도적인 연구자가 되는 방법을 안내하는 이 책의 제1부에서 수행한 다양한 연습 과제를 통해 여러분은 이러한 일반적인 함정을 극복하거나 피할 수 있는 역량을 키울 수 있었다. 계속해서, 한 가지 자료를 가지고 작업을 하든, 수많은 검색 결과를 놓고 작업을 하든, 아니면 단지 볼펜과 종이만 놓고 작업을 하든 간에, 여러분은 자신의 내면 목소리에 귀를 기울이면서 이 모든 연구 과정에서 언제 여러분이 전기충격 같은 짜릿함을 본능적으로 느끼는지에 대해 최대한 솔직하려고 노력해 왔다.

이제 5장에서는 다음에 대한 몇 가지 아이디어와 방법을 검토해

보자.

- 자신의 연구 문제를 놓치지 않으면서도 지식의 방대한 분야를 효율적으로 탐색하기
- 자신의 학문 분야의 다양한 자료와 자원들, 특히 여러분의 학문 분야 밖에서 '동일한 문제를 연구하는 동료 연구자 공동체'에 속하면서 여러분 학문 분야에서도 활동하는 연구자들을 최대한 활용하기
- 연구자들이 자신의 학문 분야와 상호 소통하는 과정에서 빠지기 쉬운 일반적인 개념적, 방법론적 함정 피하기

이런 함정에 빠지는 실수 중 하나는 학문 '분야'를, 더 구체적이고 세분되어 서로 관련성이 적은 하위 분야나 하위 주제들이 모여있는 주제 정도로만 보는 것이다. 우리는 학생들 스스로 '나는 단지 주제를 '좁히기만 하면' 연구프로젝트를 시작할 수 있게 될 것이다.'라고 생각하는 경우를 자주 보게 된다. 그러나 우리가 앞에서 강조했듯이, 여러분은 '주제의 세계'에서 출발하는 것만으로는 여러분의 주제를 좁힐 수가 없다. 더구나 '하위 주제의 세계'에서 출발하는 경우라면 그 가능성이 더욱 열악하다.

그래서 우리는 학문 분야는 여러 하위 분야를 모아놓은 공간이 아니라 '동일한 문제를 연구하는 동료 연구자 공동체'가 다양하게 모여있는 종합선물세트라고 이해하는 것이 중요하다고 강조한다. 이러한 관점으로 접근하면 특정한 연구 사례들을 넘어서, 근본적으로 완전히 다른 주제에 관해 연구하는 연구자들이 공유하는 문제들

도 볼 수 있게 된다. 즉, '주제의 세계'에 갇히지 않고서도 학문 분야의 다양하고 놀라운 연구 자원을 활용하는 방법을 배울 수 있는 것이다.

이러한 정신적, 심리적 변화를 일으키게 되면 여러분은 자신의 학문 분야와의 관계도 근본적으로 바꾸어놓을 수 있게 된다.

2. 문헌리뷰의 재해석을 통해 학문 분야 안밖의 연구자들과 소통하자.

학문 분야를 탐색하는 일반적인 방법, 즉 '선행연구 조사'를 다시 생각하는 것으로 시작하자.

'문헌리뷰'라고도 하는 '선행연구 조사'는 기말페이퍼나 연구논문, 학위논문, 책을 쓰는 과정에서 필수 구성 요소이다. '선행연구 조사'는 기말페이퍼나 논문의 앞부분에 등장하는데, 여기에서는 일반적으로 저자가 '지금 우리가 여기서 다루고자 하는 문제는 과연 어떤 과정을 거쳐서 도달하게 되었는지?'라는 질문을 던지고 이에 대한 답을 찾으려고 한다. 즉, 연구의 아이디어를 종합하고 이 아이디어를 연구할 만한 가치가 있는지, 어디까지 이미 연구가 되었는지를 조사하고 분석하게 된다. 선행연구 조사는 특정 주제나 문제와 관련된 기존의 거의 모든 연구를 연구자가 확인하고 읽었음을 입증함으로써 연구자가 이제 자신의 연구를 수행할 수 있는 권한을 설정한다. 선행연구 조사에서 여러분은 여러분의 논문을 읽을 독자가 여러분의 연구 아젠다를 이해하는 데 필요한 논의와 이론, 발견, 그리고 창의적이고 혁신적인 아이디어를 확인하면서, 학문적 연구 계보의 실마리를 추적해 나간다. 그렇다고 기존 연구들에 대한 연대기적 정리나 이미 발표된 논문 목록을 편집하는 것처럼 단순한 것이 아니다. 즉, 여러분의 연구를 이전의 연구나 학문적 검토로부터 확장시키고자 하거나, 또는 이를 기반으로 해서 기존의 문제의 새로운 부분을 다루고자 하는 주장을 펼치는 것이다.

제1부의 2장에서 우리는, 여러분의 연구프로젝트가 '해당 학문 분야의 틈새'를 메울 수 있다고 주장하는 식으로 여러분의 연구를 정당화하지는 말라고 조언했다. 연구라는 것은 결코 틈새를 메우는 역할을 하는 것이 아니다. 그리고, 학문 분야라는 것도 무너지지 않도록 구멍을 막아야 하는, 물이 새는 댐이나 수선이 필요한 의복 같은 것이 아니다. 오히려 여러분이 방금 합류한 파티에서 진행 중인 대화와 비슷한데, 만약 여러분이 구석에서 자리만 차지하고 조용히 있으면 그 누구도 여러분을 주목하지는 않을 것이다. 그들이 여러분에게 원하는 것은 여러분 자신의 아이디어를 발전시키는 데 도움이 되도록 매력적인 방식으로 표현하는 방식이다.

선행연구 조사는 지루한 고투의 시간으로 악명이 높다. 선행연구 조사는 쓰기도 어렵고 때로는 읽기가 더 어렵다. 그리고 지금 여러분에게는 선행연구 조사가 더욱 어려울 수 있다. 여러분과 '동일한 문제를 연구하는 동료 연구자'들이 쓴 논문 몇 편을 읽다 보니 여러분의 연구 문제의 핵심을 직접적으로 다루는 연구들도 발견하게 되면서, 이제 여러분의 연구프로젝트에서 많이 벗어난 연구들이 포함된 해당 학문 분야의 전체 논문을 읽는 것에는 흥미가 떨어질 수도 있다. 이는 마치 다른 사람의 세금 계산을 대신 해주는 세무사의 업무 같은 것으로 학문적 활동과는 거리가 멀고, 여기서 느끼는 감정은 의무감일 뿐 즐거움의 느낌은 아니다.

다행히도 이 삼성을 해결할 수 있는 간단한 방법이 있다. 모든 학문 분야가 여러분과 '동일한 문제를 연구하는' 매우 다양한 동료 연구자 공동체들로 구성되어 있기 때문에, 선행연구 조사에서 여러분의 역할은 이러한 다양한 연구자 공동체의 목소리에 귀를 기울이고, 다른 연구자 공동체 소속 연구자들이 어떻게 여러분의 주제에 대해 그들 자신의 아젠다와 가치를 구축하는지, 그리고 여러분의 연구 문제의 관점이 아니라 그들이 연구에서 발견한 결과물을 그들의 연구 문제의 관점에서 접근하고 분석해 보는 것이다.

다른 연구자 공동체와 교류하다 보면 여러분 자신의 가치를 더 잘 이해할 수 있는 기회가 만들어진다. 여러분은 다른 연구자 공동체들을 존중하는 법을 배우고, 누군가가 동일한 주제에 대해 다른 질문을 하면 그 사람이 틀렸다고 바로 판단해버리는 그런 실수를 피하는 법도 배운다. 이런 경우는 아마 다른 사람이 틀린 것이 아니라 단지 여러분과 다른 아젠다를 가지고 있고, 어쩌면 지금 풀려고 하는 문제도 서로 다른 문제일 수도 있다는 것을 깨닫는다.

이런 상황을 한번 생각해 보자. 여러분의 학문 분야의 학술대회장에서 여러분의 연구 주제와 관련된 프레젠테이션을 보고 있는데도 이제 슬슬 지루한 느낌이 들기 시작한다.

바로 그 순간 머릿속에 이런 생각이 떠오른다. '발표자가 내가 하는 연구 문제를 다루고 있기는 한데 그 방법이 형편없는데?'

이런 반응은 자기주도적 연구자의 반응이 아니라 그냥 '이기적인' 반응일 뿐이다. 여러분과 '동일한 문제를 연구하는 동료 연구자 공동체'를 인지하고 있는 자기주도적 연구자라면, 이런 식으로 생각하는 대신에 '이 발표자는 내가 다루는 동일한 주제를 다루고 있는 것 같지만 나의 연구 문제와는 매우 다른 문제의 관점에서 접근하는 것 같은데? 그렇다면 이 연구자의 연구 문제는 무엇일까?'라는 고민으로 이어져야 한다.

그렇다면 이어지는 또 다른 질문들로는, '그들의 연구와 그들의 연구 문제가 나와 나의 연구에는 어떤 도움이 될 수 있으며, 나는 그들에게 어떤 도움이 될 수 있을까?', '혹시라도 내가 못 보는 것을 그들이 보고 있는 것은 아닐까?' 등이 있을 것이다.

후자의 접근 방식은 확실한 장점이 있다. 이를 통해, 여러분은 새로운 에너지를 만들어 낼 뿐만 아니라 여러분의 학문 분야와 '동료 연구자 공동체' 모두를 변화시킬 수 있도록 이 둘 사이의 생산적인 마찰을 보다 효과적으로 잘 활용할 수 있을 것이다.

이런 장점들은 '문헌리뷰'라는 밋밋하고 딱딱한 제목에 활기를 불어넣을 수 있는 과정이다. 여러분의 분야를 탐색하는 과정에서 여러분이 해야 할 역할은 이제 막 학문의 세계에 본격적으로 입문한 신진 학자들과 오래전에 세상을 떠난 학자들을 찾아서 한자리에 모아 놓고, 여러분의 연구 문제를 다룬 가장 설득력 있고 중요한 선행 연구들을 조사하고 정리하는 데 큰 도움이 되는 일련의 질문과 관심사에 대해 서로 대화를 나누는 것이다.

다음은 여러분이 찾은 자료들을 평가할 때 명심해야 할 몇 가지

사항인데, 이는 여러분이 활동하는 학문 분야의 연구자뿐만 아니라 해당 분야 밖에서 여러분과 '동일한 문제를 연구하는 동료 연구자 공동체' 연구자들의 연구결과물에도 동일하게 적용될 수 있다.

- **의심하라**: 연구서나 동료 심사를 거친 학술지에 어떤 논문이 게재되었다고 해서 그 연구가 완벽한 것은 결코 아니다. 근거 없이 반대해서는 안 되지만 그렇다고 전문가의 말을 액면 그대로 받아들여서도 안 된다.
- **공정하라**: 모든 1차 핵심 자료나 2차 보조 자료의 장단점을 숨기지 말고 모두 명확하게 다루어야 한다.
- **연구자 자신이 아닌 연구결과물의 저자의 관심에 집중하라**: 책이나 논문과 같은 연구결과물에 대해 평가할 때는, 여러분 자신이 아닌 연구결과물 저자에게 가장 의미 있는 지점에 초점을 맞춰라. 다시 말해서, 여러분에게 유리한 부분만을 이기적으로 찾아 나서는 대신에, 해당 연구결과물의 저자가 이 연구의 결과를 논문으로 쓰면서 이루고자 했던 목표에 초점을 맞춰라. 어쩌면 가장 불공평한 평가는 논문 저자에게 별로 중요하지도 않은 사소한 지점에 비판의 화살을 집중하는 것이다.

여러분의 학문 분야를 마치 무비판적으로 따라야 하는 일종의 십계명 같은 율법이 아니라, 끊임없이 시험하고, 다듬고, 수정하고, 재정렬하고, 추가해야 하는 일련의 명제로 생각하자. 그리고 바로 이 지점에 여러분이 등장하는 것이다.

항상 의심은 하되, 그렇다고 공권력을 비웃는 데서 오는 그 재미 때문에 공권력을 비웃는 그런 철부지 초보같은 실수는 피하도록 하자. 미국의 풍자 주간지 '더 어니언'(The Onion)은 이러한 경향을 웬델 스펜서(Wendel Spencer)의 소설책『학교는 우리 아이들을 낙제시키지 않는다: 어떻게 우리는 사람들이 공통적으로 가지고 있는 입장을 선택하고 나서 오히려 그와 반대되는 의견을 선언하는가?』의 제목에서 찾고 있다. 여러분의 학문 분야는 더 이상의 가식적인 사람은 필요로 하지 않는다.

마찬가지로, 학문 분야는 동료를 괴롭히거나 헐뜯는 사람들을 용납하지 않으며 용납해서도 안 된다. 아이디어 경쟁에서 중요한 것은 누가 제안했는지가 아니라 어떤 아이디어인지이다. 연구 자료를 평가할 때는 해당 연구자가 아닌 연구 자체에 초점을 맞추어야 한다. 그렇게 함으로써 여러분은 연구 과정에서 편견을 최대한 배제할 수 있으며, 마땅히 해야 할 칭찬이나 비판에도 망설이지 않을 수 있을 것이다. 다른 연구자의 아이디어를 최대한 선의로 받아들이고 이를 표현하는 것은 연구자인 여러분의 책무이다.

연습 과제 기존의 학문 분야 분류 대신 연구 문제 중심으로 자신의 학문 세계 재편하기

목표: 몇몇 2차 보조 자료를 '연구 문제 카테고리'로 분류함으로써, 여러분의 연구 주제 대신, 연구에 동기부여를 제공하는 연구 문제 중심으로 여러분 학문 분야의 연구들을 분류하기

앞의 4장에서는 각각의 책이 다루는 '주제'가 아니라 각각의 책의 저자가 다루는 '문제'로 분류해서 책장에 책이 정리된 서점을 한번 상상해보라고 했다. 예를 들어, 책장의 선반 하나에는 독일 철학자에 관한 책이, 또 다른 선반에는 그리스 철학자, 그리고 다른 선반에는 인도 철학자에 관한 책이 있는 '철학'이라는 제목의 기존 분류 방식 대신에, '문제'에 근거해서 책이 분류된 이 서점에서는, 어쩌면 '고대의 종교 경전이나 고대에 쓰인 다른 텍스트들이 원본 내용인지를 사람들이 어떻게 입증할 수 있을까?', 또는 '악을 이해하는 법', 아니면, '우리 자신과 다른 사람들에게 도덕적으로 행동하는 법을 어떻게 가르칠 수 있을까?'라는 섹션을 찾을 수도 있을 것이다.

이제 가설의 시간은 끝났고 여러분이 해야 할 일은 여러분의 연구를 위해 읽을 책을 이용해서, 비록 규모는 작지만, 이 '상상의' 서점을 현실로 만드는 것이다. 아래의 여덟 단계를 함께 걸어가 보자.

1. 여러분의 연구 주제와 관련된 학문 분야에서 논문이나 연구서 챕터를 위주로 해서 여섯 개에서 여덟 개 정도의 2차 보조 자료를 선택한다. 여러분은 지금까지의 연구 과정에서 연구 주제에 대한 예비 참고문헌을 이미 정리해 놓았고, 자문 그룹도 이와 관련해 몇 가지 제안을 한 상태일 것이다. 자료 선택에 초조해하지는 않아도 된다. 여러분의 연구 주제에 관한 자료들이고, 나름 진지한 연구결과물이라면 그것만으로도 충분한 조건이다. 필요하면 나중에 언제든지 추가할 수 있다는 점을 잊지 말자.

2. 다음 페이지의 〈표 9〉를 예시로 삼아서 여러분의 목록에 있는 첫 번째 연구의 주제를 적는다. 여기서는 '고대 그리스 철학'이나 '불교'와 같은 일반적인 주제를 표기해도 되기 때문에 이 작업은 어렵거나 복잡하지 않다. 그래서 전체 글을 읽지 않고도 논문의 서론이나 연구서의 챕터 하나 또는 책의 제목만 보고 연구 주제를 알 수 있도록 하자.

3. 이제 여러분의 연구가 초점을 맞추는 구체적인 사례를 기록하자. 그 사례는 아마도 일본의 중세 불교 건축에 관한 연구이거나, 고대 그리스 로마의 스토아 철학의 특정한 요소에 관한 연구일 수도 있다. 다시 말하지만, 이 사례는 연구의 제목이나 논문의 첫 페이지에서 언급될 가능성이 크기 때문에 최대한 간단해야 한다.

4. 연구가 제기하는 구체적인 질문을 나열하자. 여기에서는 모든 것이 조금씩 더 정확해지기 때문에 논문을 꼼꼼히 읽는 기술과 역량이 도움이 될 것이다. 지난번 여러분이 브레인스토밍을 통해 작은 규모의 질문들을 찾아냄으로써 이 작은 규모의 질문들이 모여 궁극적으로는 더 큰 연구프로젝트를 만들어내는 연구 경험과 마찬가지로, 여기서도 여러분이 읽고 있는 연구를 구성하고 있는 작은 규모의 질문들을 찾아내야 한다. 만약 여러분이 운이 좋다면 읽고 있는 논문의 저자가 자신의 연구 문제들을 명확하고 정확하게 설명하고 있을 수도 있다. 하지만 논문의 설명과 논문에서 주장하는 내용을 기반으로 해서 논문 저자의 연구 문제들을 역으로 추론해야 하는 경우도 있다. 아무튼 이런 식으로 최소한 열 개 이상의 질문들을 찾아내도록 하자.

5. 이렇게 찾아낸 질문들 사이에 있는 패턴을 살펴보자. 다시 강조하지만, 이 과정은 여러분이 이미 이전에 수행한 연습 과정과 동일하다. 다만 이번에는 여러분 자신의 연구가 아닌 다른 사람의 연구에 집중하는 것이 유일한 차이일 뿐이다. 여러분이 찾은 열 개 이상의 질문 목록을 분석하고 나서 여러분 자신에게 이런 질문을 해보자. '이 논

문의 저자가 고민하거나 염려하고 있는 것은 과연 무엇인지? 이런 연구 과정의 원동력은 무엇인지?' 그리고 논문 저자가 논문에서 묻지 않고 있는 것 같은 질문들, 특히 여러분 생각에는 물어봐야 할 이유가 명백해 보이는 질문인데 이 연구에서는 제기하지 않는 질문들에 관심을 가져보자. 이 모든 것이 내적 '자명화'의 과정이다. 여러분이 아직 잊지 않고 있기를 바라는데, 지금까지의 내적 '자명화' 과정은 여러분 자신에 관한 것이었지만 이번 연습에서 만큼은 '자신'이 여러분 자신이 아니라 다른 연구자 '자신'이다.

6. 연구 문제를 찾아보자. 이제 질문의 목록도 만들어 냈고, 이러한 질문을 구성하고 있는 패턴도 분석을 완료했기 때문에, 이번 연습에서 가장 어려우면서도 가장 보람된 부분이라고 할 수 있는, 저자의 사례 연구 그 너머를 보면서, 더 깊이 있는 문제를 찾을 준비를 하자. 가장 일반적인 용어와 표현을 사용해서 이 문제를 설명하는 문장 하나를 적어보자. 그리고 이제는 강조할 필요도 없는 것이지만 논문 저자의 연구 사례와 연구 문제를 구분하지 못하고 섞어버리지 않도록 조심하고 또 조심해야 한다.
7. 여러분의 목록에 있는 다른 연구 자료들도 위의 1~6단계를 반복해 보자.
8. 여러분이 가지고 있는 자료 대부분을 위의 방식으로 검증한 다음에는, 다른 연구자의 연구 문제를 연결하는 주제나 패턴을 찾아보자. 여러분이 찾아낸 다른 문제들 중에서 어떤 식으로든 관련 있는 것처럼 보이는 자료가 있는지? 그렇지 않더라도 억지로 무리하지 않도록 조심하자. 조금 특이한 연구 질문이 있더라도 괜찮다. 그리고 만약 보편적이고 공통적인 질문을 발견한다면 그런 질문들은 모아서 정리해두자. 이제 이렇게 넓어진 '동일한 문제를 연구하는 동료 연구자 공동체'에 이름을 붙여보는데, 여러분의 설명을 넓히거나 좁히는 정

도의 조정은 괜찮다. 이런 식으로 여러분이 만들어내고 이름까지 붙여준 그룹이 여러분의 '상상의' 서점의 섹션들로 남게 된다. 이렇게 여러 섹션이 준비되면 여러분만의 '상상의' 서점을 개점해서 필요한 자료를 찾고 있는 동료 연구자들을 맞이할 준비가 끝난 것이다.

[표 9] 자신의 학문 분야를 문제 중심으로 재분류하기

자료번호	자료 제목	주제	사례	연구문제	동료 연구자 집단
1					
2					
3					
4					
5					
6					

이 연습의 요점은 두 가지이다. 첫째, 여러분의 학문 분야를 여러분과 '동일한 문제를 연구하는 다양한 동료 연구자 공동체'로 분류하는 방법을 배우면 학문 분야를 탐색하는 데 훨씬 더 효율적일 뿐만 아니라, 여러분이 읽은 논지와 사실을 훨씬 더 잘 이해하고 기억할 수 있게 된다. 다른 사람의 연구에 동기를 부여하는 문제를 여러분이 알고 있다면, 여러분은 그 연구결과물을 어떻게 읽어야 하는지를 명확하게 이해할 수 있을 뿐만 아니라(예: 어떤 부분이 그 연구자의 논지에 핵심적인 내용이고 어떤 부분이 단순한 부차적인 기록인지를 구별하는 것), 또한 여러분이 접하는 모든 논지와 정보를 여러분의 머릿속 어디에 저장하고 정리해두어야 하는지도 훨씬 명확하게 이해할 수 있게 된다. 연구자의 고민은 연구자 논지의 구성, 연구자 주장의 골격, 격자 등인데, 이런 것이 없다면 가장 엄격하게 완성된 학술 연구결과물을 읽는 것조차도 때로는 사실과 논지의 밀려드는 해일 파도에

압도되어 휩쓸려가는 것처럼 느껴질 수 있다.

두 번째 이유도 있다. 여러분은 동료 연구자들의 연구가 기반하고 있는 장소나 시간, 기간보다는, 동료 연구자들이 실제로 무엇을 연구하고 있는지를 봄으로써 그들과 더욱 깊고 의미 있는 수준에서 소통할 수 있는 일종의 마법 같은 힘을 키워나갈 수 있다. 예를 들어, 동일한 중동 왕실에 대한 두 가지의 족보 연구나, 브라질 리우데자네이루의 동일한 빈민가에 대한 세 가지 사회학 연구가 사실은 각각 완전히 다른 연구 문제에서 비롯되었다는 것을 여러분은 깨닫게 될 것이다. 비슷한 맥락에서, 리우데자네이루에 대한 연구 한 편이 중동 왕실에 대한 연구 한 편과 정확하게 동일한 연구 문제로부터 시작된 것일 수도 있다. 이같이 연구 사례와 연구 문제는 동일한 것이 아니다.

분명히 말하지만, 여러분의 연구프로젝트에 대한 2차 보조 자료의 목록이 늘어난다고 해서 해당 분야의 모든 연구를 일일이 다시 분류하거나 포괄적인 카탈로그를 만들어야 하는 것은 아니다. 여러분이 실제로 서점을 개점하는 것은 아니다. 하지만 이러한 사고방식이 훨씬 더 효과적이고, 좀 더 솔직히 말하면, 훨씬 더 즐거운 연구 과정으로 이어진다고 우리는 믿는다. 즉, 자신의 논문에서든 다른 연구자의 논문에서든 핵심이 되는 연구 문제를 파악할 수 있으면 연구의 바다를 탐험하는 여러분의 학문적 여정이 훨씬 더 수월해질 것이다.

✣ 자주 범하는 실수 ✣

1. 연구 문제가 아니라 연구 주제나 세부 주제를 기준으로 연구를 분류하기
2. 연구 문제가 아니라 연구 사례를 기준으로 연구를 분류하기

연습 과제 다른 연구자의 연구 문제의 변수 용어 바꾸기

목표: 연구의 주제나 문제 및 사례가 다른 연구자에게 어떻게 작용하는지 이해하기. 그리고, 앞서 살펴본 〈연구 문제의 변수 용어 한 가지 바꾸기〉 연습 과제를 활용하여 여러분의 멘토나, 자문 그룹 또는 동료 연구자와의 인터뷰를 통해 그들의 연구 문제에 대해 알아가기

연구 문제와 연구 문제의 예를 제시하는 사례를 구별하기는 어려울 수 있다. 여러분은 아마 이 책에서 소개된 연습 과제들을 풀어가는 과정에서 이런 어려움을 이미 발견했을 것이다. 그리고, 개별 사례를 뛰어넘어 더 큰 범주의 연구 문제를 알아가는 과정이 왜 그렇게 중요한지, 그리고, 그렇게 하기 위해서 여러 전략을 활용하는 것이 왜 도움이 되는지 깨닫게 될 것이다.

이 연습 과제는 앞서 살펴본 〈연구 문제의 변수 용어 한 가지 바꾸기〉에 나오는 표를 뒤집어 버린다. 4장에서 여러분의 연구 질문을 통해 여러분의 연구 문제를 알아가기 위해 연구 질문에서 한 가지 변수 용어를 바꿔본 적이 있었다. 이번 연습 과제에서는 멘토나, 자문 그룹 또는 동료 등 다른 연구자들의 연구 주제나 사례 또는 연구 문제로부터 더 많은 것을 배울 수 있도록 4장에서 여러분이 했던 것과 똑같은 작업을 여러분의 동료 연구자에게 부탁할 것이다.

만약 해당 동료 연구자가 여러분의 분야에서 활동하고 있다면 더할 나위 없이 이상적인 상황이다. 여러분은 여러분이 다루고 있는 연구 주제와 유사한 주제를 연구하는 다른 연구자에게 이 같은 '주제–문제–사례'의 역학관계가 어떤 영향을 끼치는지 알게 될 것이다. 물론 이 방법은 순전히 선택사항이다. 여기서 핵심은 여러분의 생각의 범주 밖의 연구 세계에서 핵심적인 문제들을 정확히 찾아내는 방법을 배우는 것이다. 이 과정은 여러분에게 힘을 실어주고 여러분과 동료 연구자 사이의 유대를 튼튼하게 만들어 줄 것이다. 그 과정은 다음과 같다.

1. 〈연구 문제의 변수 용어 한 가지 바꾸기〉 연습 과제가 작동하는 방식에 대해 다시 생각해 보자. 여러분이 직접 해본 이후로 많은 것을 다루었으므로 4장의 해당 부분을 다시 읽어보자.
2. 〈연구 문제의 변수 용어 한 가지 바꾸기〉 연습 과제가 작동하는 방식에 대한 사전 지식이 전혀 없다는 전제에서 선택된 인터뷰 대상자에게 해당 연습 과제를 소개해 보자. 여러분은 인터뷰 대상자들에게 이 연습 과제의 목표와 절차를 직접 설명하거나 그들이 책에서 읽어 볼 기회를 마련한다. 여러분이 이미 〈연구 문제의 변수 용어 한 가지 바꾸기〉 연습 과제를 직접 경험해 본 똑같은 방법을 활용해서 이들 인터뷰 대상자들의 연구에 대해서 인터뷰하고 싶은 계획을 설명해보자. 그리고 이들에게 이 인터뷰는 여러분 자신의 훈련 과정의 일부임을 설명하자. 이 연습 과제를 통해 여러분은 인터뷰 대상자들의 연구에 대해 더 많은 것을 배우는 것 외에도, 다른 연구자들의 연구에서 연구 문제와 연구 문제의 사례를 구별하는 연습을 해보고 싶을 수 있다. 이 연습 과제에서의 대화는 기밀을 지켜야 하며, 이 연습 과제와 관련된 모든 기록은 공식적인 연구결과물이나 공유될 자료가 아니라, 오로지 여러분 자신만을 위해 개인적으로 사용되는 것임을 분명히 해야 한다.
3. 개인적인 판단을 배제하는 비공식적인 대화를 준비하자. 여러분이 해야 할 일은 경청하고, 명확한 질문을 하고, 기록하는 것이다. 여러분은 이미 내적 '자명화'를 기록해 본 경험이 있다. 이제 여러분은 다른 연구자의 내적 '자명화'를 글로 기록하는 속기사 역할을 하게 된다. 어떤 변수 용어가 변경되었는지, 그리고 각각의 변수 용어의 변화에 대해 인터뷰 대상자들이 어떻게 반응했는지 추적하기 위해 볼펜과 메모장, 그리고 〈연구 문제의 변수 용어 한 가지 바꾸기〉 연습 과제에 실린 질문 목록을 준비하도록 하자.

4. 인터뷰 대상자들이 자신들의 연구 주제를 확인할 수 있도록 할 뿐만 아니라 자신들의 핵심 문제를 가장 잘 요약한다고 생각하는 모든 관련 변수 용어들을 포함하는 질문을 만들어 낼 수 있도록 여러분이 먼저 질문을 해보자. 예시로는 아래와 같은 질문들이 있다.

- 어떤 주제에 관한 연구를 하는지 물어보자. 만약, "나는 여러 가지 주제에 대해 연구하고 있어요!"라는 대답이 나오면 그중에서 대표적인 연구를 하나 선택하도록 요청하자.
- 만약 여러분이 하는 연구를 질문으로 만들어야 한다면 어떤 질문이 가능할까? 참고로, '저는 빈곤의 문제에 관해 연구하고 있어요.'와 같이 질문이 아닌 형태로 대답한다면 이 책의 2장에 소개된 연습 과제인 〈질문 진단하기〉를 참고하자. 이 경우에는 인터뷰 대상에게 이 연습 과제에는 질문 형태를 갖춘 질문이 필요하다고 설명하고 양해를 구하자. 필요하다면 〈연구 문제의 변수 용어 한 가지 바꾸기〉 연습 과제의 한 가지 예시를 제시하거나 그들의 연구 중 하나에서 질문을 고르라고 요청하자.

5. 인터뷰 대상자들의 연구 주제와 전체 연구 질문에 대한 그들의 설명을 적어보자. 이 작업을 할 때는 최대한 여유를 가지도록 한다. 그들에게 질문을 다시 읽어주고 나서 질문이 제대로 완성되었는지를 물어보자. 여기에서 규칙은 질문이 포괄적이어야 하며, 모든 관련 변수 용어를 포함해야 한다는 점을 그들에게 명확하게 인지시키는 것이다. 쓸데없는 우아함이나 가식은 여기서 필요 없다.

6. 질문이 제대로 완성되었음을 인터뷰 대상자들이 확인하고 나면, 연구 질문의 변수 용어를 하나씩 바꾸면서 그 결과를 기록하도록 하자. 각각의 변수 용어 변경이 여러분의 심박측정기에는 어떤 영향을 미쳤을까? 여러분의 마음의 흥분 정도가 어떻게 변했을까? 혹시라도 그 이유는 무엇일지 추측해 보자. 이것이 이 연습의 핵심이며, 이 연

습이 제대로 작동하기 위해서는 사실상 가장 많은 시간이 소요되는 과정이며, 그 어느 것도 여러분의 관심 레이다를 쉽게 빠져나가지 않도록 신경 써야 한다. 다시 말하지만, 이 연습에서는 개인적인 판단을 배제하도록 해야 하지만 혹시라도 아래에 해당하는 사항 중 하나라도 듣게 된다면 진행을 중단하고 정중하게 설명을 요청하자.

- 추상적이고 어려운 수준의 이론적이거나 또는 모호한 언어 사용의 경우 (예를 들어, 연구자가 'X'라는 개념에 대해 언급했다면 이 개념은 해당 사례와 관련해서 구체적으로 무엇을 의미하는지 물어보도록 하자.)
- 전문 용어, 내부 용어 또는 두음 문자 (예를 들어, 해당 용어를 이해하지 못한 경우에는, 좀 더 일반적으로 사용하는 용어는 없는지 물어보도록 하자.)
- 바뀐 변수 용어가 인터뷰 대상 연구자를 이전보다 더 흥분되게 하거나 덜 흥분되게 하는지 그 이유를 물어는데 해당 연구자로부터 새로운 단어가 쏟아져 나오면, 이런 경우에는 마치 아무것도 아닌 것처럼 그냥 지나가서는 안 된다. 연구자들에게 요청하자. 바로 이런 순간이 연구자들이 자신의 선택을 설명하고 합리화해야 한다는 부담을 느끼는 순간이며, 자신도 모르는 사이에 속마음이 드러나는 순간이기도 하다. 그리고 열심히 경청하는 사람이 연구자에게는 얼마나 도움이 되는지가 드러나는 순간이다. 이제 여러분 자신이 자문 그룹의 일원이 된다. 그들이 여러분에게 말한 내용을 그들에게 다시 알려주면서 좀 더 자세히 정확하게 설명하라고 재촉을 하자. (예를 들어, 연구자가 연구자의 연구 질문에는 나오지 않는 단어를 언급했다고 하면, 이 부분이 연구자의 연구에서 중요한 변수 용어가 될 수 있을까? 만약 그렇다면 연구자의 연구 질문을 어떻게 바꿀 수 있을지 고민해보자.)

7. 질문에 등장하는 변수 용어의 변경에 대한 인터뷰 대상자들의 반응이 여러분을 연구 문제에 좀 더 가까이 다가가도록 하는 것 같다면, 방향을 살짝 바꾸어보자. 여러분이 발견한 것을 인터뷰 대상자들과 공유하고, 인터뷰 대상자들에게 그들의 흥분하는 감정의 패턴을 설명해 줄 수 있는 문제에 대해 한번 추측해 보라고 요청하자. (예를 들어, 이러한 변수 용어의 변경에 대해 연구자가 이렇게 반응을 한다고 가정해 보자. 연구자가 이러한 변수 용어들이 변경될 수 있다고 말한다면, 그 이유는 연구자도 그 사례에 관심을 가질 수 있다는 것을 의미하기 때문일 것이다. 그리고 다른 변수 용어들은 변경될 수 없다고 주장한다면, 아마 그것들이 연구 아젠다의 핵심이라는 것을 의미할 것이다. 이 연구프로젝트에서 연구자가 관심을 가지는 근본적인 문제는 과연 무엇이라고 말할 수 있을지 추측해보자.)
8. 여러분의 대화가 통찰력 있고 즐거운 시간이었기를 바란다. 어쨌든 귀한 시간을 내준 인터뷰 대상자들에게 감사의 마음을 꼭 전하자.

자주 범하는 실수

1. 연구프로젝트의 근본적인 내용에 거의 영향을 주지 않을 정도로 미미하게 연구 질문의 변수 용어를 바꾸는 것을 포함해서 이 책의 4장의 〈연구 문제의 변수 용어 한 가지 바꾸기〉 연습 과제에 언급된 동일한 실수들을 똑같이 반복하기
2. 인터뷰 대상자들과의 인터뷰 전에 〈연구 문제의 변수 용어 한 가지 바꾸기〉 연습 과제의 목적과 절차를 설명하지 않기
3. 후속 질문이나 해명 질문을 하기에는 너무 수줍어하거나 예의가 아니라고 생각하기

4. 내용을 전혀 기록하지 않기

인터뷰가 끝난 다음에 여러분 자신에 대해 한번 살펴보자. 〈연구 문제의 변수 용어 한 가지 바꾸기〉 연습 과제는 인터뷰 대상사와 여러분에게 어땠는지? 생각보다 쉬웠는지 어려웠는지? 인터뷰 대상자가 새로운 변수 용어에 집착하는 것을 눈치챘는지? 이 과정에서 여러분은 개인적인 판단은 배제하고 있는지? 이 작업을 다시 해야 한다면 여러분은 또 그들과 함께 하고 싶은지, 다른 연구자와 함께 하고 싶은지?

이 과정을 통해 여러분은 확실히 인터뷰 대상자를 더 잘 알게 될 것이다. 그뿐만 아니라 어쩌면 여러분은 인터뷰 대상자들이 자기 자신을 더 잘 알아가는 데 힘이 되어주었을 수도 있다. 여러분의 예의 바른 탐구와, 도전적이고 순수하면서도 또 한편으로는 상당히 끈질긴 질문은 분명 인터뷰 대상자들이 좀 더 자기주도적 연구자가 되는 데 도움이 되었을 것이다. 또한, 여러분은, 학생의 역할을 해보는 가장 좋은 방법은 교사나 멘토가 되어 보는 것이라는 즐거운 사실을 발견했을 것이다. 이것은 다른 연구자들이 자신의 문제에 더 집중하도록 여러분이 도와주는 습관을 만듦으로써 결과적으로 여러분 자신을 극복할 수 있는 최선의 방법이 된다.

여러분은 방금 완료한 연습을 통해 정신적으로 큰 도약을 이루었다. 여러분은 모든 특수성과 분야의 전문 용어를 포함하는 특정 학문 분야의 '연구 사례'와, 하나의 학문 분야의 핵심을 가로질러서 다른 분야로 확장되는 일반화된 '연구 문제'를 구분했다. 이러한 관점의 변화는 연구들이 공통된 주제를 공유해야만 서로 관련성이 생긴다고 착각하는, 주제 중심의 학문 영역 분류의 좁은 시각으로부터 여러분을 자유롭게 한다. 이제 여러분은 해당 학문 분야의 여러 연구자에게 실제로 중요한 것이 무엇인지를 결정하는 노하우와, 명확하게 설명할 수 있거나 설명하지 못하는 연구에서 연구 문제를 진단하는 방법도 습득했다. 물론 연구 문제를 갖추지 못하고 그냥 주제의 세계에만 머물러 있는 연구를 발견하는 경우도 있겠지만 이러한 연구도 여러분에게 유용하게 만들 수 있다. 여러분은 자문 그룹이나 여러분이 신뢰하는 연구자의 연구에 동기를 부여할 수 있는 연구 문제가 더 나은 평가를 받는 것을 경험했을 것이다. 이제 여러분 자신의 연구 탐험을 위해서는 굳이 '주제의 세계'에만 머물 필요도 없고, 그렇게 머물러서도 안 되는 이유를 알게 되었다.

현재 여러분이 수행하는 연구프로젝트 외에, 아무래도 해당 학문 분야 내 '동일한 문제를 연구하는 동료 연구자 공동체'의 관심사에 민감한 학문 분야를 탐색하는 데 좀 더 유연하고 유동적인 접근 방식을 경험함으로써 여러분은 중심을 잃지 않으면서도 여러분에게 가장 유용한 부분을 파악할 수 있는 다양한 노하우를 습득했다.

여러분의 분야는 결코 정적이지 않기 때문에, 이 과정은 아마 완벽하게 끝낼 수는 없을 것이다. 그리고 여러분의 분야에는 계속해서 새로운 회원이 추가되고 기존 회원이 떠나기도 한다. 게다가 새로운 출판물도 계속 나온다. 그리고 좀 더 살펴보면, 여러분이 이런 연구가 있었는지 미처 몰랐던 이전 연구들도 끊임없이 발견하게 될 것이다.

지금까지는 여러분의 학문 분야를 '동일한 문제를 연구하는 동료 연구자 공동체'를 기준으로 분류해 보았는데, 이제 여러분의 학문 분야의 연구자들과 대화하는 방법을 찾아야 할 것이다.

연습 과제 자신의 학문 분야를 위해 다시 쓰기

목표: 여러분 학문 분야 밖에서 '동일한 문제를 연구하는 동료 연구자 공동체'들로부터 배운 것을 바탕으로, 여러분의 학문 분야 연구자들도 이해할 수 있는 방식으로 여러분의 연구 문제에 대해 논문을 작성하는 방법을 배우고, 여러분의 연구 문제도 여러분의 관점이 아니라 '분야의 관점'에서 바라보기

앞서 4장에서 여러분 학문 분야 밖에서 '동일한 문제를 연구하는 동료 연구자 공동체'를 위해 논문을 쓰는 법을 배웠다. 여러분 학문 분야 밖에서 '동일한 문제를 연구하는 동료 연구자 공동체'를 글을 작성하려면 무엇보다도 여러분 분야에서만 사용하는 내부자 전문 용어나 특수어, 그리고 여러분 연구 분야 연구자들만 쉽게 이해할 수 있는 일종의 비밀 코드 같은 것은 모두 제거해야 했다. 그 대신 여러분 학문 분야 밖에서 '동일한 문제를 연구하는 동료 연구자 공동체'에게도 의미를 가질 수 있도록 다시 표현해야 할 필요가 있었다.

이제 여러분의 논문을 읽을 대상 독자를 바꿔보면서 몇 가지 새로운 목표를 가지고 이 과정을 반복해야 할 시간이 되었다. 위에서 언급한 바와 같이 여러분의 분야에는 여러분과 '동일한 문제를 연구하는 동료 연구자 공동체'에 속하지 않고 여러분의 연구 문제에도 관심이 없는 사람들이 훨씬 많을 가능성이 크다. 그렇다면 왜 이들을 위해 논문을 써야 할까? 다시 말해, 학문 분야의 관점에서 여러분의 연구 문제를 보는 것의 가치는 무엇일까?

여러분의 연구 문제에 아예 관심 없다고 생각하는 연구자들에게 여러분의 연구프로젝트를 설명해야 하는 상황이라면, 의외로 몇 가지 좋은 일도 뒤따라 올 수 있다. 물론 여러분의 연구 문제의 관련성에 대해 그들을 설득하고 그들의 마음을 바꿀 수도 있다. 왜냐하면, 사람들은 결코 정적이지 않기 때문인데, 논지와 자료를 통해 그들을 설득할 수 있고, 여러분은 새로운 연구 동지를 만들 수도 있다. 또한, 여러분의 학문 분야 내에서 '동일한 문제를 연구하는 동료 연구자'들끼리도 여러분의 연구를 통해 서로를 찾을 수 있도록 도울 수 있다. 그들이 여러분과 '동일한 문제를 연구하는 동료 연구자 공동체'안으로 들어오지 않더라도, 다른 종류나 주제의 연구에 필요한 그들의 연구 질문에 여러분의 연구가 깊이를 더해줄 수 있을 것이다. 어쨌든 여러분은 여러분의 학문 분야에 변화를 가져오게 된다.

우리의 목표는 여러분이 작성한 내용을 사람들이 이해할 수 있도록 하는 것이다. 여러분의 연구계획서의 첫 번째 초안을 살펴보고 여러분 학문 분야의 사람들이 이해하지 못하거나 익숙하지 않은 용어를 형광펜으로 강조 표시한다. 아래에 해당하는 내용이 여기에 포함될 수 있다.

- 개념과 이론
- 여러분과 '동일한 문제를 연구하는 동료 연구자 공동체'와 관련이 있는 주요 저자
- 여러분과 '동일한 문제를 연구하는 동료 연구자 공동체' 연구자들 사이의 주요 토론이나 논쟁
- 개인 연구자 이름
- 대학이나 기관의 이름
- 직함
- 약어
- 시대구분
- 주제

여러분과 '동일한 문제를 연구하는 동료 연구자 공동체'를 위해 글을 쓸 때 사용했던 '내부자 전문 용어'를 표시했던 방식으로 여러분의 열정이나 다른 연구자들의 열정을 강조 표시해 놓자.

여러분의 학문 분야를 염두에 쓰고 다시 글을 쓰는 시도의 또 다른 장점으로는 개인적인 것도 있다. 이 책의 1장에서, 우리는 지루함이 연구프로젝트의 초기 단계에서는 훌륭한 선생님이 될 수 있다고 언급하면서, 그런 지루함을 확인하면서 오히려 여러분 연구의 학문적 관심이나 염려를 보다 명확하게 표현하고 개념화하는 데 도움을 받을 수 있는 방법의 예시를 제시했다. 또한, 우리는 개인적인 판단은 배제하면서 여러분 자신의 지루함을 정면으로 바로 보는 것의 중요성도 강조했다. 만약 여러분이 누군가에게 X라는 사람에 대한 여러분의 불만을 털어놓으면서 나머지 사람들이 X와 맺는 모든 관계마저도 여러분이 판단하려고 해서는 안 된다. 아무리 아주 중요한 것이라고 하더라도 여러분이 그것에 억지로 관심을 가지도록 해서는 안 된다.

'지루함'이 다시 이 책의 논의 대상으로 돌아왔는데, 이번에는 다른 방식으로 여러분에게 도움이 될 것이다. 여러분 분야 밖에서 '동일한 문제를 연구하는 동료 연구자 공동체'가 아닌 여러분 분야 내의 연구자들을 위해 글을 다시 쓸 때는, 여러분 생각에 여러분의 핵심 질문이나 연구 문제와 논리적 연관성이 낮거나 겉으로 보기에는 별로 인상적이지 않은 것들에도 과감히 도전할 필요가 있다. 이번에는 이런 것들이 연구자로서 여러분이 어떤 사람인지, 그리고 여러분의 연구 문제가 진정으로 무엇에 관한 것인지를 좀 더 명확하게 파악하는 데 도움이 되는 그런 종류의 지루함이 아니라, 여러분이 이미 충분히 인지하고는 있지만 상당히 지루하다고만 느꼈던 그런 주제이자 연구 질문들일 것이다. 아래의 과정은 여러 가지 이유로 매우 중요한데, 크게 두 가지 이유를 먼저 살펴보자.

1. 진지한 독자들이 뛰어난 연구자를 만들어낸다. 그러한 학문 영역과 연구 질문에 진지하고 열심히 참여함으로써 여러분은 자신의 분야가 아닌 여러분 분야 밖에서 '동일한 문제를 연구하는 동료 연구자 공동체'의 구성원으로서 여러분 분야의 연구 동료들과 진지함과 존경심을 가지고 소통할 수 있게 된다. 이 외에도 여러분이 해야 할 일들이 많다. 그들은 여러분 논문의 이러한 측면을 지루하다고 생각하지 않는다. 오히려 그들에게는 이것 때문에 여러분의 논문을 선택했거나, 여러분의 특강을 듣기 위해 왔거나, 굳이 여러분과 같이 일해 보고 싶어 하는 이유일 수 있다. 그들은 이러한 연구 문제들이 중요해 보이고, 흥미로우며, 오랫동안, 아니면 심지어는 연구자로서 평생을 걸고 도전해 볼 만한 가치가 있다고 생각한다. 그렇기 때문에 여러분 연구의 이런 측면이 흥미롭지 않거나 생각할 만한 가치도 없다고 무시하는 것은 이만저만 큰 모욕이 아닐 수 없다. 여러분 연구의 이런 측면을 묵살해 버리는 것은 마치 누군가를 밤새 잠들지 못할 정도로 흔들어놓는 큰 파장의 연구 문제를 별거 아닌 것처럼 우습게 생각하는 것과 다를 바 없다. 그리고 그런 판단의 이유는 지극히 개인적이고 주관적일 수 있다. 이와는 반대로, 이러한 질문들에 진정성을 가지고 관여하는 것은, 여러분 분야의 연구 동료들이 여러분의 동료 연구자 공동체와는 완전히 다른 '동일한 문제를 연구하는 동료 연구자 공동체'에 속할 수도 있음을 인정하고 진지하게 받아들이도록 하는 여러분만의 방법이기도 하다.

2. 진정성과 관심은 여러분이 새로운 연구 문제를 발견하고 받아들일 수 있도록 해 준다. 여기에서 권장하는 종류의 진정성과 관심은 여러분의 학문적, 개인적 성장에도 도움이 된다. 항상 그런 것은 아니지만 때로는 '지루한' 문제에 대한 여러분의 관심과 진정성의 노력이 여러분을 미묘하게 변화시키고 여러분의 관점을 바꿔놓을 수 있

다. 때로는 마치 이러한 연구 문제를 자신의 정체성에 핵심적인 문제로 생각하는 '동료 연구자 공동체'의 눈을 통해 보는 것처럼, 여러분도 이러한 문제에 관심을 가지기 시작하게 된다. 더 나아가, 이러한 문제를 자신의 언어로 '번역'하는 자신만의 고유한 방법을 발견할 뿐만 아니라, 순간적인 통찰력으로 선택한 어떤 단어나 표현 때문에 여러분 자신이 속으로 당황하는 상황도 겪을 수도 있다. 이 과정을 통해, 여러분은 그동안 여러분에게 '지루했던' 것이 문제 그 자체가 아니었다는 것을 깨닫는다. 즉, 여러분에게 '지루하게 보였던' 이유가 사실은 여러분이 이해할 수 있는 방식으로 표현되는 것을 들어본 적이 없었기 때문인 것이다. 그러나 이제 깨달음을 얻은 여러분은 밤에 잠을 설칠 수도 있다.

그리고 이것만은 기억하자. 여러분의 연구계획서 첫 번째 초안이, 아니면 5번째, 6번째 초안이라 하더라도 여전히 내향적이라면 그것은 좋은 일이고 자연스러운 일이다. 여기서 중요한 것은, 이후의 모든 편집 과정이나 수정된 초안이 꾸준히 바깥쪽으로 향하면서 개방적으로 바뀌고, 여러분의 주제에 관심이 없는 평범한 독자들에게도 도움을 주면서 여러분의 연구 문제로 그들을 이끌어갈 수 있어야 한다는 것이다. 궁극적으로는 여러분의 연구 문제를 그들의 문제로 만들도록 하자. 여러분의 마음이 신경 쓰이게 하는 것이 무엇인지를 그들에게 보여줌으로써 그들의 마음도 신경 쓰이도록 만들어 보자. 여러분의 연구결과물은 논쟁을 만들어낼 수 있어야 하는데, 여러분의 그런 논쟁을 평범한 독자도 이해할 수 있도록 독자들이 알아야 할 것을 미리 충분히 준비할 수 있게 배려하고 도와야 한다.

자문 그룹의 한 마디

"여러분의 학문 분야에서 자문 그룹을 찾아보세요."

여러분의 학문 분야에 있는 자문 그룹은 여러분의 진화하는 연구프로젝트에 또 다른 관점을 제공할 것이다. 여러분이 소속된 대학이나 연구소, 기관에 있지 않은 사람, 즉, 여러분의 상사가 아니거나 학자로서의 학문적인 관심이나 응원의 차원 이외에는 여러분의 연구 결과에 개인적인 이해관계가 없는 사람과 연락해서 조언을 받는 것도 고려해보자. 특히 그들은 여러분이 논문에서 아이디어나 주제를 전달하는 방식이 여러분 동료들에게 제대로 이해될 수 있을지를 판단하는 데 도움을 줄 수 있다. 그리고 이들 자문 그룹은 여러분이 연구에서 놓쳤을 수도 있는 참고문헌을 알려주는 데도 도움을 줄 수 있다. 또한, 그들은 앞서 우리가 사례로 살펴보았던 '시리얼 상자 읽기'의 사례처럼, 여러분이 다루는 1차 핵심 자료에 대해서 이미 어떤 질문들이 제기되었고 이런 질문들에 대해 다른 연구자들이 어떤 식으로 반응을 했는지를 예측하는 데도 도움을 줄 수 있다. 다시 말하지만, 이들 자문 그룹에게 여러분의 연구계획서를 보여주고, 서면이든 구두로든 그들의 피드백을 요청하자. 그리고 끝으로, 이제는 여러분도 예상하듯이, 그들에 대한 감사의 인사도 꼭 잊지 말자.

3. 자신의 학문 분야의 동료 연구자 공동체와 함께 가자.

어느 학문 분야에 속한다는 것은 가치 있는 일이다. 여러분의 학문 분야 밖에서 '동일한 문제를 연구하는 동료 연구자 공동체'도 포함해서 각각의 학문 분야에서는 해당 분야의 연구자들이 자신들만의 고유한 학문 공동체 정신을 만들어낸다는 것을 알 수 있다. 호기심, 집요함, 관대함은 연구자들의 생산성과 영감을 불러일으키는 중요한 재료들이다. 각각의 학문 분야의 장점 중 하나는 해당 학문 분야 안에 있는 서로 다른 '동일한 문제를 연구하는 동료 연구자 공동체' 사이의 생산적인 충돌과 마찰이라고 할 수 있다. 그들의 불편함과 학문적 불안감은 여러분의 불편함과 학문적 불안감이 되면서, 문득 여러분 자신의 연구가 여러분에게 새로운 차원을 열어줄 수도 있게 된다. 여러분의 학문 분야의 일부가 갑자기 여러분에게 3차원으로 보이기 시작하는 것이다.

여러분 자신도 여전히 하나의 연구 문제라는 점을 잊지말자. 여러분 질문의 규모나 목표, 탁월함은 여러분이 현실에서 실제로 수행하게 될 어떤 특정 프로젝트의 규모에만 국한되지 않는다는 점을 항상 염두에 두자. 실제로는 이와 정반대이다. 여러분의 질문이 더 탁월하고 울림이 크면 클수록, 여러분의 연구프로젝트의 범주 밖으로 넘쳐나서 여러분이 상상하지도 못했던 방식으로 그 울림과 파장이 널리 퍼져나갈 것이다.

제 6 장

연구결과물 집필 시작하기

이제 이 책을 마무리할 때가 된 것 같은데, 여러분의 마음은 조금이라도 안심이 되었을까? 지금까지 여러분이 해 온 끝없는 내적 자아 성찰의 연습과 노력은 아마 여러분의 여름 휴가를 계획하는 즐거운 시간과는 정반대의 성격일 것이다. 분명 쉽지 않은 일이지만, 반가운 소식은 이제 거의 다 끝나간다는 사실이다.

지금까지 여러분이 해 온 일들을 잠시 떠올려보자. 여러분은 의식적으로 노력해서 연구 문제를 찾아서 확보했으며, 연구 문제를 여러분만의 연구프로젝트의 출발로 발전시켰다. 연구와 관련된 자료들을 찾아서 여러분만의 연구 질문을 만들어냈다. 다양한 연구 공동체에도 참여하면서, 또 한편으로는 여러분의 연구 문제의 중심이 흔들리지 않도록 지키는 방법도 배웠다. 그리고 자신의 학문 분야 밖에서 여러분과 '동일한 문제를 연구하는 동료 연구자 공동체'도 찾았다. 또한, 여러분의 학문 분야도 열심히 탐구하고, 진정성을 가지고 소통했다. 자신의 학문 분야 밖에서 여러분과 '동일한 문제를 연구하는 동료 연구자 공동체' 연구자들과 여러분의 학문 분야 내 동료 연구자들을 위해 여러분의 연구 문제를 다시 쓰고, 또 다시 쓰는 작업도 반복했다.

자, 이제 남은 일은 무엇일까?

바로 논문을 쓰는 것이다.

좀 더 구체적으로 말하자면, 여러분이 만들어 낸 자기주도적 중심과 관점에서 글을 쓰기 시작하는 것이다. 협소한 자아의 관점에서가 아니라, 지금까지 이 책에 소개된 모든 내용과 연습 과제를 통해 여러분이 발전시키고 발견한 넓은 자아의 관점에서 집필을 시작하자.

이제 여러분의 중심을 찾았으니, 그 중심감을 가지고 다시 글을 쓸 때가 찾아왔다.

이것 한 가지는 기억하자. 여러분의 중심은 외부인을 물리치고 내부인을 보호하기 위해 만들어진 일종의 군사 기지나 요새 같은 것이 아니다. 그리고 그 중심은 지도 위에도 나오지 않는다. 연구자로서 여러분의 중심은 여러분이 계속해서 앞으로 나아가고 변화하는 동안에도 항상 여러분 자신의 두 발로 똑바로 서서 균형을 잡을 수 있도록 하는 바로 그런 무게 중심이다. 중심을 유지한다는 것은 다른 말로 표현하면, 여러분 자신에게 스스로 편안함을 느끼는 것이기도 하다. 그리고 그것은 여러분의 연구 여정에 늘 함께 따라다니는 차분함이기도 하다. 때때로, 여러분은 연구 여정에서 길을 잃거나 균형이 무너지는 느낌을 받거나 순간적으로 자아 감각을 놓칠 수도 있다. 하지만 연구의 중심에서 연구 문제를 발견한 이상, 여러분은 계속해서 다시 그 문제로 되돌아갈 수 있을 것이다.

여러분의 중심을 찾는 것은 힘을 얻는 경험이 된다. 자기주도적 연구자가 된다는 것은 단순히 흥미를 갖거나 흥미로워지기 위함이 아니다. 자기주도적 연구자가 되는 것은 여러분의 연구 과정에서 직면하게 될 다양한 선택 사이에서 판단하고 여러분의 시간을 어떻게 보낼지에 대해 현명한 결정을 내릴 수 있을 만큼 충분한 자신감을 확보하는 것이다. 즉, 진정으로 가치가 있는 일이 무엇인지를 여러분 뼛속 깊이 깨닫는 것이다. 이번 달에 마무리해야 할 연구프로젝트이든, 앞으로 여러분이 평생 헌신해야 할 만큼 가치가 있는 연구프로젝트이든, 결국 유망한 아이디어와 흥미로운 가능성 중 하나를 선택해야 한다. 이들 중 일부는 여러분의 핵심 문제와도 관련이 있을 수 있지만, 대부분은 그렇지 않다. 다른 연구자들은 이런저런 멋진 아이디어를 생각해 낸 여러분을 칭찬할 수 있지만, 자기주도적 연구자로서 여러분은 자신에게 다음과 같은 질문을 함으로써 그러한 격려에 응답할 수 있어야 한다. "네, 이것은 흥미롭기는 하지만, 그런데 이것이 저의 연구 문제의 일부분인가요?" 여러분이 중심을 잡고 있지 않았더라면 여러분의 자아가 이유도 모른 채 불나방처럼 바로 달려들었을 뻔한 그런 재미있는 아이디어와 현란하고 찰나적인 생각들에 대해서도, 여러분이 중심을 잡고 있을 때는 스스로를 제어하고 절제할 수 있게 된다. 즉, 중심에 있는 연구자는 분별력을 갖추고 있어야 한다.

그래서, 다시 위의 요점으로 돌아가서, 이제 여러분은 중심을 찾는 이 멋진 작업을 모두 마쳤으므로, 이 책에서 여러분이 하게 될 마지막 연습 과제는 그 중심에서부터 글을 쓰는 것이다.

1. 걱정하지 말자. (이제 남은 것은 글쓰기뿐이다.)

이제 '글을 쓸 때'라는 이 마지막 안내가 오히려 심각하게 사람의 맥을 빠지게 하는 것처럼 들릴 수 있다. 잠시의 안도감은 곧이어 불안이나 심지어 공포로 이어진다. 우리 모두가 알고 있듯이 글쓰기는 사실 어려운 부분이다. 게다가, 이 책에 소개된 연습 과제들은 기존의 전통적인 논문에서 예상할 수 있는 그런 구성을 단계별로 따라가는 것 같지도 않다. 즉, 서론도 없고, 결론은 더더욱 없다. 여기서는 멋지고 세련된 글도 찾아보기 어렵다. 참고가 될 만한 각주도 없다. 뭐 하나 제대로 된 게 없어 보일 수도 있다. '한 권 분량의 연습 과제도 다 풀었는데 아직도 글을 쓸 일이 더 남았나요?!'

'그거 모르셨나요? 사실 여러분은 지금까지 계속해서 글을 쓰고 있었는데.'

일단 여러분이 지금까지 얼마나 많이 썼는지 한 번 살펴보자. 이 책에 소개된 거의 대부분의 연습 과제를 여러분이 완성하느라 많은 시간을 썼다고 하면, 이 말은 즉, 지금쯤이면 여러분의 노트북 파일이나 컴퓨터 하드 드라이브에는 아래 내용이 들어 있어야 한다는 것을 의미한다.

- 연구 주제에 대한 자료 검색 결과 중에서 여러분 눈에 들어온 검색 결과들의 목록과 이 검색 결과가 눈에 들어온 이유에 대

한 여러분의 생각

- 동일한 주제에 대한 검색 결과 중에서 여러분 눈에는 지루했던 검색 결과들의 목록과 이 검색 결과가 지루했던 이유에 대한 여러분의 생각
- 단일 1차 핵심 자료에 대해 사실에 기반한 질문 중에서 '작은' 질문들의 목록
- 이러한 '작은' 질문들을 가능하게 만든 연구의 전제들의 목록(즉, 이러한 질문들의 '전제')
- '작은' 질문들에서 나오는 용어들을 사용해서, 더욱 다듬어지고 날카로운 검색 작업을 통해 검색한 1차 핵심 자료의 목록
- 이 책의 3장에서 수행했던 〈시리얼 상자 설명문을 읽는 방법〉 결과로 나온 자료로, 여러분이 선택한 1차 핵심 자료에 관한 다양한 종류의 질문들과 여러분이 찾고 있는 새로운 1차 핵심 자료에 대한 다양한 아이디어가 포함된 연구 작업 진행표
- 여러분의 학문 분야 밖에서 여러분과 '동일한 문제를 연구하는 동료 연구자 공동체'와 여러분의 학문 분야 각각에서 나온 2차 보조 자료들의 목록이나 참고문헌
- 여러분이 마음속으로 떠올리는 이상적인 1차 핵심 자료들과 이 자료들의 사용 방법, 그리고 이 자료들을 찾을 수 있는 장소에 대한 확장된 아이디어 브레인스토밍
- 여러분의 개인적 성향이나 다양한 결정 요소에 적합한 연구프로젝트를 구상하는 데 도움이 되는 결정 매트릭스
- 여러분의 학문 분야에서 활동하는 연구자들만 이해할 수 있는

명칭들과 두음문자, 전문 용어 및 기타 유형의 특수한 표현으로 가득 찬 연구계획서의 첫 번째 초안

- '전공자의 전문 용어'의 모든 사례를 식별하기 위해 전공자의 용어를 형광펜으로 상소 표시해 놓은 연구계획시 출력물
- 여러분의 학문 분야 밖에서 여러분과 '동일한 문제를 연구하는 동료 연구자 공동체'가 이해할 수 있는 쉬운 표현으로 작성된 연구계획서의 수정본
- 수정 보완되고 다듬어진 연구 질문과 해당 연구 질문에서 대체 가능한 요소와 대체 불가능한 요소의 목록을 포함하는 이 책의 4장의 〈연구 문제의 변수 용어 하나 바꾸기〉 연습 과제에서 사용한 작업 계획표
- 여러분이 다루고 있는 사례가 여러분의 연구 문제에 관한 더 큰 이야기에 어떻게 들어맞을 수 있는지에 대한 아이디어가 포함된 이 책 4장의 〈연구의 전후 맥락 파악하기〉 연습 과제의 작업 계획표
- 4장의 〈연구 문제의 변수 용어 하나 바꾸기〉 연습 과제에서 자문 그룹 관련 인터뷰에서 얻은 메모
- 여러분의 연구프로젝트 개념화 작업의 다양한 단계에서 자문 그룹으로부터 받은 조언

게다가, 지금까지 여러분의 관심을 끄는 1차 핵심 자료와 2차 보조 자료를 읽는 과정에서 다음 활동 중 몇 가지를 이미 하나 이상 수행했을 가능성이 높은데, 이 모든 것이 사실상 글쓰기의 또 하나

의 형태이기도 하다.

- 브레인스토밍
- 개요 설정
- 이메일 보내기
- 책이나 논문에 밑줄, 형광펜 강조 표시, 또는 책이나 논문 여백에 메모 적어놓기
- 냅킨, 배달음식 메뉴판, 지하철 시간표 위에 급하게 몇 자 적어놓은 기록
- 문자 메시지
- 소셜 미디어 게시물
- 블로그 항목
- 해야 할 일 목록
- 오디오 녹음

이 모든 것이 글쓰기이다. 믿기지 않겠지만 위의 모든 사례가 글쓰기 일부라 할 수 있다.

여러분은 이미 여러분의 아이디어를 다듬고 구체화하고 통합해서 글로 전환하는 과정을 시작했다. 여러분은 제1부에서 했던 자기성찰만을 기반으로 연구계획서도 이미 작성했다. 그리고 좀 더 넓은 학문 공동체와 소통하려는 목적으로 여러분의 학문 분야 밖에서 여러분과 '동일한 문제를 연구하는 동료 연구자 공동체'를 염두에 두고 연구계획서도 다시 작성해보았다. 그리고 여러분 연구프로젝트가 여러분의 학문 분야 안에서 활동하는 동료 연구자들에게 어떤

영향을 미칠 수 있는지 설명하기 위해 다양한 동료 연구자 공동체도 탐색하면서 연구계획서를 수정 보완하였다. 다시 말해, 여러분은 아직 시작 단계에 있으면서도 연구계획서를 여러 차례나 수정 보완하면서 다시 작성해왔다.

여기서 여러분은 손을 들고 '잠시만요.'라고 이렇게 말한다.

> "이건 진짜 글은 아니잖아요? 이건 기껏해야 그냥 메모를 남기거나 끄적거리거나, 글쓰기 전에 생각을 조금 정리해 둔 거뿐인데요. 지금 제가 가지고 있는 것의 대부분은 정말 단편적인 메모 조각들과 질문들투성이입니다. 여기에 더해서 아마 인용문 몇 개, 새로운 사실과 참고문헌 몇 개, 그리고 정말 대략적인 제안 내용 정도만 있을 뿐, 아직 논문 쓰는 것은 시작조차 하지 않았다니까요?"

그러나 여러분은 이미 '시작' 그 이상의 작업을 수행했다는 사실을 명심하자. 여러분은 그동안 연구의 그다음 단계를 수행할 수 있도록 자신을 준비해 왔는데 이제 그것을 시작하기만 하면 된다. 이제 본격적으로 시작해보자.

1) 단편적인 글 조각들을 하나의 완성된 문장과 문단으로 변환시키자.
2) 인용문들을 여러분이 쓰고 있는 논문 본문에 추가한 다음, 이 인용문이 여러분의 연구 문제에 왜 중요한지 설명하자.
3) 지금까지 여러분이 작성한 많은 내적 자기 성찰의 기록이나 메모를 보면서 여러분 연구의 근본적인 '연구 문제'를 강력하

고 설득력 있는 표현으로 제대로 포착하고 있는 부분을 찾아보자. 이런 부분을 여러분의 연구계획서나 지금 쓰고 있는 논문 본문에 추가하자.

4) 오래전에 여러분의 눈에 띄어 여러분이 복사해서 붙여넣은 참고문헌을 가져와 제대로 형태를 갖춘 각주와 참고문헌 항목으로 확장하자.

이러한 단계는 창의적인 연구 과정의 일부이고, 이 자료들이 연구페이퍼와 논문, 연구서를 구성하는 요소이다. 영화는 간단하게 설명하자면 장면을 촬영하고 편집한 결과물이다. 같은 맥락에서, 그림은 종이 위에 표현된 일련의 채색 붓 터치의 결과물이다. 그렇다면 책은 단어와 문장, 문단, 참고문헌과 도표의 모음이다. 그래서 여러분은 여러분이 선택한 단어들을 더욱 명확하고, 설득력 있고, 실증적이며, 단단하거나 우아하게 만들기 위해 계속해서 노력해야 한다. 만약 여러분의 궁극적인 목표가 '글쓰기'라면, 볼펜을 종이 위에 올려놓는 순간부터, 아니면 손가락을 컴퓨터 자판 위에 올려놓는 순간부터 그 이후의 모든 행위가 글쓰기의 일부라는 사실을 잊지 말아야 한다.

글쓰기는 순수하고 경건한 행위가 아니다. 지저분하고 덕지덕지 어수선한 행위이다. 그렇기 때문에 여러분은 지금까지 써 온 글을 살펴보면서, 여기까지 계속해서 글을 써 올 수 있었던 것만으로도 감사해야 한다. 비록 지금 유려한 시적 표현으로 명확한 전달력을 갖춘 글이 아닐지라도, 여러분이 지금까지 만들어낸 글은 아직 다듬어지지 않은 원석과도 같은 귀중한 유형의 자료이다. 이제 여러분이 쓴 모든 글을 검토하면서 무엇을 버리고 무엇을 사용할지 선택해야 하는데, 버리지 않고 가지고 있는 글의 대부분은 아직 많이 다듬어야 하고, 거의 모든 글은 단어나 표현 정도는 바꿔야 할 수도 있다. 이 모든 조각조각 파편적인 글을 이제 자연스럽고 제대로 구성된 문장으로 이어지는 어엿한 문단으로 발전시켜 나갈 것이다.

따라서 우리가 지금이 '글을 쓸 때'라고 말하는 것은, 이미 여러분이 여기저기 기록으로 남기면서 써 온 파편적인 글들을 한곳으로 모아서 면밀히 검토하고 선별하고, 선택해서, 글의 골격을 세우고 명확하게 하는 과정을 본격적으로 시작한다는 것을 의미한다.

연습 과제 '초고 #0' 작성하기

목표: 지금까지 자기주도적 연구 과정에서 만들어낸 다양한 유형의 글을 하나의 문서로 통합하기

'초고 #0'을 만들어보자. 많은 내용을 새로 추가해야 하는 '첫 번째 초고'나 '수정 원고 #1'과는 다르다. '초고 #0'에서는 지금까지 끄적거렸던 모든 글을 '한글'이나 'MS-Word'의 디지털 파일 하나로 모으기만 하면 된다.

아래는 여러분이 모아야 하는 항목의 체크리스트이다.

- **디지털 기록**: 컴퓨터나 핸드폰 또는 태블릿을 사용하여 메모를 작성했다면 분명 다양한 파일이나, 형식, 위치에 저장했을 것이다. 이제 이 모든 것을 복사하여 통합 '초고 #0'에 붙여넣으면 된다. 여기에는 이 책 3장에서 작성한 연구계획서 초안과 여러분의 학문 분야 밖에

서 여러분과 '동일한 문제를 연구하는 동료 연구자 공동체'와 여러분 학문 분야 내의 다양한 연구 공동체를 염두에 두고 작성했던 내용도 포함하자. 각각의 내용을 어디에 붙여놓을지는 지금 고민하지는 말자. 일단 아무데나 놓으면 되고, 이 시점에서 글의 구조는 신경쓰지 않도록 하자.

- **손으로 쓴 메모**: 공책이나 수첩이 아니라 낱장 종이나, 아니면 제본된 공책 또는 하다못해 냅킨에 적어놓은 내용도 단어 하나 빼놓지 말고 모든 것을 '초고 #0'으로 옮겨 적도록 하자. 혹시라도 다시 쓰고 싶은 유혹이 생기더라도 지금은 견뎌내자.
- **밑줄, 하이라이트 및 여백에 쓴 메모**: 여러분이 편한 방식으로 표시해 둔 1차 핵심 자료와 2차 보조 자료를 다시 검토하자. 여기에 표시해 둔 내용도 디지털 파일로 옮겨놓자. 또한, 여러분이 표시해 둔 1차 핵심 자료와 2차 보조 자료를 식별할 수 있도록 이와 관련된 출처를 포함한 모든 서지 정보도 옮겨놓자.

'초고 #0'에 위의 항목들을 모두 추가했으면 아래 내용도 진행해보자.

- **(여러분에게 방해가 되지 않는다면) 깔끔하게 정리하자**: 여러분의 파편적인 메모나 생각을 옮겨 쓰다 보면 파일로 저장해 둔 원본 메모 내용의 철자오류를 수정하거나 문장 형태를 갖추지 않은 메모를 완성된 문장으로 만들고 있을 수도 있다. 단편적인 메모들을 하나의 전체 파일로 통합하는 과정에 방해가 되지 않는다면 정리를 할 수 있겠지만, 이 단계에서는 그렇게까지 할 필요는 없다. 나중에 이 작업을 할 시간은 충분히 있기 때문에, 괜히 이 단계에서 수정하고, 정리하고, 확장하고, 개발하고, 완벽하게 완성하려는 노력으로 인해 진행 속도가 느려지는 일은 없도록 하자. '초고 #0' 작업은 그냥 무심하게 기계적으로 메모들을 하나로 모으는 것이 핵심이다. 그리고 그것만으로도 충분하다. 여러분의 메모들을 하나의 공간에 하나의 형식으로 모으기만 하면 된다.

- **내적 '자명화'의 기록들을 적어 두자**: 앞에서 언급한 '아직 수정하지는 않기'에 대한 예외가 한 가지 있다. 이렇게 다양한 메모 내용을 옮겨서 하나의 파일로 통합하는 과정에서도 중심을 유지하면서 여러분 마음을 읽어내고 내적 소통과 평정을 유지하자. 여러분은 여전히 심박측정기에 연결되어 있다고 상상하자. 여러분이 예전에 썼던 글을 다시 읽어보면서 계속해서 내적 성찰의 기법을 사용해보자. 기존의 메모들을 통합하는 과정에서 머릿속에 떠오르는 새로운 생각이나 질문에도 주의를 기울이고, 이러한 생각들도 '초고 #0' 파일에 직접 입력하자. 이런 수고는 사실 힘든 일이 아니라, 오히려 가장 제대로 보낸 의미 있는 시간이 될 것이다.

이 과정이 모두 끝나면 여러분은 수천 개의 단어가 포함된 단일한 파일을 완성하게 된다. 물론 이 파일에 담긴 문서는 아직 조잡하고, 비문법적이며, 문장이 서로 연결되지 않고 제대로 된 체계도 갖추지 않았을 것이다. 중간중간에 공백도 있고 내용도 서로 연결되지 않고, 때로는 설득력이 없거나 근거도 희박한 의견으로 가득 차 있을 것이다.

하지만 이 모든 것을 허용하자.

여러분 앞에 있는 이 문서 파일은 최종 파일이 아니다. 사실, 여러분은 의도적으로라도 앞뒤가 안 맞고 일관성도 없는 상황을 경험하기 위해 여러분의 방식에서 벗어날 필요가 있다. 왜냐하면, 이런 경험이 여러분으로 하여금 글쓰기 과정에서 마주하게 되는 가장 강력한 두 가지 난관을 한꺼번에 극복하는 데 큰 도움이 되기 때문이다.

1. 평가에 대한 두려움
2. 빈 페이지에 대한 두려움

매우 지저분한 '초고 #0'을 최대한 통합함으로써 당혹감에 대한 두려움, 즉 일관성이 없거나 부정확하거나 미성숙한 것을 작성하는 것에 대한 두려움을 극복할 수 있다. 이상한 말처럼 들리겠지만, 오히려 여러분이 상상할 수 없을 정도로 가장 당황스럽고 일관성 없는 문서를 만듦으로써 이 같은 두려움을 극복할 수 있다. 한번 그러고 나면 그 정도로는 세상이 끝나지 않는다는 것도 깨닫게 된다.

마찬가지로, 빈 페이지 앞에서 두려워할 필요도 없다. 그런 시간은 그냥 아까울 따름이다. 그런 두려움이 여러분을 엄습할 기회조차 주지 말자. 여러분이 메모 내용을 하나씩 복사하여 빈 페이지에 붙이면서 한 페이지, 또 한 페이지를 계속해서 텍스트로 채우다 보면 여러분에게 감히 그런 두려움을 만들어주던 그 깨끗한 빈 페이지는 결국 사라지게 될 것이다. 비록 이렇게 채운 텍스트는 아직 일관성 없는 텍스트이긴 하지만 그럼에도 불구하고, 빈 페이지는 사라졌고, 어떤 형태의 텍스트이든 텍스트는 여전히 텍스트이다. 이런 식으로 '초고 #0'은 빈 페이지에 대한 여러분의 공포를 극복하는 데도 도움이 된다. "그렇다면 그런 두려움이 없다면 나는 무엇을 할 것인가?"에 대한 질문에, '초고 #0'이 이렇게 대답한다. 비록 여러분이 저자로서 가지는 모든 두려움과 심적 콤플렉스를 치유해주지는 못하겠지만, 그래도 최소한 여러분이 처음에 마주했던 그런 큰 두려움이 앞으로 다시는 끼어들지 않도록 할 수는 있을 것이다. '초고 #0'이 지저분하면 지저분할수록 아래 내용도 포함하게 된다.

- 중요한 증거
- 1차 핵심 자료와 2차 보조 자료의 견고한 기반
- 1차 핵심 자료와 2차 보조 자료에서 찾은 인용문들
- 중요한 인물들
- 여러분의 연구 목적에 본질적인 질문들

지금 당장은 조금 정신없어 보이긴 하겠지만 의외로 여기서 여러분은 근사한 깨달음의 순간을 한두 번 이상 발견하게 될 수도 있다.

2. 자신의 내면을 읽어내자: '초고 #1' 작성하기

여러분이 썼던 모든 글이 포함된 통합 파일을 만들어놓은 다음에, 이제 중요한 일은 '초고 #0'에서 '초고 #1'로 이동하는 과정을 시작하는 것이다. 이 과정은 파일 내용을 정렬하고, 그룹화하고, 교열을 보고, 크고 작은 챕터로 나누고, 제목을 붙이고, 나머지 편집 작업을 마무리하는 것을 말한다. 이 과정에서는, 이미 오랜 시간동안 검증된 한 가지 지혜를 기억하자. '최고의 글과 최고의 책은 쓰여지는 것이 아니라, 다시 쓰여지는 것이다.'

글쓰기는 기존의 생각, 즉 일관성 있고 표현할 준비가 되어 있는 아이디어의 표출이다. 그런데 글쓰기에서 대부분의 시간은 이렇지 않다. 글쓰기는 가장 근본적인 의미에서 낯설음과 소외감, 발견의 행위이다. 말 그대로 우리의 내적 생각을 표면화하는 과정이다. 여러분의 머릿속과 몸 안에 있던 것을 낯설고 새로운 것으로 바꾸어, 신선한 시각으로 보고 발전시켜 나가는 것이다. '생각을 꺼내어 종이 위로 가져와라.'라는 말은 여러분 안에 있는 무엇인가를 가져다가 그것을 여러분 앞에 놓고 여러분의 마음이 그것에 대해 비판적으로 생각할 수 있는 싸움의 기회를 마련하는 것을 의미한다. 여러분은 여러분 자신의 눈을 볼 수 없다. 보는 것은 여러분이 아니라 여러분의 눈이다. 그래서 여러분의 생각을 여러분 앞에 내놓을 필요가 있다. 여러분은 자신의 마음을 생각할 수 없다. 여기서 마찬가지로, 생각하는 것은 여러분이 아니라 여러분의 마음이다. 여러분은 그것을 여러분 앞에 낯설게 해 놓고 보아야 한다. 그러면 여러분은 그것을 다시 내면화할 수 있고, 다시 소외시킬 수 있다. 조금 철학적인 말처럼 들리겠지만 실제로는 '초고 #1'은 '초고 #2', '초고 #3', '초고 #4' 등을 계속해서 만들어 내는 열쇠와 같다.

글쓰기가 실제로 작동하는 방식이 바로 이런 것이다.

그리고 글쓰기가 실제로 하는 역할도 이것이다.

자기주도적 연구자로서 여러분은 여러분의 글쓰기 작업의 파트너가 될 준비를 해야 한다. 여러분은 일반적으로 다른 연구자에게 훨씬 쉽게 제공할 수 있는 똑같은 종류의 명확한 조언을 여러분 자신에게도 제공할 수 있어야 한다. 동료 연구자나 대학원 동료, 친구의 명확하지 않는 표현으로 인해 야기되는 논쟁을 종종 볼 수 있듯이, 여러분도 자신의 각각의 초안마다 한 번씩 똑같은 조언을 줄 수 있다.

그런데 이 역할은 생각보다 쉽지 않고 자연스럽지도 않다. 특히, 반복적이고 철저한 자기 성찰의 노력이 필요하다. 이제 여러분은 자신의 연구 주제에 대해 잘 알고 있고, 이보다 더 중요하게도 여러분의 연구 주제에 대해 생각하는 방식에도 익숙해졌다. 이제 남은 도전은 이 두 가지 사이에 간극이나 불일치가 있는지 확인하고, 그런 것이 남아 있다면 무엇을 할지를 결정하는 것이다.

그런 결정을 내리는 데 있어서 핵심은 항상 그렇듯이, 여러분이 연구프로젝트를 검토하고, 수정하고 확장해 가는 가운데 여러분 내면에 대해 느끼는 것을 스스로 인식하는 것이다.

'초고 #0'을 큰 소리로 단어 하나씩 읽는 것으로부터 시작하자. 여기서는 지금까지 이 책을 읽으면서 여러분이 습득했던 '내면의 성찰' 방법을 활용해보자. 여러분의 글을 읽으면서 자신에게 집중하자. 지루해지고 있는지? 어디에선가 흐름을 놓쳐버렸는지? 이런 상황은 반드시 기록해 두자. 어떤 특정 문장이나 문단의 전환 지점에서는 기뻐서 웃고 있다면 그것도 기록해 두자. 문장이나 문단을 읽을 때는 그 단락 다음에는 무슨 내용이 와야 하는지, 그리고 어떤 자료를 찾아봐야 할지 느낌이 오는지? 그럴 때도 여러분의 초고에 기록을 남겨두자. 글에서 어떤 증거가 글의 흐름을 뒷받침해주는 지점에 도달했을 때는 만족감도 느끼는지? 아니면 그런 지점에 최종적으로 도달하기까지 도대체 얼마나 오랜 시간이 걸렸는지에 대해 불만족스럽거나 짜증이 나는지? 글의 특정 부분에서 글의 흐름이 새로운 생각으로 너무 자주 회전하거나 이탈하는지? 아니면 글의 논의를 진행하는데 적절한 속도라는 것이 있는지?

그리고, 이 같은 여러분의 읽기 과정은 조금 현실적일 필요가 있다. 일반 독자들이 학위논문이나 학술지 논문, 또는 연구서의 챕터 하나를 읽을 때 하는 것과 똑같은 행동, 즉, 적절한 휴식을 취하는 것도 잊지 말자. 중간에 잠시 멈추고 노트북 앞에 앉아 이메일을 읽고, 차나 커피를 한 잔 준비해서 마시고 다시 돌아와 아까 멈추었던 부분에서 다시 시작하자. 그러면 여러분의 길을 다시 찾을 수 있는지? 아이디어의 흐름이 명확한지? 언어는 어떤지? 요컨대, 마치 여러분이 아니라 다른 누군가가 여러분이 쓴 글에 하는 것과 똑같은 방식으로 여러분 자신의 글을 바라봄으로써 여러분의 글이 이 같은 객관적 읽기 과정을 어떻게 버티어내는지를 확인해보자.

연습 과제 ‘초고 #0’에서 ‘초고 #1’로 이동하기

목표: ‘초고 #0’에 있는 여러분의 다양한 종류의 글을 초보 단계의 분류 및 그룹화, 편집 작업 후, 학술적인 글로서 **아주** 임시적이고 초보적인 구조를 갖춘 문서 형태인 ‘초고 #1’로 발전시키기

이 같은 전환을 수행하기 위해 거쳐야 하는 몇 가지 단계를 아래에서 살펴보자.

1. **확실하게 서로 어울리는 글들끼리 묶어 놓자.** 동일한 사람이 쓴 글에서 세 개의 인용문을 여러분의 논문으로 그대로 가져온 상황이라고 가정해 보자. 여러분이 논문에 이 저자의 글을 각각 인용하는 시점이 달랐기 때문에 결과적으로 세 개의 인용문이 ‘초고 #0’에서 서로 다른 위치에 흩어져 있는 상황이다. 이런 상황에서는, 일단 인용문을 모두 잘라내어 여러분의 글에서 동일한 위치에 옮겨놓자. 마찬가지로 특정 인물이나 이벤트 또는 아이디어에 대한 여러분의 메모가 ‘초고 #0’에 있는 다양한 기록에 여기저기 흩어져 있다면, 그런 내용도 모두 한곳에 함께 모아놓도록 하자. 지금은 일단 이렇게 모아놓고, 그것들을 다시 나눠야 하는 이유는 나중에 알게 될 것이다. 아마도 여러분의 최종 글에서는 이 세 개의 인용문을 각각 서로 다른 곳에 다시 배치하려고 하겠지만, 일단 여기서 중요한 원칙은 비슷한 내용은 한곳에 모아놓는다는 것이다.

2. **모든 서지 항목은 문서의 끝으로 옮겨놓자.** 이것은 ‘서로 유사한 것들끼리 묶어 놓는’ 가장 간단한 작업 중 하나인데, 여러분이 끄적거려놓은 다양한 종류의 글에서 책이나 논문의 출처 정보를 담고 있는 서지 인용을 찾아서 잘라내어 지금 쓰고 있는 글의 맨 끝에 다시 붙여넣는 작업이다. 이 서지 항목이 모이면 논문의 맨 끝에 위치하는

참고목록이나, 인용문헌, 참조문헌이 완성된다. 또한, 이렇게 모든 서지 항목을 한 곳에 다 모아놓으면 이후에 필요한 텍스트를 인용하거나, 각주나 미주를 추가할 때도 좀 더 수월하게 진행할 수 있다.

3. **확실하지는 않더라도 서로 어울릴 수 있을 것 같은 글들끼리도 실험적으로 묶어 놓자.** 여러분이 적어놓은 다양한 종류의 글 중에서 부분적으로 서로 연결은 되는 것 같은데 확실하지 않거나 명확하지 않은 경우가 있다고 가정하자. 여러분의 연구 문제에서 핵심적인 구조 장치로 설정하고 싶은 공통 주제와 관련된 세 개의 파편적인 글이 주변을 맴돌고 있는 상황이다. 이 글들은 여러분 논문의 일부나, 학위논문에 등장하는 챕터 하나의 주제가 될 수도 있을 것이다. 여기서 하고 있는 동일한 방식으로, 해당 항목을 잘라내어 여러분이 쓰고 있는 글의 동일한 부분에 일단 모아서 붙여넣고 어떻게 되는지 지켜본다. 글을 모아놓는 그룹화가 일관성 있고 설득력 있게 느껴지는지? 만약 그렇다면 계속해서 발전시켜보자. 혹시라도 연결이 억지스럽게 느껴지지는 않는지? 그런 느낌이 든다면, 아예 다른 주제로 그룹화를 시도하거나 아니면 지금은 그대로 두고 나중에 더 명확해지거나, 더 많은 1차 핵심 자료와 2차 보조 자료를 참고한 다음에 다시 여기로 돌아오면 된다.

4. **여러분 논문에 있는 글의 묶음을 재정렬할 때 내적 '자명화'에 주의하자.** 여러분이 적어놓은 다양한 글을 그룹화할 수 있는 잠재적인 방법을 탐색하다 보면 여러분 글의 초안이 뭔가 예비 구조 같은 것을 갖추고 있는 것을 알게 될 것이다. 즉, 글들이 완전히 흩어져 있는 것도 아니고 무작위적인 순서로 되어 있는 것도 아니다. 뭔가 나름대로 형태를 갖추기 시작하고 있다. 이 과정으로 여러분이 좀 더 깊이 들어갈 때는 이제 내적 '자명화' 특성을 놓치면 안 된다. 여러분이 이

과정을 거치는 동안 여러분 머릿속으로 떠오르는 새로운 생각과 질문, 표현, 또는 아이디어를 들은 다음, 반드시 이 내용들을 '초고 #1'에 적어넣도록 하자. 그런데 이런 내용은 논문에서 어디에 위치시키는 것이 바람직하고 합리적일까? 그럴 때는 여러분에게 그런 생각의 영감을 불러일으키는 특정 주제들이 있는 곳 부근에 위치시키면 된다. 그런데 만약 위치시킬 마땅한 곳을 못 찾는다면 '초고 #1'의 시작 부분이나 끝부분의 한 군데에 모아 두면 된다. 그리고 그런 공간을 마치 잡동사니를 모아두는 '잡동사니 폴더'라고 생각하면서, 여기에 있는 생각들을 어떻게 처리할지는 나중에 걱정하도록 하자.

5. **가능하면 이런 글의 묶음을 대략적으로라도 순서대로 배치하자.** 만약 여러분의 글의 순서가 잘못된 것 같으면 순서를 변경하자. 예를 들어, 여러분이 1920년대로 추정되는 시대에 동일한 사람이 쓴 글로부터 세 개의 인용문을 가져와서 합쳤다고 가정해 보자. 그런데 여러분이 그 글 바로 앞에 1960년대의 인용구가 나오는 것을 발견했다면 글의 순서를 바꾸는 것이 좋다. 나중에 필요하면 언제든지 글의 순서를 변경할 수는 있지만 지금 단계에서는 일단 시간순으로 정리하는 것이 좋다. 마찬가지로, 만약 여러분 글의 세 묶음이 모두 공통된 주제를 다루는 경우라면, 해당 묶음을 일단 그 글들만의 소챕터 안으로 그룹화한 다음에 전체적으로 글의 흐름이나 느낌이 어떤지를 확인해 보자. 이 글들을 어떤 '순서'나 '연결'로 이어갈지는 명확하지 않을 수 있으나 어쨌든 지금은 상관없으니 괜찮다. 그렇다고 이런 묶음이나 배열을 강요하지는 말기 바란다. 하나 이상의 글의 묶음이 어디에 속하는지를 명확하게 설명하지 못할 수도 있는데 그럴 때는 그냥 그대로 남겨두자.

6. **논문의 챕터에 제목을 추가하자.** 우리가 여러분에게 영화의 한 프레임을 촬영하기 전에 일단 영화 제목부터 정하자고 제안했던 것을 기억하는지? 이런 식으로 마음속으로 구상하는 연습은 연구 과정의 지속적인 부분이며, 여러분이 쓰고 있는 글의 제목뿐만 아니라 글 안에 들어가 있는 크고 작은 다양한 챕터의 제목에도 적용된다. 따라서 여러분이 글을 쓰면서 글의 조각들을 더 큰 단위로 묶고, 이 묶음들을 묶어서 글에서 크고 작은 챕터로 만드는 단계까지 진행해 왔다면 이제 해당 챕터의 제목을 정하는 결정을 해야 한다. 이렇게 글의 크고 작은 챕터의 제목을 정해 놓으면 초고 원고를 더욱 효과적으로 작업할 수 있을 뿐만 아니라, 여러분의 생각을 구조화하고 체계화하는 데도 도움이 된다.

7. **작가의 목소리를 개발하자.** 여러분이 사용하는 동사는 적확한지 아니면 일반적인지? 여러분의 어휘는 다양한지 아니면 반복적인지? 여러분의 주장은 명확한지 아니면 회피적인지? 혹시 여러분은 여러 아이디어 사이에서나 글의 문단 사이의 전환을 위해 상당히 제한적인 몇몇 접속사나 진부한 표현, 또는 일정한 패턴의 문장만 사용하지는 않는지? '초고 #1'은 작가로서 여러분의 목소리를 생각해보기에 좋은 기회이다. 여러분의 글에서 은유적이거나 비유적인 단어나 표현의 사용이 여러분이 미처 깨닫지 못했던 논쟁을 초래할 수 있는 가능성도 인식하자. 예를 들어, 역사학자들은 종종 '성장', '진화', '줄기', '만개' 등과 같은 생물학적 은유 표현에 지나치게 의존하는 경향이 있다. 초보 연구자는 자신이 선택한 학문 분야의 권위를 모방하려는 과정에서 이러한 용어들을 재빨리 습득해서 사용하지만, 기존 회원은 때때로 그러한 용어들을 무비판적으로 사용하기도 한다. 여기서 인식해야 할 중요한 사실은, 이러한 용어들이 결코 '중립적'이지

않다는 것이다. 이런 용어들은 잠재적으로라도 심오한 방식으로 여러분의 사고를 형성할 뿐만 아니라 연구 과정과 결과에도 영향을 미칠 수 있다. 그래서 여러분이 이런 용어들을 무비판적으로 사용하고 있는지를 한번 점검해보고 필요하다면 이런 용어를 다른 표현으로 수정하거나 대체하도록 하자.

8. **두음문자는 계속해서 찾아서 지우자.** 여러분의 학문 분야 밖에서 각각 여러분과 '동일한 문제를 연구하는 동료 연구자 공동체'와 여러분의 학문 분야 동료 연구자들을 염두에 두고 다시 쓰는 과정도 몇 차례 수행했는데, 여러분의 글에 사용된 언어의 정확성과 명확성을 높이는 노력은 아직 끝난 게 아니다. 특히 우리 연구자들은 우리가 쓴 글을 검토하는 첫 번째 선별 과정에서 일부 전문 용어를 놓치는 경우가 많다. 특히 새로운 문장과 문단을 쓸 때마다 연구 주제와 목적을 명확히 하기보다는 오히려 모호하게 만드는 단어나 표현을 선택하는 실수를 쉽게 범하게 된다. 이렇게 글을 다시 쓰는 과정에서는 처음부터 끝까지 항상 '전공자의 전문 용어' 사용에 주의하도록 하자.

9. **각주나 미주 또는 기타 필요한 인용을 추가하자.** 여러분이 찾은 자료의 출처를 체계적으로 확인하는 작업을 시작하자. 여러분이 기록해놓은 글을 직접적으로 인용할 계획이라면 이에 해당하는 각주를 작성하고 자료의 모든 출처 정보를 추가하자. 연구프로젝트에서 사용할 인용 자료의 표기에는 MLA이든 APA, Chicago 스타일이든 한 가지 단일 서식 스타일을 선택해서 전체 글에 일관되게 사용해야 한다. 기나긴 연구 여정을 끝내면서 논문에서 지저분한 인용 표기를 다시 정리하는데 몇 시간이나 며칠을 쏟아부어야 한다면 이보다 더 짜증나고 소모적인 일은 없을 것이다.

3. 완벽함은 지루하다.

우리는 종종 책이나 음악, 사진, 예술 작품에서 '완벽함'을 추구하고 그 성과를 축하한다. 그런데 만약 이런 활동들이 진짜 완벽한 것이라면 고통스러울 정도로 지루할 것이다. 사실 '완벽한' 것은 우리를 필요로 하지 않는다. 아무리 고성능 현미경이라고 하더라도 현미경의 매끄러운 표면에 있는 흠집 같은 것을 보여주지는 않을 것이다. 그럴 만한 필요가 없기 때문에, 우리도 굳이 끼어들 여지가 없을 것이다. 그 어떤 것이든 자신의 본연의 존재 가치를 넘어서 존재할 필요는 없다.

연구와 글쓰기도 마찬가지이다. 만약 여러분의 연구결과물이 완성되는 순간부터 '완벽'하다면 사실 우리가 할 말은 없어진다. 더하거나 빼거나 고민하거나 생각할 것도 없어지고, 우리가 관여할 여지가 없어진다. 그렇게 되면 여러분의 연구결과물은 마치 물도 침입하지 못하는 방수 효과와 그 어떤 비판이나 개선도 받아들이지 않는 철통 방어 태세로, 다른 생각은 철저하게 막아버리는 그런 방어기제가 될 것이다. 그런데 여러분이 원하는 것이 정말 이런 것일까?

만약 여러분이 운 좋게도 예술 작품이나 학문적 성과, 또는 창조적 성과를 보면서 완벽하다는 생각이 들었다면, 아마 이런 깨달음을 얻은 것과 다를 바 없다. 즉, '완벽한' 것을 궁극적으로 완성하는 주체는 저자나 아티스트가 아니라 독자나 시청자, 청취자라는 사실이다.

따라서 학술 연구의 목표는 다른 사람들이 경탄을 금할 수 없을 만큼 귀중한 보물을 만들어내는 것이 아니라, 지속적으로 끊임없이 새로워지는 개선 과정, 즉 대상을 개선하고 완벽하게 만들어가는 과정을 준비하는 것이다.

연구프로젝트는 때로는 제대로 구축되어 오는 경우도 있지만, 때로는 구멍이 숭숭 뚫려있는 채 오는 경우도 있다. 스펀지를 생각해 보자. 물과 접촉하기 전의 스펀지는 그냥 구멍이 숭숭 뚫려있는 물건에 불과하지만, 우리가 사는 세상과 접촉한 후에 스펀지는 그 구멍들을 스폰지 자신이 아닌 다른 무엇인가로 모두 채워버린다.

연구프로젝트는 완벽할 수가 없다. 하지만 그 대신 연구프로젝트는 단지 몇 가지 구체적인 질문들만 던지고 대답하는 것 이외에도, 마치 학문적인 스펀지와 같은 형태를 취하면서 독자와 청중이 자신들의 고유한 재료로 채워나갈 수 있는 충분한 공간을 스펀지 안에 마련하는 방식으로 구축되고 실현될 수 있을 것이다. 독자와 청중의 고유한 재료가 바로 그들의 질문이고 그들의 연구 문제이고 연구 사례가 될 것이다. 여러분의 연구를 완벽하게 만드는 방법은 여러분의 연구를 읽을 독자들에게 맡기는 것이다. 그들이 여러분의 연구 안으로 들어올 수 있는 길을 열어놓도록 하자.

'자기주도적' 연구, 즉, 이 모든 내적 성찰의 목표는 그런 완벽함이 일어날 수 있도록 최상의 환경과 조건을 만드는 데 있다. 우리가 이 책의 앞에서 강조했듯이, 이 책의 글쓰기를 완성하는 사람은 우리 두 사람 저자가 아니라 이 책을 읽는 바로 여러분이다. 이제 여러분이 이 책을 완벽하게 마무리할 것이다.

자문 그룹의 한 마디

"여러분 자신의 내면과 이야기하세요."

여러분은 이제 여러분 자신의 자문 그룹이 될 만큼 충분히 자기주도적이다. 여기서 '자기주도적'이라는 의미는 분명 좋은 맥락이라는 것은 여러분도 알고 있을 것이다. 이 책에서 우리는 상당히 많은 조언을 했는데, 여러분도 여러 외부 자문 그룹을 찾아 필요한 조언을 구하고 받았을 것이다. 이제 이 같은 자기주도적 연구 과정에서 과연 어떤 부분이 여러분에게 도움이 되었는지 평가할 때가 되었다.

그렇다고 여러분이 이제는 외부의 조언을 더 이상 구하지 않는다는 의미는 아니다. 오히려 지금쯤 여러분의 학문 분야 밖에서 '동일한 문제를 연구하는 동료 연구자' 공동체와 계속해서 연락하고 있고, 여러분의 학문 분야의 연구자들과는 더 긴밀한 관계를 유지하고 있을 것이다.

여러분이 그동안 만들어놓은 다양한 기록과 메모를 꺼내 보자. 그리고 이 책의 목차도 다시 한번 살펴보자. 여러분의 기록과 메모를 이 책의 목차 옆에 놓고 보면서, 자기주도적 연구 과정의 어떤 부분이 지금까지 여러분에게 가장 유용했으며, 또한, 어떤 부분이 나중에 많이 유용할지도 생각해 보자. 그런 맥락에서 아래 질문들을 고민해 보자.

- 나는 이 책의 어떤 연습 과제를 반복하고 싶은지?

- 나는 이 책의 어떤 연습 과제를 나의 목적에 맞도록 수정하고 싶은지?
- 나는 이 책의 어떤 연습 과제를 조금 더 발전시킬 수 있을 것으로 생각하는지?
- 나는 이 책의 어떤 연습 과제가 지루하게 느껴졌으며, 그 이유는 무엇인지?
- 나는 이 책의 어떤 연습 과제를 다른 사람들과 공유하고 싶은지? 이 연습 과제는 누구에게 도움이 되었는지?
- 내가 활동하는 학문 분야의 연구자들이나 내 연구 문제를 공유하는 다른 사람들과 나의 관계에 대한 어떤 생각들이 내게 가장 유용했는지?
- 나의 기록이나 메모 중에서 어떤 것을 더욱 확장하고 싶거나, 또는 제일 먼저 수정하고 싶은지?

4. '자기주도적' 연구를 시작하자.

자기주도적 연구 과정을 거쳐 가면서 여러분은 자신을 변화시켜왔다. 그 변화라는 것이 동일한 사람이 단지 '더 많은 기술과 더 많은 자료'를 가지게 된 것이라고 말하는 게 아니다. 여러분은 새로운 방법들을 습득했다. 그리고 지금까지 여러분이 썼던 모든 내용을 정리해둔 포트폴리오도 준비해 놓았다. 즉, 이제 여러분은 여러분의 연구프로젝트가 진짜 시작하는 것을 보고 있는 것이다. 하지만 여기서 더욱 중요한 것은, 여러분은 이제 자기주도적 연구자로서 새로운 연구자 자질과 역량을 만들어냈다는 사실이다. 이러한 인식의 변화는, 다양한 연구 공동체의 구성원 대부분을 힘들게 하는 그런 일반적인 오해나 두려움, 금지, 억제, 불안감으로부터 여러분을 자유롭게 하거나, 반대로 여러분이 연구자가 되는 목표를 아예 단념하도록 할 수도 있다. 여러분은 자신감과 통찰력, 그리고 힘든 상황에서도 자신을 지키는 평정함을 가지고 다양한 분야의 동료 연구자들과 소통하고 함께 일할 수 있는, 중심적이면서 매우 유연한 하나의 핵심적인 주체이다. 그래서 여러분은 다른 동료 연구자들의 업적에 스트레스를 받지 않으며, 자기계발의 과정은 완성된 것이 아니라 항상 현재진행형이라는 깨달음에도 전혀 위축되지 않는다.

이렇게 멋진 연구자의 삶을 이제 시작한 여러분에게 축하의 박수를 보낸다.

나가는 말: 연구 여정의 다음 단계

이 책을 읽으면서 여러분은 '연구'란 무엇이며, '연구'를 어떻게 수행하는 것인지에 대한 다양하고 새로운 아이디어를 얻었을 것이다. 우리는 또한 이 책을 통해 '연구' 활동을 여러분 일상의 자연스러운 일부로 만들 수 있기를 바란다. 이제 여러분은 새로운 연구프로젝트를 착수할 준비를 하고 있을 텐데, 그러나 우리는 여러분이 단지 지금 준비하는 연구프로젝트 차원을 뛰어넘어 이 책에서 배운 원칙과 전략을 다른 문제에도 적용하는 방법을 그려낼 수 있기를 바란다.

이제 여러분 앞에 놓여있는 것은 무엇인지? 여러분의 학문 분야에서 또 다른 수업 하나를 수강하는 것? 아니면 전문 연구자가 되는 것? 여러분이 계속해서 '연구'를 수행해가는 과정에는 분명 다양한 가능성의 기회들을 만나게 될 것이다.

하지만 우리가 굳이 '학문적' 연구라고는 말하지 않았다는 점에 주목하자. 우리가 말한 '연구'는 모든 종류의 연구를 가리킨다. 연구자의 삶은 풍요롭고 보람 있고 중요한 삶이다. 연구자의 삶은 그동안 우리에게 전해 내려온 상식적인 진실을 그냥 방관하면서 아무 생각없이 편하게 받아들이는 역할이 아니다. 연구의 특성은 단순히 회의적인 것에 그치지 않는다. 결국, 일방적으로 반사적인 회의론은 무조건적으로 반사적인 믿음만큼이나 신뢰할 수 없다. 연구자는 회의적인 동시에, 이 회의론적 시각을 구체적인 질문으로 발전시키고, 더 나아가 이에 대한 질문을 찾으려고 하는 도전적인 역할을 수행할 역량과 책임감을 갖춘 사람이다. 연구자는 다른 사람들이 제기한 주장을 진단하고 검증하고 평가할 수 있는 능력을 갖추어야 하는데, 이는 연구자가 반드시 모든 사실을 외우고 있기 때문이 아니라, 그러한 주장이 도대체 어떻게 만들어졌는지를 알고 있기 때문이다. 즉, 연구자는 근원적으로 연구 질문이 처음에 어떻게 만들어졌고 어떤 과정을 거쳐서 다듬어졌는지를 알고 있는 사람이다.

연습 과제 새로운 연구 문제를 찾고 새로운 연구프로젝트 시작하기

목표: 여러분에게 중요한 또 다른 문제들은 무엇인지 생각하고 이 문제들을 연구프로젝트로 발전시키는 방법을 구상함으로써 여러분의 연구 미래를 계획하기

여러분이 자신의 중심을 찾으면 여러분은 초능력을 얻게 된다. 즉, 여러분의 연구 문제 자체가 언제 변화를 겪고 있는지, 아니면 새로운 연구 문제가 언제 여러분 마음속에 형성되기 시작하는지를 알아채는 능력이라고 할 수 있다. 지금까지 이 책에서 수행한 모든 예시와 연습 과제는 한 사람의 연구자가 하나의 연구 문제를 다룬다는 전제에 기반하고 있다. 이 책에서 우리가 좀 더 쉽고 명확하게 내용을 전달하려다 보니, 연구자들이 자신의 연구에 동기를 부여하고 궁극적으로 연구를 완성할 수 있도록 하는 연

구 문제가 한 가지라고 전제를 했고, 같은 맥락에서, 마치 수학 문제에 등장하는 변하지 않는 숫자인 상수처럼, 연구 문제도 시간이 흘러도 전혀 변하지 않고 그대로 유지되는 독립적인 변수로 설정했다.

이 중 일부는 결코 틀린 이야기가 아니며, 실제로도 몇 년, 때로는 수십 년 동안 지속되는 연구 문제들이 있지만, 그렇다고 연구 문제라는 것이 결코 변하지 않는다는 것은 아니며, 또한, 한 사람의 연구자가 한 가지 이상의 연구 문제와 씨름할 수는 없다는 것을 말하려는 것은 결코 아니다. 물론, 이 책에서 이미 언급했던 것과 같이 만약 여러분이 자신의 '연구 문제'들을 모아보니 수십 개나 된다고 하면, 어쩌면 여러분이 말하는 '연구 문제'는 '연구 문제'가 아니라 우리가 이 책에서 논의하는 관점에서 보면 '관심'이나 '호기심'에 가까울 수도 있다. 이와 관련해서는 이 책의 2장을 다시 한번 확인해보면 도움이 될 수 있다.

사람이 변하기 때문에 연구 문제도 변한다. 여러분이 인생을 살아가는 과정에서 여러분의 연구 문제도 바뀔 것이다. 때로는 연구 문제가 완전히 녹아 사라질 수도 있고, 여전히 남아 있는 경우도 있지만 해당 연구 문제에 대해 여러분이 예전에 가졌던 관심이나 중요성이 조금씩 사라질 수도 있다. 왜 그렇게 되는지를 제대로 설명하기는 쉽지 않지만, 한때 우리 마음에 마법을 걸었던 그런 엄청난 연구 문제가 시간이 지나고 돌이켜보면 별거 아닌 것으로 느껴지기도 한다. 그런 가운데 새로운 문제나, 또는 문제들이 구체적으로 등장할 수 있다. 새로운 불편함의 형태를 가진 문제들이 여러분을 밤에 잠 못 이루게 하고, 하루 이틀도 아니고 한 달, 두 달, 1년, 2년 계속해서 여러분을 쫓아다닐 수도 있다. 다시 말해, 연구 문제라는 것은 우리에게 동기를 부여하는 생산적인 연구 관심사라는 것이다. 여기서 우리는 개인적인 불편함을 이야기하고 있지만 이런 불편함을 우리는 비판적이고 독립적인 시각으로 분석하고 평가할 수 있어야 한다.

망망대해 깊은 바다 밑에서 서서히 발생하는 지각판의 움직임처럼, 아주 오랫동안 이어 내려온 학문적 연구 문제 하나가 서서히 사라지고 새로운 연구 문제가 만들어지는 과정은 사실 감지하기가 쉽지 않을 수 있다. 하지만 '자기주도적' 연구자로서 여러분은 그러한 미묘한 변화를 식별할 수 있는 준비와 역량을 대부분의 다른 사람들보다도 훨씬 더 제대로 갖출 가능성이 크다. 이제 여러분은 과거의 여러분이라면 놓쳤을지도 모르는 그런 변화를 놓치지 않고 주목할 수 있는 매의 눈을 가지게 되었다. 따라서 이 모든 것을 염두에 두고, 이제 여러분이 할 수 있는 것은 두 번째 연구 문제를 찾아내어 새로운 연구프로젝트를 시작하는 것이다.

물론 여러분의 첫 번째 연구프로젝트가 출발한 지 얼마 안 되는 상황에서 이런 조언이 이상하게 들릴 수 있을 것이다. 그러나 가능성이 있는 소규모 연구프로젝트의 목록을 준비하는 작업의 시작은 항상 가능하다. 여기에는 빠르다는 핑계의 여지는 없을 것 같다. 물론 지금 진행 중인 연구프로젝트는 계속해서 진행해야겠지만, '지금 하는 연구프로젝트에서 잠시라도 휴식이 필요할 때는 무엇을 할지? 아니면 지금 하는 연구프로젝트가 마무리되면 그때는 무엇을 할지?' 그런 계획들은 지금 준비해 두어야 한다.

이 책의 '들어가는 말'에서 언급했듯이, 연구는 결코 1차원적인 과정이 아니다. 그 말은 즉, 한 번에 여러 가지 아이디어와 연구프로젝트를 실행하는 것이 가능할 뿐만 아니라 심지어 바람직하다는 의미이기도 하다. 혹시라도 지금 하는 연구프로젝트가 여러분을 지치게 하지는 않는지, 아니면 이번 주에는 이 연구프로젝트로부터 큰 동기부여를 받지 않았는지? 만약 그렇다면 여러분은 두 번째 연구프로젝트로 여러분의 관심을 돌릴 수도 있다. 이런 식으로 여러분이 관심을 두고 있거나 신경이 쓰이는 또 다른 연구 문제를 해결하는 데서 나름 성과나 진척을 거둘 수 있는데, 바로 그런 것이 여러분에게는 휴식처럼 느껴질 것이다.

다시 말하지만, 하나의 연구 문제가 실제로 두 가지 이상의 연구프로젝트에 등장할 수 있다. 그리고 어쩌면 여러분의 두 번째 연구프로젝트가 핵심 문제와 더 직접적으로나, 아니면 조금 간접적으로라도 관련되어 있는 것을 발견할 수도 있다. 그래서, 너무 많지 않은 두 개 정도의 연구프로젝트를 동시에 수행하다 보면, 마치 서로 다른 위치와 각도로 설치되어 있으면서도 동일한 배우를 촬영하고 있는 여러 대의 방송 카메라와 같이, 여러분도 서로 다른 관점에서 여러분의 연구 문제를 보다 객관적으로, 통합적으로 볼 수 있을 것이다.

끝으로, 이것 한 가지는 기억하자. 이 책에 소개된 다양한 연습 과제는 일회성이 아니라 다시 반복할 수 있으며, 여러분의 첫 번째 연구프로젝트부터 앞으로 수행하게 될 열 번째, 열다섯 번째 프로젝트까지 새로운 모든 연구프로젝트를 시작하는 데 적용할 수 있을 것이다. 이 책의 저자인 우리도 이런 과정을 직접 실천하고 있다. 여러분이 학부생이든 명예 교수이든, 신참 기자이든 퓰리처상 수상자이든 상관없이 연구 과정의 시작은 항상 역동적이고, 종종 혼란스럽기는 하지만 항상 새로운 가능성으로 가득 차 있다. 바로 그 잠재력을 활용하자.

✣ 자주 범하는 실수 ✣

1. 연구가 1차원 과정이라고 생각하거나, 두 번째 연구프로젝트를 시작하기 전에 첫 번째 연구프로젝트를 반드시 먼저 끝내야 한다고 생각하기
2. 여러 가지 관심 영역을 통합적으로 생각하지 못하고 각각 별개의 문제로 착각하기
3. 한 번에 대여섯 개 이상 너무 많은 프로젝트를 동시에 수행하려고 하기

연습 과제 다른 연구자 도와주기

목표: '자기주도적' 연구 철학과 연구 기술, 연구 전략, 연구 연습 과제를 활용해서 다른 연구자들이 자신의 중심을 찾을 수 있도록 도와주기

'자기주도적' 연구자가 되기 위해 중요한 요소이기도 한, 자신을 극복한다는 것은 생각만으로 되는 것이 아니라 계속해서 반복, 실천해야 하는 과정이다.

스스로 연구 질문을 만들고 다듬어 가는 자기주도적 연구 과정을 점점 자연스럽게 받아들이다 보면, 이제 여러분은 질문에 성급하게 답하려고 하기보다는 여러분 자신의 학문뿐만 아니라 다른 연구자들의 연구 방식을 분석하고, 평가하고, 발전시키는 능력까지도 연마하게 된다.

그렇게 해서 만들어지는 '자기주도적' 연구자들로 가득 찬 근사한 세상을 한번 상상해보자. 아니, 상상만 하지 말고 그런 꿈이 현실로 이루어지도록 도와주자.

여러분은 이미 준비가 되어 있다. 여러분은 연구의 중심을 잡기 위한 다양한 방법과 전략을 습득했다. 여러분은 연구에서 중요한 의사 결정을 위해 필요한 다양한 방법과 도구의 가치를 직접 평가해 본다. 그리고 혹시라도 여러분이 특정한 방법이나 기술을 아직 제대로 완전하게 습득하지 못했다고 생각된다면 좀 더 연습을 반복하자. 여러분은 친구나 연구 동료, 가르치는 학생들, 그리고 심지어 여러분의 멘토가 하는 연구에 대해서도 그들에게 적절하게 필요한 피드백을 제공할 수 있는 역량도 갖추고 있다.

그런데 그들 중 누구도 여러분이 지금까지 거쳐 온 과정을 똑같이 경험했을 것이라고 가정하지는 말자. 아무리 그들이 유능하고, 많은 것을 성취하고, 저명할 뿐만 아니라 탁월한 연구자라 할지라도 그들이 이미 자신의 중심을 찾았을 것이라고도 가정하지 말자. 우리는 모두 자신만의 중심을

찾기 위해 노력하고 있다. 여러분의 동료 연구자가 자신의 중심을 찾았다고 하더라도 이것 한 가지는 잊지 말자. 여러분이 연구자로, 그리고 한 사람으로서 살아가는 시간 속에서 중심은 계속해서 변해가는 것이며, 삶에서 때가 되면 우리는 우리 자신의 새로운 중심을 찾아야만 한다.

따라서 다른 연구자의 삶에 의미 있는 변화를 주기 위해 여러분이 해야 할 일은 이 책에서 설명한 과정을 제대로 적용하는 것뿐이다. 여러분이 그들의 연구결과물을 직접 읽거나 그 내용을 들어볼 기회가 있을 때는 여러분에게 이런 질문을 해보자.

- 혹시라도 그들이 '똑똑하게 보이려고 애쓰는' 전형적인 실수의 희생양이 되는 것은 아닌지?
- 혹시라도 그들이 연구의 동기부여가 되는 핵심적인 연구 문제를, 전공자의 전문 용어의 남용이나 표현의 웅장함이나 화려함, 또는 객관적 참고자료의 부족함에 대한 감정적 호소로 감추려고 하는 것은 아닌지?
- 혹시라도 그들이, 다른 연구자의 연구 사례에는 별로 관심이 없어 보여도 연구 문제는 예민하게 신경을 쓰는 제3자로서, 여러분을 학문적으로 불편하게 만들면서 관심을 이끌어낼 수 있는 그런 방법으로 자신들의 연구 관심사를 정확하게 설명할 수 있는지?
- 혹시라도 그들과 '동일한 문제를 연구하는 동료 연구자 공동체'가 누구이며, 이 공동체가 어디에 있는지 알고 있는지?
- 혹시라도 그들이 가장 중요하고 핵심적인 통찰력을 연구 과정 중간에 아무 데나 묻어 두고 있는 것은 아닌지?

여러분이 그들의 연구계획서나 초록 또는 연구 개요를 읽으면서 제대로 안내가 잘 되어 있다고 느끼는지, 아니면 자료 설명이나 용어 사용에서 혼란스러움을 느끼는지? 여러분이 연구 문제를 함께 생각하도록 초대를 받는 느낌인지, 아니면 전공자의 전문 용어나 본문에서 가리키는 대상을 확인할 수 없는 사람이나 사건, 또는 설명이 전혀 없는 약어를 사용하는 두음문자에 여러분의 발이 걸려 넘어지고 있는 것은 아닌지?

여러분의 연구를 스스로 분석할 수 있는 역량이 깊어지면 질수록, 여러분이 다른 연구자를 돕는 역할이 상대적으로 수월하게 느껴질 것이다. 즉, 이제 여러분은 다른 연구자의 자문 그룹의 일원이 될 준비가 끝났다. 그리고 이제 우리는 여러분이 그 역할을 감당해야 한다고 믿는다.

이런 식으로 다른 연구자들을 도울 수 있는 방법을 아직 잘 모르겠다면 여기에 소개된 몇 가지 방법도 참고해보자.

- **글쓰기 파트너십이나 워크숍**: 연구자들끼리 상대방이 진행하고 있는 연구에 대한 선의의 피드백과 평가를 제공할 수 있다. 여러분도 그런 파트너십이나 워크숍을 준비해보자.
- **논문 원고 심사**: 아직 학술지 게재나 출판이 확정되지 않은 연구결과물 원고에 대한 비공식적인 심사를 한다. 이 같은 심사 글은 일반적으로 두 종류의 독자를 염두에 두는데, 하나는 해당 원고의 출판을 결정하는 학술지 심사위원들이나 출판사 편집자의 판단에 참고가 되는 용도이며, 또 다른 하나는 연구결과물의 저자에게도 참고가 되는 용도이다. 심사 글의 목적은 아직 최종적으로 끝나지 않은 연구결과물 집필에 대한 건설적인 비판을 제공하고, 이 원고가 출판이나 학술지 게재를 위해 필요한 질적 기준과 조건을 충족하는지 판단하는 것이다.
- **책 서평**: 출판된 학술서에 대한 공적인 평가로서, 서평자의 실명도 표기된다. 책 서평은 단일 학술서의 구체적인 장점과 단점에 대한 서평자의 의견을 제시하고, 학문 분야에 관한 해당 학술서의 기여도를 평가하는 역할을 한다.
- **학문 분야 현황 보고서**: 해당 학문 분야의 현재 연구 동향을 확인하고, 해당 학문 분야의 주요 질문에 대답을 제시하고 문제들을 해결

하려고 시도하는 여러 연구결과물의 기여도를 요약하고 평가한다. 이런 종류의 현황 보고서는 보다 높은 수준의 개념적, 철학적 주제들에 대한 종합적인 검토이기 때문에, 구체적인 개별 연구결과물에 대한 평가 자체가 주된 목적이 아니다.

- **학술대회나 워크숍 발표**: 학문 분야에 따라서는 현재 진행 중인 연구결과물이나 아니면 완성된 연구결과물을 학술대회나 워크숍에서 발표한다. 여기서 연구자는 자신의 연구 결과나 진행 상황을 요약 발표하고, 토론자나 패널이 발표 내용에 관한 질문이나 문제를 제기하는데, 학술대회나 워크숍에 참여한 청중들도 의견을 제시하거나 질문을 할 수 있다.

더 자세한 내용은 whereresearchbegins.com에서 확인할 수 있다.

여러분도 이러한 학술 활동에 적극적으로 참여함으로써 연구 발전에 기여할 수 있다. 그리고 여러분 학문 분야에 있는 다른 연구자도 도울 수 있고, 여러분의 학문 분야 밖에서 '동일한 문제를 연구하는 동료 연구자'도 도울 수 있다는 사실을 잊지 말자.

우리들의 자문 그룹의 일원이 되어 달라는 목소리에도 귀를 기울여보자.

조금만 손을 내밀어보자. 여러분은 자신의 연구 경험과 아이디어를 함께 나누는 것만으로도 다른 연구자들을 도울 수 있다. 이 책에서 계속 논의했던 '자기주도적' 연구 과정이 여러분에게는 얼마나 효과가 있었는지 궁금하다. 이 책에 소개된 다양한 연습 과제들을 여러분의 상황에 맞게 수정 보완하는 과정이 얼마나 성공적이었는지도 궁금하다. 이와 관련한 여러분의 피드백이나 제안은 이 책이 앞으로 다른 연구자들에게 더 큰 도움이 될 수 있도록 발전하는 데 뜻깊은 역할을 할 것이다. 이 책에서 우리가 계속해서 강조하듯이 연구는 함께 협력해서 떠나는 여정과도 같다. 그런 맥락에서 이 책은 우리의 연구 공동체를 확장하는데 작지만 유의미한 첫걸음을 상징한다고 믿는다. 우리가 여기까지 걸어올 수 있었던 것처럼 부디 여러분도 연구의 세계에서 오랫동안 정진할 수 있기를 진심으로 기원한다.

추천 도서

아래 추천 도서들은 연구의 철학과 방법론에 대한 우리 두 사람 저자의 고민 과정에 큰 도움이 되었던 책의 일부 예시인데, 각각의 개별 참고 도서에 대한 짧은 안내가 추가된 전체 참고 도서 목록은 whereresearchbegins.com에서 확인할 수 있습니다.

- Booth, Wayne C., Gregory G. Colomb, Joseph M. Williams, Joseph Bizup, and William T. FitzGerald. *The Craft of Research*. 4th ed. Chicago: University of Chicago Press, 2016.
  [*한국어 번역본: 웨인 부스, 그레고리 컬럼, 조셉 윌리엄스, 조셉 비접, 윌리엄 피츠제럴드. 『학술 논문 작성법』, 양기석, 신순옥 번역. 휴먼싸이언스 출판사, 2017.]

- Caro, Robert A. *Working: Researching, Interviewing, Writing*. New York: Knopf, 2019.

- Eco, Umberto. *How to Write a Thesis*. Translated by Caterina Mongiat Farina and Geoff Farina. Foreword by Francesco Erspamer. Cambridge, MA: MIT Press, 2015.
  [*한국어 번역본: 움베르토 에코. 『움베르토 에코의 논문 잘 쓰는 방법』, 김운찬 번역. 열린책들, 2017.]
- Gerard Philip. *The Art of Creative Research: A Field Guide for Writers*. Chicago: University of Chicago Press. 2017.
- Graff, Gerald, and Cathy Birkenstein. *They Say/I Say: The Moves That Matter in Academic Writing*. New York: W. W. Norton, 2018.

찾아보기

ㅈ

ㅊ

ㅋ